D0815919

RAIMOND
« LE CATHARE »

Dominique BAUDIS

RAIMOND
« LE CATHARE »

Mémoires apocryphes

Michel LAFON
EDITIONS

Ramsay

103, boulevard Murat - 75016 Paris

DU MÊME AUTEUR

La Passion des chrétiens du Liban
Éditions France Empire, 1978

La Mort en keffieh
Éditions France Empire, 1980

L'Union, Éditions Michel Lafon/Ramsay, 1994

À Pierre Baudis
et Michel Roquebert.

Préface

Au Liban, aujourd'hui encore, la citadelle de Tripoli porte le nom de Saint-Gilles, souvenir en hautes pierres de l'époque où cette ville, à présent chef-lieu de la province du nord du pays, était la capitale d'un comté franc jumelé, en quelque sorte, avec Toulouse puisque la même famille régnait des deux côtés de la Méditerranée.

Un pied en Orient, un autre en Occident — la posture n'a jamais été confortable, et les divers Raimond qui se sont succédé au pouvoir ont souvent été pris dans des dilemmes de mort. Tel Raimond III de Tripoli, l'une des figures les plus énigmatiques de l'Orient latin, qui avait appris l'arabe et adopté maintes coutumes locales ; qui, en tant que régent du royaume franc de Jérusalem, choisit de négocier avec Saladin et sut même obtenir de lui une trêve de quatre ans ; dans le même temps il prenait langue avec les princes musulmans hostiles à leur souverain pour diviser le camp adverse. On peut supposer que sa

7

politique tout en finesse aurait modifié le cours de l'Histoire si elle n'avait été désavouée par les autres chefs croisés ; ils décrétèrent que Raimond n'était qu'un lâche, violèrent la trêve en détroussant une caravane de pèlerins en route pour La Mecque, et subirent aussitôt la plus sévère des défaites, à Hittin ; ce qui les contraignit à abandonner la Ville sainte et le tombeau du Christ. Le comte mourut quelques jours plus tard, sans descendance, et sa famille perdit Tripoli.

Une autre figure, tout aussi attachante, tout aussi controversée, est Raimond VI de Toulouse, son cousin et contemporain, dont le dilemme fut plus poignant encore : les « infidèles » qu'on le sommait de massacrer n'étaient plus des « sarrasins » mais ses propres sujets, ses compagnons, ses proches, gens de Toulouse, de Béziers, d'Albi ou de Carcassonne, gagnés à une doctrine récemment venue d'Orient, dit-on, dans les bagages de certains voyageurs : la foi cathare.

Qu'aurait dû faire Raimond ? Obéir au pape, élever des bûchers pour y jeter des milliers d'hommes et de femmes qui, à ses yeux, n'avaient commis aucun crime, et qui se trouvaient être les plus estimables de ses sujets ? S'ériger en défenseur de ces malheureux, au risque d'entrer en guerre contre la Chrétienté entière ? Il choisit de finasser, de temporiser, cherchant à gagner du temps, à susciter des dissensions parmi ses adversaires, allant même jusqu'à s'enrôler dans une croisade dirigée, en fin de compte, contre lui-même...

Politique aussi hasardeuse qu'ingrate, car personne, à son époque, ne vit là autre chose que mollesse et faiblesse de caractère, même ses lieutenants les plus dévoués, même lui, qui ne s'admirait pas beaucoup ; politique d'autant plus ingrate que ces gens pour lesquels il se « damnait », ces Bons Hommes, ces cathares, il ne partageait même pas leurs croyances. Leur foi austère issue du manichéisme, qui prône l'abstinence et refuse les plaisirs de la chair, comment aurait-elle pu séduire ce polygame qui alignait cinq épouses, amantes et enfants naturels ? Mais ses contemporains n'ont jamais voulu reconnaître ce qu'il y avait d'authentiquement chevaleresque dans son indécision. Accusé de tiédeur, de complaisance envers les ennemis de l'Église, il fut excommunié, proscrit, dépouillé de ses terres, contraint à l'exil... Victime, comme son cousin d'outre-mer, de l'esprit de croisade. Coupable du même crime impardonnable. Non pas l'hérésie, ni le meurtre, ni le parjure, ni la trahison — rien de tout cela. Coupable de quoi ? D'avoir, au milieu de l'ivresse fanatique, au milieu du déchaînement sanguinaire, gardé la tête froide, dédaignant les hurlements de haine, attentif aux gestes et aux paroles de l'« autre ».

Si Raimond VI n'avait aucun goût pour la guerre, profane ou sainte, c'est peut-être parce qu'il avait une ville à sa charge. La ville, comme un immense foyer, assagit les hommes, elle les civilise, en quelque sorte elle les féminise. Trop sensible aux rumeurs des ruelles, au vacarme des artisans, aux craintes des marchands, ce noble séducteur ne répondait plus aux canons de la virilité de son temps. Il avait cessé d'être de la race des carnassiers. Prédateur converti en proie ? C'est peut-être en cela, rien qu'en cela, qu'il fut profondément cathare.

Pour redessiner sous nos yeux le vrai visage de ce Toulousain à la grandeur subtile, pour redonner voix et timbre à sa parole étouffée, Dominique Baudis s'est plongé avec passion dans les tumultes de son époque, autant que dans les tumultes de son âme. Une époque qu'il est rassurant pour nous de considérer comme lointaine, infiniment lointaine, et fruste et ténébreuse et barbare et obtuse et inhumaine — mais aucune de ses cruautés n'aura été épargnée à notre siècle de lumières crues. Aucune, ni les anathèmes, ni les guerres prétendument bénies, ni le pillage, ni le feu, ni les cités démolies jusqu'au sol.

De même, aucun de ces personnages d'épopée que l'auteur ressuscite — le troubadour mué en prélat bigot, le chevalier qui se taille un domaine sous couvert de piété, le roi pusillanime piégé par son épouse comme un insecte sur la fleur, les braves citadins que l'occasion transforme en larrons charognards — aucun n'appartient à une espèce différente, à une humanité différente, aujourd'hui révolue. Ce sont tous nos frères retors nos frères égarés nos frères grouillants nos frères tourmentés, acteurs de la même comédie que nous, sur la même scène sous un autre décor. Au-dessus de leurs têtes ce même Ciel quelquefois vide quelquefois trop plein.

Amin MAALOUF

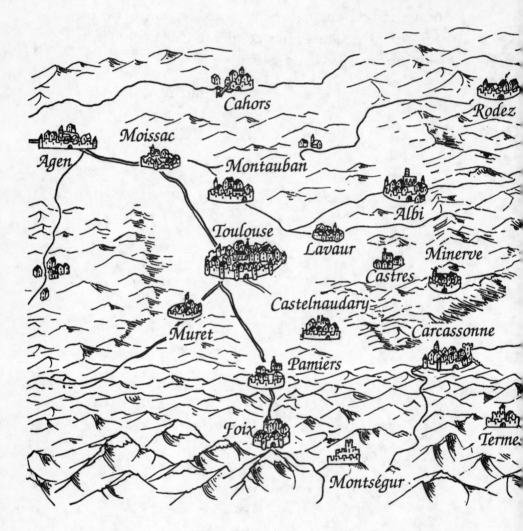

Cahors

Rodez

Moissac

Agen

Montauban

Albi

Toulouse

Lavaur

Minerve

Castres

Muret

Castelnaudary

Carcassonne

Pamiers

Foix

Termes

Montségur

Chaîne des Pyrénées

Avignon

Beaucaire

Nîmes

Tarascon

Montpellier

St Gilles

Arles

Lodève

Béziers

Narbonne

Mer

Méditerranée

Barcelone

N

O

E

S

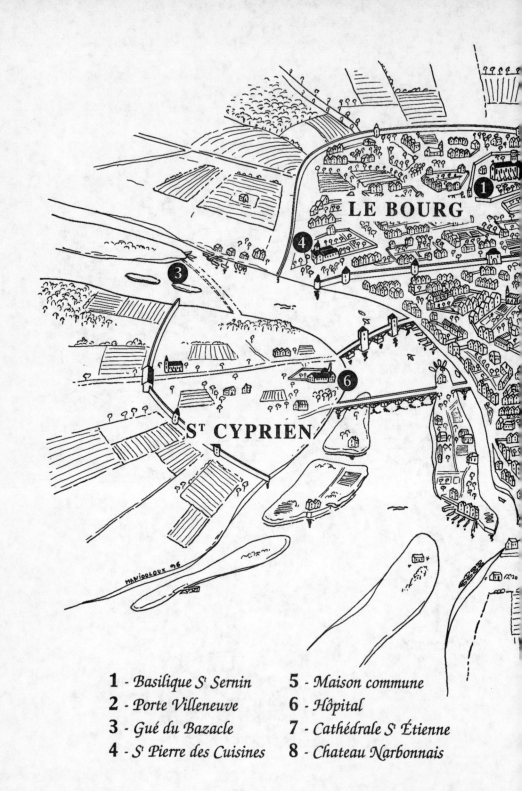

LE BOURG

St CYPRIEN

MANIDOLOUX 96

1 - *Basilique St Sernin*
2 - *Porte Villeneuve*
3 - *Gué du Bazacle*
4 - *St Pierre des Cuisines*

5 - *Maison commune*
6 - *Hôpital*
7 - *Cathédrale St Étienne*
8 - *Chateau Narbonnais*

Toulouse

LA CITÉ

PARTIE I

Casus Belli

Le crime
que je n'ai pas commis

Saint-Gilles, 15 janvier 1208

Un homme est mort ce matin sur mes terres de Provence. Ce n'est pas un homme ordinaire : Pierre de Castelnau était légat du pape.

Ce n'est pas, non plus, une mort ordinaire : le représentant du chef de l'Église a été assassiné.

Au lever du jour, avec son escorte, il s'apprêtait à traverser le Rhône pour quitter mes territoires et faire route vers Rome. Un cavalier surgi d'un taillis a percé de sa lance le flanc de Pierre de Castelnau. Profitant de la surprise, de la confusion et de la pénombre, le meurtrier a réussi à prendre la fuite. Ses compagnons prétendent que, dans son agonie, Pierre de Castelnau a prié pour le pardon de son assassin. Cette indulgence ne lui ressemble guère. Sentant la mort approcher, sans doute voulait-il ainsi expirer en odeur de sainteté. Au chant du coq, allongé dans le limon noir de la berge, enveloppé dans son grand manteau de voyage, grelottant de

19

froid et, peut-être, de peur, il a reçu la communion. Lorsque le soleil a élevé son disque rouge, parfaitement circulaire, au-dessus des brouillards fumants sur les eaux du delta du Rhône, il était mort.

Je ne pleure pas Pierre de Castelnau, qui n'a cessé depuis des années de me tourmenter. Je ne prie pas pour le repos de son âme. Comment pourrais-je le faire ? Il m'en a rendu incapable. Il m'a frappé d'excommunication. Mais si je ne pleure pas, je tremble. L'assassinat de Pierre de Castelnau est pire qu'un crime : c'est un sacrilège. Le représentant du pape a été embroché. Pour l'Église, le flanc du Christ est une nouvelle fois percé par la lance du centurion romain.

Je pressens qu'à cette mort violente d'autres, innombrables, vont bientôt succéder.

Le rêve revient sans cesse. La bête me poursuit. Je tente de lui échapper, mais ma course n'est pas assez rapide. Le fauve est sur mes talons. J'entends son souffle rauque, je sens la chaleur de ses naseaux fumants. Le sol est lourd, je m'y enlise et les sabots du monstre en font jaillir des giclées de boue sanglante. Au crépuscule, ces images me hantent lorsque je cherche le sommeil. La bête est à nouveau sur mes traces dès les lueurs de l'aube. Cette poursuite dure depuis des années. J'ai toujours pu lui échapper, mais je perds du terrain. Aujourd'hui, le mufle est proche. Lentement, je me retourne pour lui faire face.

Point n'est besoin d'aller consulter l'un des nombreux devins qui gagnent leur vie en interprétant les songes. J'y vois clair dans le mien tant il fait de mes nuits le fidèle reflet de ce que sont mes jours. Depuis que je gouverne le pays toulousain, la bête dévastatrice rôde, prête à charger, à piétiner, à transpercer. Je l'ai toujours reconnue : c'est la guerre. Je me suis efforcé de l'éviter quoi qu'il en coûte, avec succès jusqu'à ce jour, au prix de ruses, de concessions, de reculs calculés. Au prix de mariages raisonnés dans lesquels je plaçais parfois plus d'espoirs politiques que je ne trouvais de plaisirs amoureux. Et peut-être, demain, au prix de mon orgueil ou de mon amour-propre. Car celui qui recherche la paix encourt le mépris. On le suppose incapable de se battre, prêt à tout sacrifier pour sauver sa vie et sauvegarder son pouvoir.

La lugubre procession avance lentement, portant la dépouille de Pierre de Castelnau. Le cortège funèbre gravit le raidillon menant à la citadelle, puis longe les remparts de Saint-Gilles. Il est escorté par une douzaine de mes cavaliers. Aussitôt informé du drame, j'ai dépêché sur les lieux mon fils naturel, Bertrand, et ses écuyers. Les hommes du légat et les soldats toulousains franchissent ensemble la porte du rempart pour pénétrer dans une ville silencieuse.

D'ordinaire bruyante et animée à cette heure de la mi-journée, la cité semble porter un deuil ostentatoire. Fort intelligemment, la population signifie ainsi que nous ne sommes pour rien dans ce meurtre. Certes, beaucoup retiennent dans leur poitrine la joie que leur cœur éprouve, mais nul ne laisse paraître ses sentiments.

Au seuil de l'église abbatiale où l'excommunication m'interdit de pénétrer, je salue le cortège. J'ai fait porter un marc d'argent au meilleur sculpteur pour qu'il entreprenne l'exécution d'un caveau dans la crypte. Plus que quiconque, je dois participer au deuil, car ma violente colère d'hier me désigne comme le coupable : j'ai publiquement menacé de mort Pierre de Castelnau.

C'était un cri de rage contre cet homme qui m'avait excommunié et jetait l'« interdit » sur mes terres, privant ainsi leurs habitants du secours des sacrements. C'était un cri de colère contre l'arrogance de ce légat dont la malédiction venait de résonner sous la voûte de mon propre château de Saint-Gilles, en présence de mon entourage scandalisé :

– À partir d'aujourd'hui vous êtes l'ennemi de Dieu et des hommes ! Vous n'êtes plus Raimond de Toulouse. Vous êtes Raimond l'hérétique. Raimond le Cathare ! m'a-t-il lancé. Vos sujets sont relevés de tout serment de fidélité envers vous ! Qui vous dépossédera aura raison de le faire ! Qui vous tuera sera béni !

Cette menace a provoqué la mienne. Mon emportement était légitime, le voici désormais fatal. Ils tiennent enfin le chef d'accusation dont je ne saurai jamais me disculper. Le motif de guerre leur manquait jusqu'à ce jour pour justifier leur soif de revanche religieuse et de conquête militaire. Il leur fallait une rupture irréparable pour attirer sur moi la condamnation de l'Église. Le pape va trouver enfin l'argument qui lui manquait pour appeler à la croisade contre mon pays. L'autre légat, le pire, Arnaud Amaury, est aussitôt parti pour Rome afin d'attiser la colère d'Innocent III et le dresser contre moi.

C'est lui, le chef du parti extrémiste, qui va entreprendre le pape sans que je puisse le contredire, rétablir les faits et présenter ma défense. On ne recherchera pas la vérité. C'est moi que l'on traque et je serai seul dans la lumière aveuglante des fausses accusations.

Tant d'autres, pourtant, auraient pu ordonner ou commettre ce meurtre ! Innombrables sont ceux qui vouent aux légats, Pierre de Castelnau, et surtout Arnaud Amaury, une haine inexpiable. Ces prélats n'ont cessé de nous harceler, de nous humilier, de pourchasser implacablement les meilleurs des nôtres. Ils ont bafoué nos coutumes, nos usages et notre mode de gouvernement. Par leur brutalité, ils ont blessé les corps, les âmes et les cœurs.

Incarnant la force et le pouvoir du pape dont ils sont depuis plusieurs années les représentants sur nos terres, les légats ont pour mission d'extirper l'hérésie. Mais en agissant de manière détestable, ils la propagent.

Leur arrogance met en lumière l'humilité des hérétiques qu'ils viennent combattre. La richesse des équipages, les vêtements brodés d'or, les bijoux précieux des légats du pape et des gens d'Église rendent plus admirable encore le dénuement dans lequel vivent volontairement ceux que l'on appelle, justement, les Bons Hommes. Ces pasteurs de l'Hérésie sont si proches de Dieu qu'ils n'ont plus de goût pour les biens de ce monde. Touchant d'abord les cœurs par l'émotion, leur foi emporte ensuite les âmes. Jamais je n'ai embrassé l'Hérésie, mais je n'ai jamais haï les hérétiques. Mon esprit ne s'est pas laissé gagner par leur doctrine, mais mon cœur a été plus d'une fois touché par la vie exemplaire des Bons Hommes qui forment leur clergé.

Tout au long du siècle dernier, cette religion a gagné sympathie et influence dans les rangs de notre noblesse, chez les habitants des cités et même parmi les paysans. Devenu comte, j'ai voulu en être instruit. Quand il était à Toulouse, je demandais à Guilhabert de Castres, l'hérétique le plus respecté parmi les siens, de venir au château Narbonnais. Je le priais de n'arriver qu'à l'obscurité tombée, seul et en secret, afin que l'évêque ne sache rien de ces visites. Tel un spectre, vêtu de noir et couvert de son capuchon, il se glissait hors de la cité pour venir gratter à la porte du château, où un serviteur discret l'introduisait en silence.

Jusque tard dans la nuit nous parlions de cette religion dont j'avais entendu dire tant de mal et qui portait d'innombrables noms : cathares, Albigeois, Parfaits, bogomiles, bougres, manichéens...

– Si tu veux être amical, appelle-nous "Bons Hommes" ou "Bonnes Dames", "Bons chrétiens" ou "Bonnes chrétiennes". C'est tout ce que nous aspirons à être. Un moine allemand nous a désignés du nom de "cathares", que l'Église emploie contre nous. "Parfait" est un terme également forgé par l'Église de Rome. Dans les procès qu'elle fait aux nôtres, elle les nomme "Hereticus Perfectus". Ces noms sont inventés par la Grande Prostituée de l'Apocalypse.

— Tu hais l'Église.

— De tout mon cœur. Car elle n'est que mensonge. Regarde autour de toi : la douleur, la maladie, la souffrance, la pauvreté, les incendies, les famines, les épidémies... Comment peux-tu croire que Dieu ait voulu tout ce mal ? Comment pourrait-il en être le créateur ?

— Et quel autre Dieu serait le Créateur ?

— Aucun. C'est l'œuvre du principe du Mal. Et tant que nous vivons sous l'empire de la matière, nous ne pouvons pas nous affranchir du Mal. Chacun demeure sur cette terre et se réincarne indéfiniment dans d'autres êtres humains ou dans le corps d'un animal. L'enfer n'est pas dans l'au-delà. Il est ici-bas.

— Et le salut ?

— Tu ne peux le trouver que dans une lutte de chaque instant pour échapper au Mal qui nous environne. On peut s'en extraire en se refusant à tous les plaisirs, à toutes les tentations. C'est terriblement difficile. Comme tous les Bons Hommes, je m'y astreins. Aucun commerce charnel, aucune consommation de viande, aucune possession, aucune richesse, aucun pouvoir. C'est à ce prix que l'on peut échapper au cycle infernal dans lequel nous sommes tous pris.

— Ta religion ne me laisse aucun espoir. Je suis riche, puissant, j'aime les femmes, la musique et le gibier.

25

Pour la première fois, je l'ai vu rire.

— Comme tous. Mais peut-être, comme quelques-uns, auras-tu la force de surmonter tes faiblesses. Tu mériteras alors le consolament. C'est notre sacrement. Le seul.

— Et la confession, le mariage ?

— Avouer ses fautes à des prêtres indignes ! Demander à Dieu de bénir la fornication !

— Il est donc vrai que vous êtes les ennemis de la famille. On dit que vous recommandez l'inceste.

— Calomnies ! L'acte de chair est mauvais puisqu'il perpétue le Mal. Qu'importe s'il mêle époux, amants, frères et sœurs ou fils et mère ! Il est maléfique. Et le mariage le rend plus ignoble encore puisqu'il prétend y mêler Dieu.

Les privations et les jeûnes ont donné à Guilhabert de Castres un visage de cire et un regard de flamme. Sans me lasser, je l'ai écouté me raconter la longue histoire de leur croyance.

— Elle vient de loin dans le temps et dans l'espace. Notre foi se professait plusieurs milliers d'années avant la naissance du Christ. Zoroastre et Mani figurent parmi nos prophètes. Persécutés par l'Église byzantine et, plus tard, par l'Islam, les nôtres furent massacrés en Mésopotamie et en Arménie. Beaucoup de prisonniers furent exilés et jetés sur les côtes de Dalmatie. Ils s'établirent dans les Balkans, principalement en Bulgarie. C'est pourquoi on nous appelle parfois "bougres". Ils vivaient et priaient sous l'autorité spirituelle d'un pasteur nommé Bogomil, l'"aimé de Dieu". À partir de là, notre foi s'est répandue dans tout l'Occident.

L'Hérésie a pénétré nos terres il y a déjà plus d'un siècle. Cette nouvelle croyance a fait son apparition dans l'Empire germanique, en Angleterre, en Italie et en de multiples provinces du royaume de France ; Flandres, Champagne, Lyonnais, Normandie. Elle fut partout férocement combattue. Tout au long du XIIᵉ siècle, de multiples conciles de l'Église romaine ont ordonné de traquer les hérésies, dont les prédicateurs étaient voués aux bûchers.

Elle cheminait secrètement mais on la débusquait par des méthodes d'une absurde cruauté, telle que l'ordalie du feu. Il suffisait d'une accusation étayée par quelques soupçons ou de légers indices pour y procéder. Le tribunal ecclésiastique présentait à l'accusé une barre de fer chauffée à blanc. C'est le jugement de Dieu : si le suspect se brûle les mains, il est déclaré coupable et condamné à périr dans les flammes. S'il refuse l'épreuve, c'est un aveu sanctionné par la même condamnation.

Ces coutumes prévalent dans les régions où les seigneurs joignent leur autorité à celle des évêques pour organiser ces persécutions. Dans notre pays, nous refusons depuis longtemps de nous prêter à ces simulacres de justice. Comment pourrions-nous martyriser des hommes et des femmes aussi respectables, exigeants envers eux-mêmes et indulgents envers les autres ?

Si je n'ai jamais songé à les rejoindre, je n'ai jamais accepté non plus de les persécuter, ainsi que le pape et ses légats l'exigent impérieusement. Ma morale me l'interdit. Les Bons Hommes sont plus fidèles aux enseignements du Christ et à l'exemple des premiers chrétiens que bien des ecclésiastiques qui sombrent aussi souvent que nous dans le péché.

La réalité politique m'empêche également de chasser les hérétiques de mes terres. Les mœurs de notre pays veulent que la prière soit libre et que chacun puisse l'adresser au Dieu qu'il aime. Les Bons Hommes, pasteurs de l'hérésie, et les Croyants, leurs fidèles, sont désormais si nombreux que leur persécution serait une mutilation de notre peuple. Et ni le peuple ni moi ne pouvons y consentir. C'est trop tard.

Mais aujourd'hui Rome nous accuse de duplicité et nous reproche de n'avoir rien fait pour endiguer la propagation hérétique. Pour mon malheur, un homme encore jeune est monté sur le trône de saint Pierre au moment où j'héritais de la couronne toulousaine. Il n'avait que trente-six ans lorsque, sous le nom d'Innocent III, il prit en charge l'Église romaine. Son pontificat promettait d'être long. Dès son élection il a déclaré la guerre aux hérétiques.

Plus vaste
qu'un royaume...

Saint-Gilles, 16 janvier 1208

Dès le lendemain du meurtre, je décide de quitter la Provence pour regagner Toulouse, à l'autre bout de mes terres. Je dois au plus vite informer les consuls, calmer la population et ne pas laisser le champ libre à la calomnie que notre évêque Foulques doit déjà propager. Le connaissant, j'imagine les mines de cet hypocrite rendant visite aux uns et aux autres pour leur susurrer quelques paroles empoisonnées. « La folie s'est emparée de notre comte. Il faut être habité par le diable pour assassiner le représentant du Saint-Père. Tous les bons catholiques doivent se révolter contre ce mauvais comte, protecteur des hérétiques et ami des juifs, ce débauché qui s'est marié cinq fois... »

Je connais la chanson de cet ancien troubadour bien mal placé pour dénoncer la débauche à laquelle il s'est joyeusement adonné, jadis, à la cour de mon père. Quand nous avions vingt ans, je le voyais sou-

29

vent aux pieds des dames, le luth à la main, empêtré dans un compliment mal tourné. Un échec amoureux l'a conduit au couvent du Thoronet. Il en est, hélas, sorti évêque de Toulouse. Il dirige le diocèse depuis deux ans. Sa bouche puante va quotidiennement porter la mauvaise parole dans les influentes familles catholiques et dans les puissantes congrégations religieuses. Il explique à qui veut l'entendre que la guerre contre l'hérésie commence par la lutte contre le comte de Toulouse.

Quant aux juifs, il est vrai que notre pays leur est hospitalier. Ils ne sont pas tenus en lisière comme dans les autres provinces du royaume de France. Depuis que je gouverne, j'ai confié à certains d'entre eux des emplois publics, de juges, de comptables ou d'archivistes. D'autres ont été élus consuls capitouliers. Ils font preuve de compétence et de loyauté dans l'exercice de leurs missions. L'Église romaine m'en fait grief. L'évêque Foulques évoque toujours avec nostalgie l'ancienne cérémonie humiliante du Vendredi saint dont il a trouvé la description dans les documents épiscopaux.

Jadis, l'évêque de Toulouse convoquait un juif devant la cathédrale à la sortie de la messe du jour de la Passion. Devant la foule des catholiques assemblés sur le parvis, l'homme était frappé sur chaque joue par un chevalier.

Un Vendredi saint, il y a déjà plus d'un siècle, le juif qui s'est présenté était un vieillard si faible que ses jambes le portaient à peine. Le chevalier chargé d'accomplir le geste rituel était un colosse. Il avait armé sa main droite d'un gantelet de métal. Abattant brutalement son poing ferré sur le vieil homme, il lui a fendu le crâne en deux, le laissant raide mort dans une flaque de sang.

Il y a longtemps que mes ancêtres ont heureusement rompu avec ces pratiques cruelles. Foulques le regrette.

— C'était une édifiante coutume. Le jour de la mort du Christ, il faut rappeler que ce sont les juifs qui l'ont crucifié. Son sang doit retomber sur la tête de leurs enfants. Vous devriez, sire Raimond, rétablir cette cérémonie, m'a demandé Foulques en prenant possession du diocèse.

— Jamais !

— Vous serez donc toujours le protecteur des juifs et des hérétiques ! Votre amitié pour les ennemis de l'Église est une insulte à Dieu. Le jour viendra où vous en serez puni.

C'est fait. Sa présence est pour moi une punition quotidienne. Il me hait et je le lui rends bien. Je dois vite rentrer à Toulouse pour l'empêcher de nuire.

Le poil des chevaux fume dans le froid vif de l'hiver provençal. Dès le petit matin, la mainade s'est rassemblée dans la cour du château de Saint-Gilles autour d'Hugues d'Alfaro, mon fidèle et courageux compagnon. De ce jeune Navarrais, j'ai fait le chef de mes armées. Il est ensuite entré dans ma famille en épousant Guillemette, ma fille naturelle.

Avant de mettre la troupe en marche, nous préparons l'itinéraire afin de dépêcher au triple galop les courriers qui iront annoncer notre arrivée et faire préparer notre accueil à chaque étape.

Hugues d'Alfaro désigne ceux qui vont nous devancer et distribue ses ordres d'une voix grave où se mêlent tous les accents pyrénéens. Vêtu de cuir noir clouté d'argent, il porte le poil ras, aussi noir que l'habit. Une rixe, dans sa première jeunesse, lui a laissé une jambe raide ainsi qu'une profonde cicatrice barrant son front et sa joue gauche. Une violence allègre émane de sa personne. Lorsque, dans la fureur de la bataille, un ennemi voit l'œil noir d'Hugues d'Alfaro posé sur lui, il pressent que la mort l'a choisi.

La paix, que je préserve soigneusement, n'est pour lui qu'une longue attente de la guerre. Pour tromper son ennui, il s'abandonne à l'amour que lui porte ma fille Guillemette, subjuguée par la force de son jeune mari.

Pour regagner nos terres toulousaines, nous empruntons la grande route reliant Montpellier, Béziers, Narbonne, Carcassonne et Toulouse. Ce chemin est tracé par la nature et son relief. Confortable et rapide, c'est l'artère principale de notre pays. Les Romains y avaient aménagé une large voie. Mille ans plus tard, elle existe toujours. Après avoir longé la mer, nous quittons le littoral à Narbonne pour nous enfoncer dans les terres et suivre la route du vent, dans le lit de la plaine parsemée de villages fortifiés au cœur des campagnes fertiles.

Au nord, les Cévennes, la montagne Noire puis les collines du Lauragais ; au sud, les Corbières et le massif des Pyrénées couronnées des neiges de janvier. Entre les remparts de ces deux colossales forteresses naturelles, la vaste plaine forme un entonnoir largement ouvert à l'est sur la Méditerranée, étroitement pincé à l'ouest lorsque les montagnes du nord rejoignent presque les Pyrénées. Dans ce passage, le vent d'autan souffle souvent avec violence. Venu de la mer, il se rue au plus fort de son énergie contre les remparts de Toulouse, siffle entre les tuiles des toits et tourbillonne autour des clochers.

Toulouse est fille de l'autan et de la Garonne, ventée par l'air de la Méditerranée et irriguée par l'eau des Pyrénées.

Mon pays est plus vaste que bien des royaumes. Il réunit sous mon autorité le comté de Toulouse, le Quercy, l'Agenais, le Rouergue, la vicomté de Lodève et le comté de Melgueil, le marquisat de Provence, la terre d'Argence. Je tiens en gage du roi d'Aragon les vicomtés de Millau et de Grèze et le comté de Gévaudan.

Mon pouvoir s'exerce aussi sur les terres de mes nombreux vassaux : le seigneur de Gourdon, le comte de Rodez, les seigneurs d'Alès, d'Auduze et de Sauve, le comte de Vivarais, le comte de Valentinois et de Diois, le vicomte d'Agde, le vicomte de Narbonne. Le comte de Foix est également mon vassal pour la basse vallée de l'Ariège et le comte de Comminges pour la plaine de Muret. J'ai des droits sur les comtés d'Armagnac, Fezensac et Astarac.

À mes vassaux je dois protection, et ils me doivent fidélité. Bien souvent, leurs mésententes dégénèrent en violences locales que je m'efforce d'arbitrer et d'apaiser. Je n'ai cessé de rechercher la paix sur mes terres et avec mes voisins.

Au milieu de mes immenses territoires, seuls manquent Montpellier, passé au roi d'Aragon par son mariage avec Marie, et la grande vicomté des ombrageux Trencavel : Béziers, Carcassonne, Albi, comme un coin enfoncé largement et profondément dans mes terres.

J'ai trois suzerains. Le roi de France, Philippe Auguste, pour le comté de Toulouse ; le roi d'Angleterre, Jean Sans Terre, pour le Quercy et l'Agenais ; l'empereur de Germanie, Othon, pour la rive gauche du Rhône. Grâce à Dieu, leurs désaccords me permettent de n'obéir à aucun. Je fais en sorte d'entretenir leurs querelles afin que leurs pouvoirs s'équilibrent et se neutralisent.

L'Histoire ne m'aimera pas, car je n'ai jamais cherché à laisser la marque du sillon stérile de l'épée dans la terre ensanglantée des champs de bataille.

J'ai vu mon père, Raimond V, en guerre contre l'Aragon, contre le comte de Rodez, contre la Savoie, contre les Trencavel, contre l'Angleterre, contre Barcelone... Ces interminables luttes, leur cortège de deuils et de destructions ont assombri mon enfance et ma jeunesse.

J'ai préféré réparer dans mon lit, avec des bonheurs personnels divers et inégaux, les querelles sanglantes de mes prédécesseurs. Pour faire la paix avec les ennemis de mes ancêtres, j'ai épousé leurs filles. Mes ancêtres ne manquaient pas d'ennemis, je me suis donc marié cinq fois.

Ma première épouse fut Ermesinde de Pelet, déjà veuve et très mûre mais dont la famille possédait, près de Montpellier, le comté de Melgueil, toujours rebelle à la maison de Toulouse. Ce mariage mit fin aux désaccords, mais il fut bref.

Veuf à mon tour mais encore jeune, j'ai ensuite épousé une Trencavel pour sceller une alliance avec ces impétueux voisins qui gouvernent de Limoux à Albi et de Carcassonne à Béziers. Avec Béatrix, ce fut une longue et morne union. Ma vie familiale durant ces quinze années n'a été ensoleillée que par la naissance de ma fille légitime Constance et par celle de mes enfants naturels, Guillemette et Bertrand, ainsi que par le plaisir d'avoir aimé secrètement la femme qui a donné le jour à ces derniers.

Béatrix, elle, s'est éprise de l'Hérésie. Voulait-elle ainsi réprouver silencieusement mon inconduite ? Était-elle sincèrement gagnée à cette pratique austère et à cette vie hautement spirituelle, comme beaucoup de femmes en notre pays ? Quelle fut l'influence de sa famille Trencavel, dont les liens avec l'Hérésie n'étaient un secret pour personne ? L'Église ne pouvant, dans ce cas, rien me reprocher, j'ai profité de cette occasion pour répudier Béatrix. Elle vit depuis dans une maison de Bonnes Dames. Nous nous écrivons parfois.

C'est par amour que j'ai épousé ma troisième femme, l'adorable Bourguigne de Chypre. Ce fut une étrange rencontre... Allant de Marseille à Poitiers, Bourguigne traversait notre pays, dans la suite de l'épouse de Richard Cœur de Lion et de sa sœur, Jeanne d'Angleterre. Pour leur faire honneur, mon père Raimond V m'avait envoyé à leur rencontre afin de les accompagner sur nos terres en grand cortège. Le voyage a duré plusieurs jours qui me parurent délicieux. Jeanne d'Angleterre était intelligente et Bourguigne ravissante.

Jeanne, la sœur de Richard Cœur de Lion, représentait cette couronne d'Angleterre toujours menaçante et contre laquelle mon père, mon grand-père, mon grand-oncle, mon arrière-grand-père s'étaient tour à tour battus. Un mariage aurait mis fin à ces guerres incessantes.

Son accompagnatrice, Bourguigne de Lusignan, était d'une famille infiniment moins puissante, mais d'une beauté tellement plus éclatante ! Elle était fille de Croisés établis à Chypre et à Jérusalem. Ses fiefs étaient donc fondés sur des sables mouvants. Mais ses manières possédaient toutes les grâces de l'Orient.

Jeanne d'Angleterre me regardait sans cesse, mais je ne voyais que Bourguigne de Chypre, qui ne me quittait pas des yeux. Mes cheveux avaient l'épaisseur et la couleur qu'ils ont perdues depuis. Aucune dent ne me manquait. Mon œil était vif et, tandis que ma bouche parlait sérieusement à Jeanne d'Angleterre, mon regard disait mon amour à Bourguigne de Chypre. Nous nous sommes rapidement mariés et passionnément aimés dans un bonheur fugitif comme un doux rêve.

Deux ans plus tard, en 1195, mon père mourait. Il avait régné sur le pays toulousain près d'un demi-siècle. Je devenais comte de Toulouse à l'âge avancé de quarante ans. Mon père avait hérité de la couronne à quatorze ans et mon grand-père, Alphonse Jourdain, quand il avait moins de dix ans. Voilà pourquoi, dès que je fus maître du comté, on me nomma Raimond le Vieux.

L'heure était venue de conclure des alliances utiles à ma charge. J'ai dit adieu à ma jeunesse et à Bourguigne, qui réjouissait mes nuits, et je me suis marié avec Jeanne pour faire la paix avec l'Angleterre.

Notre union n'a duré que trois ans, mais elle a porté son fruit : en 1197 un fils, Raimond, a vu le jour à Beaucaire. La sage-femme provençale qui a sectionné le cordon tranchait aussi le nœud d'un vieux conflit. Cette naissance scellait la paix entre Toulouse et la couronne anglaise. Ce mariage et cet avènement furent des moments de bonheur intense dans ma vie d'homme et des actes de paix utiles à ma fonction de prince.

Peu de temps après, j'ai cruellement souffert de la mort de Jeanne dans les épanchements sanglants, les fièvres et les cris d'un nouvel enfantement fatal pour la mère, et pour l'enfant, une fille baptisée à la hâte dans une projection de gouttelettes d'eau bénite sur un minuscule fardeau de chairs rouges et bleues qui ne vivait déjà plus.

Jeanne me laissait notre fils, Raimond de Toulouse. Il avait deux ans. Ce XIIIe siècle allait ouvrir ses portes sur des années terribles. Je sentais monter la colère de l'Église et la vindicte du pape contre l'Hérésie dont j'étais le « complice ».

Mon veuvage m'offrait la liberté d'une nouvelle alliance. Il fallait cette fois choisir le royaume d'Aragon en la personne, charmante, de la brune Éléonore, la sœur du roi Pierre II.

La jeunesse du corps et de l'esprit de ma cinquième épouse me réjouit encore aujourd'hui. D'elle, je ne saurais dire mieux que le poète Guillaume de Tudèle, qui écrit : *« La meilleure des reines et la plus belle au monde. Jamais en Chrétienté ni en terre païenne, aussi loin qu'aube point, n'en fut d'aussi parfaite. »* Et le poète, en hommage à sa beauté, s'interdit d'aller plus loin : *« Guillaume, tais-toi donc, tes vers sont trop chétifs. Crains d'abîmer l'éclat que tu veux exalter. »*

Paris, Londres, Barcelone, Rome sont les points cardinaux de toute politique toulousaine. Face au danger qui vient de Rome, j'ai construit ma défense : par ma mère Constance, fille de Louis VII, je suis le cousin du roi de France, Philippe Auguste. Par ma quatrième femme Jeanne, sœur de Richard Cœur de Lion, et notre fils Raimond, nous appartenons à la famille d'Angleterre. Par mon dernier mariage avec Éléonore, j'ai scellé l'union avec l'Aragon et son jeune roi flamboyant, Pierre II, mon beau-frère et mon proche voisin d'outre-Pyrénées. Nos pères,

Alphonse d'Aragon et Raimond V de Toulouse, s'étaient disputé la Provence dans des guerres incessantes et acharnées. En décidant de mêler nos sangs, j'ai scellé la réconciliation et l'alliance dont j'allais avoir le plus grand besoin.

Après avoir fait halte à Béziers, puis à Narbonne, nous arrivons devant les murs de la plus puissante fortification de la plaine.

C'est ici, à Carcassonne, que réside Raimond Roger Trencavel, vicomte de Béziers, Carcassonne, Albi et Limoux. Il est le fils de ma sœur, mais ce neveu ne me ressemble guère.

Les cavaliers envoyés par Trencavel pour nous faire honneur viennent caracoler autour de nous, les sabots des chevaux résonnant sur le sol durci par le froid. Ils nous adressent des félicitations pour l'assassinat de Pierre de Castelnau. À mi-voix, je demande aux miens de ne pas engager de conversation sur ce sujet avec ces écervelés. Ils sont à l'image de leur maître, mon jeune neveu : turbulents, fébriles et inconséquents.

Raimond Roger Trencavel m'accueille à sa table dressée dans la grande salle de la citadelle. Cet infatigable chasseur ne m'épargne aucun de ses gibiers : viandes fraîches ou fortement faisandées, couchées sur de la purée de châtaignes. J'ai faim et je ne cesse de mastiquer, ce qui m'évite de répondre à ses discours imprudents. Il se réjouit bruyamment de la mort du légat. Il m'en fait compliment. La bouche pleine, je multiplie les signes de dénégation. À la fin du repas, je prends courtoisement des nouvelles de Béatrix, sa sœur d'un autre lit, qui fut ma seconde épouse. Elle vit toujours en maison hérétique dans le jeûne, l'abstinence et la prière, depuis que je l'ai répudiée. Raimond Roger convient que ce n'est guère compatible avec nos goûts et nos penchants, mais il salue la grandeur d'âme de ceux qui renoncent à tout et promet qu'il s'y astreindra un jour, quand il sera vieux. S'il y parvient...

En attendant, ce jeune homme exalté qui n'a pas encore vingt-cinq ans veut se battre. Il est heureux du meurtre de Pierre de Castelnau. Je lui répète que je n'y suis pour rien, mais il n'en croit pas un mot. En se levant de table, il me bourre les côtes et vient coller son oreille à mes lèvres comme pour y recueillir une confession ou un aveu.

— Messire mon oncle, ne soyez point modeste. La mort de ce maudit légat servira votre gloire.

Si mon neveu lui-même s'imagine que j'ai fait tuer le légat, comment le pape lui-même en douterait-il ?

Cet agité veut à ce point la guerre qu'il finira par la provoquer. Son pouvoir s'exerce sur un territoire enviable : Béziers et sa cité prospère, les plaines littorales où les vignes viennent s'aligner jusqu'au bord du rivage, l'Albigeois et la belle vallée du Tarn, la montagne des Corbières, Carcassonne et son imprenable citadelle. Qui ne convoiterait un tel domaine ? Mon paisible voisinage lui a fait oublier les guerres et les appétits de nos pères. Vicomte depuis neuf ans, il n'a connu que moi. Il me juge tiède, inoffensif et ennuyeux.

En me raccompagnant dans la cour du château, il frappe bruyamment ses mains l'une contre l'autre.

Mon cheval fait un écart. « Bientôt ! Bientôt ! » répète-t-il avec un sourire carnassier. Comme si la guerre qui menace allait être une distrayante partie de chasse. Juché sur ma monture, droit dans les yeux, je lui conseille gravement de prendre garde à ce qui nous menace. Il se contente de rire.

La dernière
chance de paix

Fanjeaux, janvier 1208

Quittant Carcassonne et poursuivant notre voyage vers Toulouse, nous passons à Montréal. Le clocher de Fanjeaux pointe sur la colline toute proche.

J'envoie d'Alfaro et mes cavaliers. Je voudrais parler à Dominique de Guzman, le moine prédicateur castillan. C'est ici qu'il a établi son monastère, mais il y séjourne rarement. Toujours sur les routes de la plaine ou les chemins de montagne, pieds nus, vêtu de bure, totalement démuni, il prêche et mendie son pain quotidien. La nuit, il prie plus qu'il ne dort. Dès l'aube, il reprend son œuvre.

En peu de temps, la réputation de Dominique de Guzman s'est propagée à travers toute la région. On l'a vu marcher des journées entières, les pieds en sang, dans la neige ou sous la brûlure du soleil. Porté par une énergie surnaturelle, il sème infatigablement la parole de Dieu. Mais, avant de lancer la graine de la foi, il laboure par l'exemple qu'il donne. Comme le soc du paysan s'enfonce profondément dans la terre pour que vienne s'y enfouir la semence, la vie de sacrifice du prédicateur ouvre les esprits pour que ses mots y soient accueillis et que germe le Verbe. Une légende se propage autour de lui et se répand dans tout le pays. Beaucoup de catholiques le vénèrent déjà comme un saint.

Toulouse, Verfeil, Servian, Pézenas, Carcassonne, Pamiers... Il est allé partout creuser son sillon. Après avoir prêché dans les grandes villes, il fait halte dans les villages pour lutter en profondeur contre l'hérésie.

Dominique de Guzman a courageusement décidé de s'établir ici, à Montréal. Les Bons Hommes sont chez eux dans chaque village des coteaux, dans chaque vallée des Pyrénées, dans les châteaux où ils viennent prêcher à l'invitation des seigneurs. Aimery de Montréal est lui-même un Croyant. Il y a quelques années, Guilhabert de Castres donna ici le consolament à Esclarmonde, la sœur du comte de Foix. J'ai personnellement assisté à cette belle et austère cérémonie qui réunissait tout le clergé hérétique et les principaux seigneurs de notre pays.

Les Bons Hommes ne constituent pas une menace pour le prédicateur puisqu'ils refusent toute violence. Le danger pour Dominique de Guzman vient de nos seigneurs et de nos chevaliers, furieux contre l'Église romaine et sa prétention à régenter leurs domaines. Protéger les hérétiques est une façon d'affirmer que nos affaires ne se décident pas ailleurs qu'ici et que nous entendons rester maîtres chez nous.

Mais il est vrai que depuis son arrivée, il y a dix

mois, Dominique de Guzman a réussi à incarner une autre façon d'être et d'agir. Son exemple a su conquérir bien des cœurs et sa parole a ramené quelques âmes au bercail. Il s'est fait respecter par son abnégation et connaître grâce aux « controverses ». Ces confrontations verbales mettent aux prises les deux clergés face à face et à armes égales devant un public passionné, sous l'arbitrage du seigneur du lieu. Dominique de Guzman y voit le seul moyen de retrouver l'écoute de la parole de Dieu pour ces foules nombreuses attirées par l'animation qui se déploie autour de l'événement. On vient de loin pour y assister. Certains débats durent plusieurs jours pendant lesquels, du matin au soir, s'échangent arguments, citations, exhortations et menaces.

Le public participe bruyamment. De la salle surchauffée jaillissent interpellations, questions et invectives. Le seigneur qui abrite les débats dans son château intervient pour rétablir le calme, menace de faire évacuer la salle, veille à l'équité des temps de parole entre les deux Églises représentées par un nombre égal de défenseurs.

Dehors, ceux qui n'ont pas pu prendre place dans la salle d'audience restent sur la place, tendant l'oreille pour saisir quelques bribes de discours lorsque l'orateur force sa voix. On les commente aussitôt pour les approuver ou les réfuter. Les enfants croquent des friandises vendues par des marchands ambulants. L'auberge ne désemplit pas et l'on chante tard le soir dans les ruelles.

Pendant ce temps, réunis chacun de son côté, les prédicateurs se préparent aux joutes du lendemain. En secret, ils affûtent leurs raisonnements, étayent leurs arguments, recherchent dans les textes sacrés les citations les plus pertinentes. Ils s'efforcent de convaincre le public et de conquérir le jugement des seigneurs chargés, pour conclure les débats, d'en désigner les vainqueurs.

Au grand scandale des légats qui sont venus parfois participer aux controverses, l'homme devient arbitre de la lutte entre Dieu et Diable. Les seigneurs locaux, fort peu instruits des questions religieuses et constatant la division du public, renvoient le plus souvent dos à dos les deux Églises, au milieu des cris et des rires.

La foule aime les débats qui tournent autour de la Croix. Les hérétiques refusent catégoriquement de l'adorer et maudissent l'Église d'avoir pour emblème un instrument de torture.

— Vous vous inclinez devant l'outil du supplice du Christ. Vous êtes l'Église du Mal !

Les protagonistes l'emportent davantage par les effets oratoires que par la rigueur du raisonnement.

Les femmes, nombreuses dans le public, penchent souvent en faveur de l'Hérésie. Un jour, Esclarmonde de Foix, la sœur du comte, est venue elle-même assister à une controverse. Elle y a participé activement, en prenant la parole dans un silence attentif. « Femme, votre place n'est pas ici. Retournez filer votre quenouille ! » lui a dédaigneusement lancé pour toute réponse un clerc catholique. Les cris de protestation ont immédiatement sanctionné cette maladresse grossière. Notre pays respecte les femmes. Nous les chantons et nous les écoutons.

Certaines controverses ont cependant tourné clairement à l'avantage de Dominique. On parle beaucoup de la « controverse miraculeuse » qui s'est déroulée ici même à Fanjeaux il y a quelques mois, sous les yeux de nombreux témoins. Au troisième jour de la controverse, Dominique remit à ses contradicteurs, conduits par Guilhabert de Castres, un argumentaire épais, les mettant au défi de le réfuter. Les Bons Hommes en prirent connaissance. Après s'être concertés à voix basse, ils en appelèrent à l'ordalie du feu. Le « jugement de Dieu ».

Ils jetèrent donc le manuscrit dans la cheminée. S'il brûlait, c'est que Dieu le récusait. Mais l'argumentaire, comme s'il était animé d'une vie propre, jaillit hors des flammes pour retomber aux pieds des hérétiques. Ils le saisirent pour le lancer encore une fois au milieu des braises. Le livre bondit de nouveau. Il était intact. Pour bien s'en assurer, ils le renvoient dans les flammes, d'où il s'élève aussitôt pour venir se plaquer contre une poutre du plafond, qui porte toujours la marque calcinée du manuscrit de Dominique. Je ne témoigne pas de ce que je n'ai point vu, mais je ne refuse pas d'y croire.

Toutefois le vrai miracle, à mes yeux, c'est que Dominique ait survécu, qu'il n'ait pas été victime de la haine soulevée par son Église, qu'il puisse parcourir, seul, des contrées reculées sans tomber sous les coups des routiers qui tuent un homme pour lui voler un pain. Sa vulnérabilité et sa pauvreté ont forgé autour de lui une armure invisible.

Les cavaliers que j'ai envoyés à Fanjeaux s'enquérir de Dominique de Guzman reviennent sans l'avoir trouvé. Le prédicateur est sur les routes, loin d'ici, et personne n'a pu les renseigner. Méfiante, la supérieure du petit monastère de nonnes fondé par le moine castillan a donné sèchement à Hugues d'Alfaro quelques indications évasives.

Je ne le rencontrerai donc pas. C'est dommage car nous avons, pour des raisons différentes, la même volonté d'éviter la guerre. Il veut prêcher en paix, comme je veux gouverner en paix. Pourrions-nous entreprendre quelque chose ensemble ? Je crois, hélas, que l'heure est passée. Il n'y aura plus de controverse. Le temps du verbe va faire place au temps des armes.

Tolosa

Le rouge vif des immenses remparts de brique surprend le voyageur lorsqu'il découvre Toulouse. La muraille est percée de portes monumentales flanquées de tours fortifiées. Le soleil déclinant donne à l'enceinte de la cité des teintes étonnantes. Une couleur d'orange mûre, là où frappent encore les rayons, puis un mauve profond qui s'étend avec la pénombre.

Planté comme une sentinelle devant la porte du Sud depuis l'époque romaine, le vieux château Narbonnais dresse sa silhouette massive. C'est dans cette forteresse austère que je suis né. J'ai grandi à l'ombre des murs de brique de ce bastion édifié à l'extérieur de la ville, à quelques pas du rempart. Chaque angle du bâtiment est formé d'une grosse tour. Dans la tour des Sacs, on entrepose les armes, les marchandises, les provisions de bouche et le vin. La tour de la Géhenne sert de prison. Dans la tour Gaillarde loge la garnison. La tour du Midi abrite ma vie familiale. Les courtines encadrent une vaste

48

cour centrale. Dans les angles épargnés par le pié-
tinement des chevaux, pousse une végétation dispa-
rate. Un bouquet de roseaux dont les tiges montent
jusqu'au premier étage plonge ses racines dans une
terre gorgée de l'eau de la Garonne toute proche. À
l'autre extrémité se dressent trois cyprès droits
comme des chandelles. Ici et là poussent un laurier,
des jasmins, un olivier.

Au milieu de la cour s'élève l'interminable tronc
d'un mince palmier surmonté d'un petit bouquet
vert. Rapporté d'Orient et planté ici il y a plus d'un
siècle, il donne au château Narbonnais un air de
caravansérail.

— Ramonet !

Mon fils vient d'avoir dix ans. Il accourt les bras
ouverts.

— Éléonore !

Je retrouve mon épouse avec bonheur. Ils se serrent contre moi.

Je prends congé de mes compagnons de route
pour emprunter le vieil escalier à vis conduisant à
la grande salle, au premier étage de la tour du Midi.
Là, je peux goûter le calme et les joies de l'intimité
familiale. La salle est barrée d'une longue table de
bois bordée de deux bancs. À chaque extrémité, une
chaise haute marque la place d'Éléonore et la
mienne. Pour vaincre le froid du voyage, la servante
me verse un grand bol brûlant de bouillon de viande.
Les flammes de la cheminée et dix grosses chandelles éclairent la pièce.

Mes enfants naturels Bertrand et Guillemette viennent partager avec leur demi-frère, le petit Raimond, le repas des retrouvailles. Bertrand aura bientôt trente ans. S'il était issu d'une union légitime, il serait mon héritier. Mais, comme sa sœur Guillemette, née quelques années après lui, il est l'enfant de mes rencontres secrètes sur la Garonne.

Je les ai conçus, lui et Guillemette, au fond d'une barque, dans les bras d'une brune aussi belle que joyeuse dont les éclats de rire et les audaces me distrayaient de la tristesse austère de mon épouse de l'époque. Pendant que Béatrix se morfondait au château Narbonnais, je partais pour de longues parties de pêche sur le fleuve. Glissant doucement le long des roseaux, je guidais ma barque vers l'une des innombrables petites îles qui forment un archipel en amont de Toulouse.

C'est là que nous nous retrouvions, seuls, sous le soleil dont les rayons chauffaient mon dos et donnaient au visage de l'aimée le teint d'une jeune sarrasine. Quelques hérons cendrés étaient les uniques témoins de notre étreinte. Au crépuscule, nous nous quittions avec mélancolie, impatients déjà des lendemains.

Après avoir déposé mon amante sur la rive sablonneuse, je laissais dériver ma barque dans le courant pour rejoindre mes compagnons. Habiles pêcheurs, ils sortaient toujours quelques saumons de leur sac. Je choisissais les deux plus beaux pour les rapporter triomphalement à Béatrix sans que le moindre sourire vienne éclairer son visage sévère.

De leur mère, Guillemette et Bertrand tiennent leur chevelure noire et bouclée et cet appétit de vivre joyeusement chaque instant. Leur présence incarne à mes côtés le souvenir des heures délicieuses vécues sur l'île de la Garonne, au creux des roseaux, dévorant la bouche de cette femme aujourd'hui disparue dont je n'oublierai sans doute jamais l'ardente douceur. Mais aujourd'hui Éléonore sait me donner du bonheur.

Comme chaque hiver, elle a fait tendre des étoffes épaisses et colorées le long des murs de brique au pied desquels s'alignent plusieurs coffres de bois finement sculpté, défendus par des fers et des serrures ouvragés. Ils contiennent mes outils de travail : les sceaux, les chartes, les chroniques portant témoignage de la vie et des actes de mes ancêtres, les Écritures sacrées, les cartes géographiques, les correspondances, les traités, les comptes, les titres de propriété, les actes de vente. Ces documents précieux fondent mes droits ou fixent mes obligations.

Lorsque je travaille avec mes conseillers, mes comptables ou mes chroniqueurs, nous recouvrons la table de parchemins, de manuscrits, de plans et de cartes. La mémoire de ma famille remonte alors à la surface du temps.

Au coucher du soleil, après avoir reçu les visiteurs, lu mes correspondances et dicté mes instructions, je monte prendre l'air sur le chemin de ronde du château Narbonnais. Les guetteurs me saluent, nous échangeons quelques mots, puis ils s'écartent pour me laisser jouir d'un instant de solitude. Depuis l'angle de la tour Gaillarde, le regard embrasse toute la ville. Les remparts de la Cité autour du clocher de la cathédrale Saint-Étienne et ceux du Bourg autour de la basilique Saint-Sernin dessinent la forme d'un cœur qui serait irrigué par l'artère de la Garonne traversant Toulouse. De l'autre côté du fleuve, s'étend le faubourg de Saint-Cyprien.

Je ressens au plus profond de moi un grand amour pour cette ville dont le nom chante aussi doucement que celui d'une femme chérie. En le prononçant, les lèvres doivent s'arrondir et s'avancer comme pour donner un baiser. Sa beauté plus que millénaire défie le temps, offrant fièrement à la caresse des doigts ou des yeux sa belle chair de brique dont les teintes varient au gré des saisons ou des heures du jour. Rose et pâle comme la peau d'une fraîche pucelle sous les premiers rayons du matin, elle s'empourpre les soirs d'été, gorgée de soleil et chaude comme une amante épanouie.

Animée d'une joie de vivre qui finit par égayer les plus tristes, d'une soif de savoir qui parvient à ouvrir l'esprit des plus sots, elle est, avant tout, libre et heureuse de l'être. Elle ne se donne à personne, mais se confie parfois quand elle sait qu'on la respecte et qu'on l'aime. En retour, elle offre à ceux qui l'habitent toutes ses libertés. Celles du corps, du cœur, et de l'esprit. Sans oublier celle des âmes. Les plaisirs, les passions, les sciences et les croyances, tous les enseignements, toutes les aventures, toutes les entreprises, toutes les convictions ont ici droit de cité. C'est notre plus précieuse richesse.

Or jamais elle n'a été aussi gravement menacée.

Le péril de la croisade pèse non seulement sur les biens matériels de Toulouse mais aussi sur les principes politiques incarnés par cette cité. Rome et le

Nord voudraient anéantir cet exemple toulousain, mais Toulouse n'a pas conscience du péril. Elle se croit invincible. Elle se trompe : elle n'est qu'irrésistible. Elle attire les convoitises et les jalousies, les vindictes des sectaires et des fanatiques déterminés à mettre fin au scandale que représente pour eux cette capitale de toutes les libertés. Je ne les laisserai pas faire. Je n'accepterai à aucun prix qu'elle soit brutalement pénétrée par une armée et qu'un guerrier s'empare d'elle par la force pour la soumettre à la contrainte. Je la protégerai comme une femme aimée devant celui qui tenterait de la violer. Insouciante, Toulouse compte sur moi. Orgueilleuse, elle imagine qu'il nous suffira de brandir l'épée. Or c'est ainsi, j'en suis convaincu, que nous attirerions fatalement la foudre. Je n'agirai pas pour assurer ma grandeur mais pour garantir sa sauvegarde.

Pour cela, il faudra consentir à s'humilier. Je vais probablement blesser sa fierté et ternir ma réputation. La ville que j'aime va me mépriser. J'en souffrirai mais je n'hésite pas car il s'agit de la sauver. Je n'ai pas le choix des moyens. Quoi qu'il m'en coûte, je sais ce que je dois faire. Je vais abdiquer tout orgueil pour ne pas laisser Toulouse et mon pays « exposés en proie ».

Car telle est la loi de la croisade. Je la connais par mon aïeul Raimond de Saint-Gilles, par mon grand-oncle Bertrand, par mon grand-père Alphonse Jourdain. Trois comtes de Toulouse successifs sont morts Croisés en Terre sainte.

PARTIE II

La croisade

Exposé en proie

Toulouse, janvier 1209

Un an s'est écoulé depuis le meurtre de Pierre de Castelnau. Ce matin, au lever du soleil, d'Alfaro est venu me lire une lettre du pape destinée au roi de France, aux évêques et à tous les grands du royaume.

Les mensonges d'Arnaud Amaury, distillés dans l'alambic de la Curie romaine, sont devenus des vérités pontificales. Innocent III lance contre moi des paroles terribles. Comme le ferait un témoin oculaire, il décrit les circonstances de l'assassinat de son légat, Pierre de Castelnau. « *À Saint-Gilles, le comte menaça de mort, en public, les légats. Aussitôt, passant des paroles aux actes, il envoya ses complices dresser un guet-apens. Le lendemain, quand le jour fut levé, alors que les inoffensifs chevaliers du Christ se préparaient à traverser le fleuve, l'un de ces bras de Satan, brandissant sa lance, blessa Pierre par-derrière, entre les côtes.* »

Après l'accusation vient la condamnation. Contre moi le pape appelle la chevalerie française à la guerre sainte : « *Levez-vous, soldats du Christ ! Princes très chrétiens ! Ceignez votre épée ! Empêchez la ruine de l'Église*

57

dans ces régions. Réduisez par la force ces hérétiques bien plus dangereux que ne le sont les sarrasins ! »

Par mes ancêtres, je connais cette alliance de la Croix et de l'épée : c'est une croisade. *« Outre la gloire temporelle que vous obtiendrez par une si pieuse et si louable action, gagnez la même rémission des péchés que nous accordons à ceux qui se portent outre-mer au secours de la Terre sainte. »*

S'ajoutaient à ces promesses celles de magnifiques conquêtes. *« Confisquez les biens des comtes, des barons et des citoyens qui ne voudraient pas éliminer l'Hérésie de leurs terres, ou qui oseraient l'entretenir. »*

Après l'excommunication, l'anathème et l'interdit qui m'excluent de l'Église et privent mes sujets du secours des sacrements, voici la sanction suprême : l'exposition en proie. Je suis déchu de mes droits et l'Église annonce que ma terre appartiendra à celui qui s'en emparera. C'est la loi du plus fort. *« Qu'il soit permis à tout catholique non seulement de combattre le comte, mais encore d'occuper et de garder sa terre, afin que la sagesse d'un nouveau possesseur la purifie de l'Hérésie qui l'a honteusement souillée. »*

Innocent III tente même de convaincre le roi de France de partir en croisade contre moi. *« Ne tardez pas à rattacher son pays tout entier au domaine royal. »* Mais Philippe Auguste a de l'affection pour son neveu, il doit protection à son vassal et, surtout, il n'aime pas que le pape vienne se mêler des affaires politiques du royaume. Il le lui écrit avec fermeté : *« Vous livrez la terre du comte à ceux qui voudront s'en emparer, mais vous n'avez pas le droit d'agir ainsi tant que vous ne l'aurez pas condamné comme hérétique. Et quand bien même il serait condamné, vous devriez nous en avertir et nous demander d'exposer sa terre, car c'est de nous qu'il la tient. »*

Le pape et le roi de France ont deux conceptions opposées de leurs pouvoirs respectifs. Philippe Auguste refuse que Rome empiète sur ses prérogatives. Pour Innocent III, au contraire, « *aux princes a été donné le pouvoir sur la terre ; au sacerdoce a été attribué le pouvoir sur la terre comme au ciel* ».

En vertu de cette doctrine, Innocent III envoie courriers et émissaires auprès des grands vassaux du royaume, usant de la menace ou de la prière, pour convaincre les seigneurs d'obéir à l'Église.

Par ailleurs, pour financer la croisade, il ordonne aux évêques de lancer dans leurs diocèses des collectes auprès des fidèles, et il décrète le moratoire des dettes en faveur de ceux qui s'engagent dans l'armée du Christ.

Harcelé par sa noblesse, Philippe Auguste finit par lui céder. Refusant toujours de s'engager lui-même, il accorde au duc de Bourgogne et au comte de Nevers le consentement qu'ils sollicitent avec tant d'insistance. Il leur permet d'emmener cinq cents chevaliers. Avec les milliers d'hommes d'armes et de ribauds qui vont les suivre, c'est une armée redoutable qui va bientôt marcher sur notre pays.

Il faudra plusieurs mois de quêtes et de prédications pour réunir le financement et mobiliser les combattants, mais tous les obstacles sont désormais levés devant les légats. Le parti de la croisade a fini par l'emporter.

L'humiliation
consentie

Saint-Gilles, 18 juin 1209

Depuis ce matin, le parvis et la place disparaissent sous la masse de la foule qui se presse. Ils sont venus nombreux et de fort loin pour assister à cet événement inouï : le comte de Toulouse, duc de Narbonne, marquis de Provence, va faire spectaculairement pénitence pour se réconcilier avec l'Église.

Le peuple de Saint-Gilles et des villages provençaux avoisinants ne voulait pas manquer un tel spectacle. Les ruelles contiennent à peine les milliers de curieux qui se dressent sur la pointe des pieds pour apercevoir le cortège. À chaque fenêtre, par grappes, des têtes tirent sur leur cou. Les plus jeunes et les plus audacieux sont juchés sur les toits de tuile. Dans la foule, on converse et les plaisanteries s'échangent comme aux jours de fête. Pour une fois, ce ne sont pas les plus humbles qui vont subir les châtiments de l'Église auxquels les grands échappent toujours. C'est l'occasion de se distraire que cet événement

dont le peuple est spectateur et dont le seigneur est
la victime.

Soudain le silence se fait. Nu jusqu'à la ceinture,
cheveux gris pendants sur mes épaules, braies flot-
tantes sur mes jambes maigres, j'avance les verges à
la main vers l'église où m'attend un clergé innombrable. Les évêques sont coiffés de leur mitre,
revêtus de leur chasuble de velours et de soie,
chaussés de fines mules brodées d'or. Les pierres
précieuses qu'ils portent à leurs doigts et à leur cou,
les hautes croix de vermeil qu'ils tiennent en main
resplendissent comme le signe ostentatoire de leur
arrogante puissance temporelle. Je lève les yeux sur
le portail de l'église abbatiale. Édifiée par Raimond
de Saint-Gilles, ouvragée et sculptée par ses successeurs, décorée sur mes ordres et à mes frais, elle
domine la cité et le vaste Rhône. De grands voiliers
filent orgueilleusement vers la mer ou remontent le
fleuve en se jouant du mistral.

Les verges sifflent et viennent douloureusement
claquer sur mon dos nu. Je reprends mon souffle.

Je compte cinq pas. Je m'arrête. Mon bras fauche
l'air et les verges viennent à nouveau blesser ma
chair brûlante, prête à se déchirer sous les coups
que je m'inflige. Je n'ai pas accepté de les recevoir
d'un autre. Il ne sera pas dit que le comte de Toulouse a été fouetté comme un voleur. Je m'administre la punition avec énergie afin que l'on ne puisse
raconter qu'il s'agissait d'un simulacre.

Au pied des marches de l'église, on me passe la
corde au cou. À genoux, un cierge allumé à la main,
je dois lire à pleine voix l'acte d'accusation. Parmi

bien des griefs, je suis, dit-on, coupable d'avoir « favorisé et protégé les hérétiques », d'avoir « employé des juifs à des fonctions publiques » ; coupable, enfin d'être « suspect de l'assassinat de Pierre de Castelnau ». Seize de mes vassaux du Rhône, convoqués par leurs évêques, sont les témoins de mon humiliation. Ils doivent prêter serment avec moi.

Mes compagnons dissimulent leur émotion et leurs larmes en plongeant leur visage entre leurs mains. Un murmure de colère monte de la foule. La honte que l'on m'inflige rejaillit sur le peuple. Tenant l'extrémité de la corde nouée autour de mon cou, un évêque me conduit comme un animal domestique à l'intérieur du sanctuaire.

Après la violente lumière d'été, je suis aveuglé dans la pénombre de la nef et assourdi par les cantiques. Me voici réconcilié avec l'Église et accueilli dans la communauté chrétienne dont j'étais banni par l'excommunication. Je ne suis plus Raimond le Cathare. Des clercs viennent agiter des encensoirs, un évêque brandit devant mon visage un ostensoir d'or. La foule se presse dans une bousculade indescriptible. On me pousse, on me tire dans un désordre tel que la cérémonie tourne court. Ceux qui me guident m'évacuent par la crypte. Nous passons devant le caveau où repose Pierre de Castelnau. Une main saisit mes cheveux, une autre pèse sur mes épaules, m'obligeant à m'incliner devant la sépulture du légat.

Les femmes du château de Saint-Gilles m'ont longuement soigné en versant des larmes de compassion. J'ai dû les réconforter pendant qu'elles étendaient sur mes plaies des plantes pilées dans une graisse apaisante. Le torse bandé, j'ai revêtu une tunique de lin rouge pour rejoindre le conseil réuni dans la grande salle du château.

La pièce est encore éclairée par la lumière de cette fin de journée de juin. C'est sous cette voûte, il y a dix-huit mois, que résonnèrent les paroles de Pierre de Castelnau : « Qui vous tuera sera béni, Raimond le Cathare ! »

En lui répondant par une menace de mort, j'ai refermé le piège. Malgré l'humiliation de ce matin, je ne suis pas encore sorti de ses mâchoires : la croisade est à nos portes.

Bertrand, mon fils naturel, Raimond de Rabastens mon confesseur, Hugues d'Alfaro le soldat, Raimond de Ricaud mon sénéchal, venus de Toulouse pour m'épauler dans l'épreuve, commentent avec mes vassaux de Provence les événements de la journée.

— Ils ont traité notre comte comme on exorcise un possédé du démon, enrage Raimond de Ricaud.

Je coupe court aux indignations.

— Ce qui a été fait devait être accompli, il est inutile d'en parler davantage. D'autant plus que nous devons nous imposer un sacrifice encore plus difficile. Mieux vaut que je vous l'annonce sans tergiverser : nous allons partir rejoindre la croisade. Vous m'accompagnerez.

Les Toulousains, les yeux exorbités, me regardent comme si j'avais perdu l'esprit. Sans doute pensent-ils que le soleil, la douleur et la violence de la cérémonie expiatoire ont troublé ma raison.

C'est, au contraire, une décision réfléchie que je leur explique. L'étude de l'histoire de mes ancêtres m'a enseigné le droit et les règles de la croisade. Pour pouvoir convaincre les grands féodaux et leurs vassaux de partir à l'autre bout de la mer, il fallait leur offrir une garantie absolue : les terres et les biens de celui qui prend la croix sont sous la protection de l'Église. Celui qui tente de s'en emparer, mettant à profit l'éloignement du seigneur, est immédiatement excommunié. On pouvait ainsi partir en Terre sainte sans avoir à s'inquiéter de son fief. Les règles édictées il y a plus d'un siècle sont toujours en vigueur. Elles s'appliquent à toutes les croisades. Innocent III ne peut pas s'affranchir de ces dispositions séculaires. Les Croisés n'ont pas le droit de marcher sur les terres d'un des leurs. Il suffit donc de surmonter notre répulsion et de nous glisser dans l'armée d'invasion dont nous retiendrons ainsi le cours.

D'Alfaro baisse la tête pour me dissimuler son regard. De tout son être, il réprouve ce projet. Pour ce soldat toujours prêt au combat, c'est une lâcheté face à l'ennemi. En revanche, les seigneurs de la vallée du Rhône m'approuvent. Ils savent que l'armée rassemblée à Lyon menace de se répandre sur leurs terres et de les dévaster. L'un d'eux intervient :

— Si un homme tombe accidentellement dans le fleuve, il périra en luttant contre la puissance du courant. Pour se sauver, il doit se laisser porter par le flot jusqu'à ce qu'il puisse agripper la terre ferme et reprendre pied sur la rive.

— C'est ce que nous ferons. Au prix de toute fierté, et au risque d'encourir le mépris. Les Bons Hommes vont se sentir trahis. Nous subirons les sarcasmes des légats et des Croisés que nous allons rejoindre. À l'encontre des apparences, il nous faudra beaucoup de courage.

Depuis quatorze ans que je règne, je n'ai jamais eu à faire un choix aussi douloureux.

Dans l'armée
de mes ennemis

Semblables à des milliers de petits insectes de fer, ils grouillent en tous sens sur la berge du fleuve. Les derniers rayons du soleil étincellent sur les heaumes et sur les pièces d'armure des chevaliers qui s'extraient laborieusement de leur carapace. Les palefreniers, entrés dans l'eau du Rhône jusqu'aux genoux, font boire les chevaux.

Depuis le promontoire où nous venons de faire halte, on découvre d'un seul regard l'immense armée de la croisade. Je l'observe attentivement avant d'y pénétrer. Chaque seigneur a fait dresser son camp. Les couleurs de leurs étendards signalent leur présence. Le duc de Bourgogne, le comte de Nevers et son sénéchal Geoffroy de Pouques, le comte de Saint-Pol, le comte d'Auxerre, le comte de Bar, le sénéchal d'Anjou, le comte de Valentinois ; tous les grands du royaume sont au rendez-vous. Chacun est accompagné d'une troupe encadrée par plusieurs dizaines de chevaliers et constituée de plusieurs centaines d'hommes armés. Des seigneurs de moindre rang sont également présents : Guichard de Beaujeu, Lambert de Thury, Gaucher de Joigny, Guy de Lévis, Simon de Montfort.

Partout, dans l'immense campement, fourmille la foule des piétons, des routiers et des ribauds. Vêtus d'étoffes grossières, ils sont armés de poignards et de haches qu'ils savent manier avec une adresse mortelle. Des femmes pauvrement mises offrent leurs services domestiques ou amoureux. Des chants s'élèvent dans la vallée, hurlés en des langues inconnues. Les voix sont éraillées par le vin.

Au milieu du camp, la tente blanche d'Arnaud Amaury se signale par ses dimensions impériales et ses couleurs pontificales. La croisade que je rejoins a pour chef mon ennemi juré.

Le légat au visage de lame m'accueille avec des propos mielleux. Il se félicite de ma présence. Mais après le miel vient le fiel : il s'étonne de la faiblesse de l'escorte qui m'accompagne. Je fais mine de ne pas avoir entendu sa perfidie.

Je ne m'offusque pas davantage du lieu qu'on nous assigne, à la lisière du camp, pour y dresser les tentes toulousaines. Nous avons pour voisins des ribauds braillards et des filles perdues, prêtes à se donner en échange de quelque nourriture pour leurs enfants dépenaillés. Des cracheurs de feu, sourcils, cils et cheveux brûlés par l'exercice de leur art, viennent nous distraire et mendier une pièce. Les latrines du camp, creusées tout près de nos tentes, répandent une odeur infecte.

Avec mes compagnons, nous veillons tard, après

avoir partagé silencieusement un copieux repas. Toute la nuit, nous serons réveillés par les rires gras et les jurons des ivrognes, les soupirs et les grognements sonores des accouplements furtifs.

Nous sommes en quarantaine, comme des malades contagieux.

Le lendemain, dès les premières lueurs du jour, la fourmilière s'agite. Les bagages sont rassemblés, les tentes repliées, on charge le matériel à bord des bateaux amarrés à la rive ou sur les chariots alignés le long de la route.

Arnaud Amaury, entouré des évêques, a célébré une messe en plein air. Le légat élève le corps du Christ au-dessus des milliers de têtes inclinées. Les hommes agenouillés reçoivent la bénédiction du chef de la croisade avant d'aller se vêtir de fer.

Nous marchons vers le sud en longeant le Rhône qui porte sur ses eaux les navires ventrus, lestés du poids de tout le matériel. Plus rapides que l'armée, les bateaux qui descendent le cours du fleuve nous devancent. Ils vont aller accoster en aval, le long du site qui nous accueillera ce soir.

Sans qu'on m'y ait invité, je rejoins le groupe de tête, accompagné de Raimond de Ricaud, d'Hugues d'Alfaro et de Bertrand.

Le sang et l'or de l'étendard toulousain viennent rejoindre les couleurs des blasons venus de toutes les contrées du nord. Beaucoup me saluent avec chaleur et amitié. Je les connais pour les avoir rencontrés lors de conseils réunis autour de Philippe Auguste. Ils ne me considèrent pas comme un ennemi et ma présence les soulage : elle signifie que la croisade ne pourra s'en prendre à mes terres. Puissants, nantis, attachés à leurs possessions, ils ne convoitent pas les miennes. Ce n'est pas l'esprit de conquête qui les anime. Ils sont venus pour répondre aux réquisitions pressantes et répétées du pape. Ils n'attendent que des indulgences spirituelles et la bienveillance pontificale ; un grand bénéfice moral et politique au prix, bien léger, de quarante jours de pèlerinage armé. C'est peu en comparaison des années que durent les voyages en Terre sainte.

Mais tous ne sont pas aussi détachés. J'aperçois, chevauchant derrière nous, quelques féodaux sans terre dont je jurerais bien que ma province les intéresse au plus haut point. Un Lévis ou un Montfort, par exemple, dotés de petits fiefs en terre de France, sont prêts à fondre sur la « proie » que leur désignera Arnaud Amaury.

Nous traversons mon pays de Provence. Les chemins et les champs sont vides. La campagne semble déserte mais des milliers de regards nous observent avec inquiétude. Blottis dans la pénombre de leurs maisons, dissimulés dans un taillis, juchés dans le feuillage des arbres, allongés dans le creux d'un fossé, les habitants découvrent avec stupéfaction la plus grande armée jamais vue dans la vallée. Seuls ceux qui ont vu les Croisades en route vers Jérusalem ont déjà pu contempler une force aussi redoutable. Il suffirait de peu pour que la masse compacte se désagrège et se répande : la vue d'une jeune fille traversant un champ, les épaules dénudées, ou l'odeur d'un cochon grillé venant aux narines des marcheurs. La moindre tentation peut provoquer à chaque instant la débandade dévastatrice. Mais ordre a été donné de respecter les habitants, le bétail et les cultures. À l'arrière-garde, les sergents d'armes veillent à ce que des groupes de ribauds ne s'écartent pas pour pénétrer dans les fermes et les piller.

Si je n'étais pas dans la croisade, au nom de quoi les empêcherait-on de ravager les terres de mes vassaux ? Rien ne les retiendrait et la vallée serait jalonnée de fermes incendiées, de villages mis à sac, de récoltes brûlées, d'animaux égorgés.

Ma présence rend inoffensif le gigantesque serpent qui ondule le long du fleuve, prêt à infliger au moindre prétexte sa morsure mortelle ou l'étouffement fatal dans ses anneaux puissants.

Le monstre qui hantait mes nuits s'est métamorphosé. Il a pris forme dans ce reptile si longuement déployé qu'on ne peut en apercevoir simultanément les deux extrémités. Arnaud Amaury en est le cerveau. Sur quelle proie va-t-il lâcher l'armée qui marche derrière nous à perte de vue ?

Quoi qu'il en soit, mon arrivée dans la croisade l'empêche de lancer ses troupes à travers mes terres et à l'assaut de mes villes.

Je pense avoir désorienté sa stratégie. Je finis même par croire que les forces rassemblées sur le Rhône en cet été 1209 resteront dans l'Histoire comme la « croisade sans objet ».

Mes illusions seront vite dissipées. Je vais, soudain, découvrir que je me suis trompé en croyant surprendre mes adversaires. Le pape et son légat avaient tout prévu.

En échange d'une bourse pleine, Raimond de Ricaud, mon sénéchal, a pu se procurer dans l'entourage du duc de Bourgogne copie d'une lettre d'Innocent III destinée aux légats et aux plus grands barons.

On nous a demandé quelle attitude l'armée des Croisés devrait avoir à l'égard du comte. Nous vous conseillons d'employer la ruse, qui dans une occasion semblable doit être appelée prudence.

Vous attaquerez séparément ceux qui se sont séparés de l'Église.

Ne commencez pas par vous en prendre au comte, s'il ne se précipite pas follement à la défense des autres. Usez d'abord d'une sage dissimulation à son égard pour attaquer les autres hérétiques. Si on les laissait se grouper, et si on les attaquait tous en même temps, il serait plus difficile de les vaincre. Moins ils seront secourus par le comte, plus ils seront aisément abattus. Et voyant leur défaite, le comte fera peut-être un retour sur lui-même. S'il persiste au contraire dans ses mauvais desseins, on agira plus facilement contre lui quand il sera seul et privé de secours.

Je comprends maintenant le regard moqueur que j'ai parfois surpris chez Arnaud Amaury durant ces journées de marche sur les rives du Rhône. Je pensais me jouer de lui, alors qu'il se jouait de moi.

Tous connaissent donc ces instructions pontificales. Je réprime un premier mouvement d'indignation qui me pousserait à faire irruption dès ce soir sous la tente du légat pour interrompre le conseil des barons en brandissant le texte et leur dire le mépris qu'ils m'inspirent. Mais à quoi bon leur révéler que j'ai découvert leur jeu ? Exprimer ma colère pour la soulager serait une faiblesse. Les réactions instinctives peuvent coûter cher. Je paye aujourd'hui les conséquences de mon manque de maîtrise face à Pierre de Castelnau, je ne vais pas recommencer. Utilisons plutôt leurs armes. Puisqu'ils usent d'une « sage dissimulation » à mon égard, je vais sagement leur cacher que je ne suis pas dupe de leurs manœuvres.

Tuez-les tous !

Béziers, 21 juillet 1209

Le serpent s'est lové autour des remparts de Béziers. Ramassée sur elle-même, l'armée assiège la ville. Nous sommes sortis de mes terres et la garantie de ma présence ne joue plus.

Le territoire des Trencavel sur lequel règne mon neveu Raimond Roger est « exposé en proie ». Albi, Carcassonne, Béziers, Limoux et toutes les terres qui entourent ces riches cités sont à prendre. Les barons du Nord sont à pied d'œuvre. Le pillage n'est plus interdit et les ribauds s'apprêtent à donner libre cours à leur férocité.

Mon impétueux neveu découvre les conséquences de son aveuglement. L'an dernier, au déjeuner de Carcassonne, il me considérait comme un poltron quand je le mettais en garde contre les risques de guerre. Le mois dernier, il m'a traité de lâche en apprenant mon humiliation à Saint-Gilles. Il y a huit jours, il m'accusait de trahison pour ma présence dans la croisade. Mais sans doute avait-il espéré que

73

mon sacrifice allait le sauver et que je payais pour tous les seigneurs du pays. Il croyait pouvoir me blâmer tout en s'abritant derrière moi.

C'était mal connaître la nature belliqueuse d'une croisade. La proie attire le prédateur et, quand il est en marche, on ne l'arrête plus. Puisque je ne suis plus une proie autorisée, il en faut une autre : Trencavel et ses possessions sont maintenant devant la mâchoire du monstre.

Mon neveu se précipite à la rencontre des légats pour offrir sa soumission. Ils la refusent. Le jeune chef repart alors aussitôt mettre Béziers sur le pied de guerre. Convoquant ses vassaux, réunissant les cavaliers et les hommes les plus vigoureux, il organise précipitamment la défense de la ville, qui dresse ses remparts au-dessus des rives de l'Orb.

— Courage, leur dit-il, tenez bon, nous vaincrons. Dieu vous garde ! Il me faut maintenant aller à Carcassonne chercher des renforts.

Il part au triple galop, emmenant avec lui des hérétiques et des juifs de Béziers pour les mettre hors de danger.

L'armée se déploie, les tentes se dressent, les hommes s'installent dans leurs campements. Autour de la cité séculaire, une ville de toile s'est édifiée en quelques heures. Comme pour rivaliser avec les monuments de Béziers, elle érige les siens : mangonneaux, trébuchets, onagres, catapultes. Les machines de siège dressent leurs gigantesques bras de bois bardés de fer et harnachés de cuir.

Sur les remparts, les défenseurs se sentent à l'abri. Le siège s'annonce long...

La chaleur de juillet écrase les habitants comme les assiégeants. Sous le soleil de midi, plusieurs centaines de ribauds s'ébattent dans les eaux de l'Orb. Ils s'y rafraîchissent et se désaltèrent joyeusement. Tout à coup, leurs rires sont interrompus par des insultes. Depuis le talus qui domine la rivière, un petit groupe de Biterrois sortis de la ville pour puiser de l'eau leur jettent des pierres en se moquant d'eux.

En contrebas, dans le lit de l'Orb, un géant roux hurle aussitôt ses ordres. Il les répète en plusieurs langues nordiques. En deux enjambées, il sort de l'eau à demi nu, se précipite sur ses armes et se lance, suivi de sa horde, à la poursuite des citadins qui courent désespérément vers la porte de la ville. Le géant et sa meute sont sur leurs talons.

Ce colosse, c'est le « roi des ribauds ». Il a été élu par acclamation, le mois dernier, près de Lyon. Il doit son prestige non seulement à sa force physique, mais aussi à sa grande expérience des massacres et des pillages. Il a sauvagement participé au sac de Constantinople, comme beaucoup de ceux qui sont là. Nul n'a autant que lui éventré, décapité et violé. Mais il n'est pas seulement brutal. Il a aussi l'esprit vif. En guerrier avisé, il a immédiatement compris tout le parti qu'il pouvait tirer de la sortie imprudente de ces écervelés.

Au même moment, réunis à l'ombre de la grande tente du légat, les barons croisés attendent une réponse. Sur la table, une liasse de manuscrits porte les noms de deux cent vingt-trois Bons Hommes. La croisade demande que Béziers livre ces hérétiques.

En ville, des milliers d'habitants sont rassemblés sur le parvis de la cathédrale Saint-Nazaire.

– Frères ! s'écrie l'évêque. Je vous supplie d'obéir ! Faites ce qu'ils vous demandent et vous n'en souffrirez pas. Sinon, vous périrez tous. Pas un d'entre vous ne survivra pour compter les cadavres.

D'une seule clameur de protestation, l'immense foule refuse de livrer les hérétiques. La ville est pourtant principalement peuplée de catholiques. Mais ici à Béziers, comme chez moi à Toulouse, et partout ailleurs dans notre pays, nous séparons les affaires temporelles et les convictions spirituelles. Qu'il soit chrétien, hérétique, juif ou musulman, chacun peut prier le Dieu de son choix. À nos yeux, la prière n'a de valeur que si elle s'élève librement.

Béziers, comme toutes nos grandes villes, est également attachée à ses libertés communales, chèrement conquises, pas à pas, face à la dynastie des Trencavel. Depuis plus d'un demi-siècle, la cité s'administre elle-même par ses consuls élus. De ces libertés civiques, la croisade veut faire litière. C'est aussi pour sauvegarder ces droits que les Biterrois refusent de céder aux exigences des légats. Ensemble, ils prêtent serment de défendre leur mode de gouvernement.

Comptant sur la hauteur et l'épaisseur de ses murs, sur l'ardeur du soleil de juillet, sur les renforts promis par Trencavel, Béziers, sans inquiétude, défie la croisade et campe sur ses principes. Les habitants sont si confiants que les plus aventureux n'ont pas hésité à sortir de la ville pour aller, en bande, défier les assiégeants sur les rives de l'Orb...

Sous la tente pontificale, les chefs de l'armée commentent le refus de la population. Les évêques y voient la preuve de ce qu'ils affirmaient :

— Nous sommes aux portes de la synagogue de Satan !

Les guerriers, eux, élaborent les plans de bataille. Combien de jours faudra-t-il pour forcer une ville aussi solidement protégée ? Combien de machines de siège va-t-il falloir encore construire ? Où faudra-t-il les disposer ? Ils interrogent Arnaud Amaury sur le sort qu'il faudra réserver aux habitants : comment distinguer un mauvais hérétique d'un bon catholique ?

— Ils ont choisi de partager le même sort, tranche le légat. Tuez-les tous ! Dieu saura reconnaître les siens.

Le chroniqueur résume la discussion pour les archives de la croisade : *« Les barons de France, les clercs et les laïcs convinrent entre eux qu'en toute cité qui ne voudrait pas se rendre, tout le monde, dès qu'elle serait prise, serait passé au fil de l'épée et tué. »*

Des cris et des clameurs interrompent la réunion :

— Aux armes ! Aux armes !

Les seigneurs s'emparent de leur épée. Un chevalier pénètre dans la tente du conseil :

– La ville est prise !

Les ribauds ont rattrapé les Biterrois devant les portes de la cité. Réussissant à bloquer les battants en glissant des pierres dans leurs charnières, ils ont empêché les défenseurs de les refermer. Ils se sont engouffrés dans la ville, suivis par leurs compagnons accourus de toutes parts.

Piétons et chevaliers se pressent maintenant autour de la porte. Bientôt une autre porte est forcée par les assaillants. Des milliers d'hommes se précipitent dans cette nouvelle brèche. Déjà des fumées noires s'élèvent au-dessus des murailles de Béziers.

Je n'ai pas suivi les Croisés. Assis au fond de ma tente, dont les pans sont relevés, j'observe ce spectacle avec effroi. À la fin de la journée, l'épaisseur de la fumée voile le soleil couchant et diffuse une lumière lugubre. J'imagine ce qui se passe derrière les murs où le feu se propage.

Ce que j'apprendrai le soir dépassera tout ce que je pouvais redouter. À la nuit tombée, les chroniqueurs maculés de sang reviennent vers le camp. Les uns ont le front bas, les autres le regard fou. À la lueur des chandelles, ils écrivent leurs terribles témoignages. *« Un torrent cuirassé s'engouffre dans la ville. Les femmes, affolées, mains tremblantes, les hommes, les vieillards, les matrones criardes courent tous à l'église où sonne le tocsin. Ils s'entassent dans la nef. Les moines et les prêtres joignent les mains. Leurs voix s'élèvent sous la voûte, ils chantent l'office des morts. Le glas sonne. Le peuple à genoux dit sa dernière prière. La croix n'arrête pas les ribauds. L'église ? Un abattoir ! Le sang souille les fresques : prêtres, femmes, enfants et vieilles gens sont tous trucidés. »*

Durant toute la nuit, mon sénéchal, Raimond de Ricaud, m'apporte des récits dont, en échange de quelques pièces, il fait prendre copie auprès des chroniqueurs. Ils décrivent la fureur du massacre. *« Les ribauds de l'armée se répandent en ville, fracassent les étals et défoncent les portes, s'enivrent aux tonneaux, bâfrent, ravagent, tuent, foulent les massacrés comme vendange rouge et sortent des maisons coiffés de plats d'argent, les pognes pleines d'or, de bijoux, de vaisselle. Ils vont comme rois fous, trébuchant sur les cadavres.*

« Leur roi gueule soudain, levant son poing rouge de sang : "Foutredieu, brûlons tout !"

« Ces pègreleux entassent des fagots, bientôt le feu crépite aux portes, aux fenêtres, grimpe aux toits, envahit les rues, descend aux caves. L'incendie se déploie jusqu'au ciel. Tout s'embrase : forges, maisons, jardins, cloîtres, demeures nobles. La haute cathédrale brûle aussi, se fend par le milieu et s'effondre au milieu de gerbes rugissantes. »

C'est un volcan en éruption. Les remparts de Béziers sont la bouche du cratère. Les incendies qui se sont propagés partout forment un énorme panache noir. Au cœur de ce brasier infernal, rougeoient les clochers de la cathédrale Saint-Nazaire et de l'église de la Madeleine. Une lave faite de chair humaine se consume au cœur du volcan durant toute la nuit.

À l'aube, un chroniqueur pleure le butin perdu : *« Tout est cendre et charbon. Les chevaliers français n'ont* pu sauver des flammes pas même un bol d'argent. Les ribauds, ces putois, ont brûlé des foisons de trésors enviables. »

Le lendemain, les légats dictent un bref rapport pour le pape : « *Les nôtres, n'épargnant ni le rang, ni le sexe, ni l'âge, firent périr à peu près vingt mille personnes : après un énorme massacre des ennemis, la cité tout entière a été pillée et brûlée. La vengeance divine l'a merveilleusement frappée.* »

Le combat
de Trencavel

L'armée reprend des forces et se remet en route trois jours plus tard, abandonnant Béziers et ses ruines fumantes. Tout le pays est terrorisé.

Pour propager la peur, les barons et les clercs proclament : *« Tout château résistant, toute ville rétive seront pris par la force et réduits en charniers. Qu'on n'y laisse vivant pas même un nouveau-né. Ainsi sera semée l'épouvante salubre et nul n'osera plus braver la Croix de Dieu. »*

Narbonne se soumet. Mon vassal, le vicomte Aimery, et l'évêque, accompagnés d'une délégation de nobles et de marchands, viennent au-devant de la croisade. Ils jurent de livrer les hérétiques, de confisquer les biens des juifs et de fournir des renforts.

Selon la situation de leurs fiefs, les seigneurs s'inclinent ou se retranchent. Plus que leur propre tempérament, c'est souvent la géographie qui dicte

81

le comportement des hommes. Les chefs de la plaine jettent leurs armes aux pieds des Croisés. Guiraud de Pépieux se rallie le premier, bientôt suivi de Pons d'Olargues, de Béranger de Boujan, de Guillaume de Puissalicon, d'Imbert de Cabrières, de Ratier de Bessan ou de Guillaume Arnaud de Fouzillon. Leurs terres sont dans le plat pays, exposées sans défense à la croisade.

En revanche, du haut de leurs nids d'aigle, les seigneurs des montagnes défient l'envahisseur : Guillaume de Minerve, Pierre Roger de Cabaret, Raimond de Termes. À Montségur, Raimond de Pereille achève la reconstruction d'un puissant château érigé sur les sommets. Ces forteresses sont protégées par des escarpements vertigineux que prolongent leurs murs dressés jusqu'au ciel. Les hérétiques et les chevaliers qui refusent de se soumettre se réfugient dans ces citadelles des cimes.

En bas, dans la plaine, Raimond Roger Trencavel se prépare à subir le choc. Il s'est enfermé dans Carcassonne, où tous les hommes s'activent à consolider les fortifications et à entasser les provisions pendant que des guetteurs scrutent l'horizon.

L'armée avance sans rencontrer de résistance. Des centaines de châteaux et de bourgs fortifiés ont été abandonnés par leurs habitants, terrifiés par le massacre de Béziers. Sur son passage, la croisade s'empare de tout.

Le samedi 28 juillet 1209, nous arrivons à Carcassonne. L'armée se dispose pour le siège de la ville d'où nous observe Trencavel.

La croisade

Jamais je n'ai pu m'accorder avec Raimond Roger. Nos deux familles se sont souvent battues et mon mariage avec sa sœur Béatrix n'a été qu'une union de façade fissurée puis rompue par mon infidélité et la répudiation. Ce jeune homme n'a pas la moitié de mon âge. C'est un impulsif, alors que j'ai le défaut de trop soupeser chaque décision. Nos familles, nos âges, nos caractères : tout nous oppose. Nous n'avons pas réussi à nous entendre pour faire front à l'ennemi. Nos stratégies étaient divergentes et il est obstiné. Il n'acceptait pas de plier, comme je l'ai fait, pour laisser passer l'orage. Quand il a dû s'incliner devant la réalité, la croisade a refusé sa soumission.

Toutefois, je tiens à ce que mon neveu sache que je ne participe pas à l'attaque contre lui. Je ne veux pas que les couleurs de Toulouse viennent se compromettre parmi celles des chefs de la croisade et, surtout, avec celles des légats. Je vais donc délibérément installer mon campement à l'écart, sur une petite colline, à l'ombre d'un bosquet.

Depuis le promontoire où nous sommes installés, je vois toute la ville. Elle est constituée de trois parties distinctes : au centre, la Cité où se dressent le château des Trencavel, la cathédrale Saint-Nazaire et le palais épiscopal. Les remparts ne pouvant plus contenir le développement de Carcassonne, deux excroissances urbaines se sont formées : au nord le Bourg et au sud le Castellar. Bâties au pied des fortifications de la Cité, ces deux parties de la ville sont protégées par des murailles moins hautes et moins solides.

83

Le dimanche s'écoule calmement. L'armée se repose après sept jours de marche forcée depuis Béziers. Quelques éclaireurs s'approchent de la ville pour repérer les points faibles de la défense. Ils se tiennent prudemment à distance, hors d'atteinte des archers et des arbalétriers qui les guettent à chaque créneau. Les chefs sont réunis sous la tente du comte de Nevers. Renseignés par les éclaireurs, ils arrêtent leur plan. Son exécution aura lieu demain.

Dès l'aube du lundi, des milliers de piétons en armes se ruent vers l'enceinte du Bourg. Ils sautent dans les fossés et dressent aussitôt des échelles contre la muraille. La résistance est faible. Trencavel a choisi de faire la part du feu : les défenseurs sont déjà repliés sur la crête des remparts de la Cité. Le Bourg est pris en moins de deux heures, mais ceux qui y pénètrent tombent aussitôt sous les tirs des flèches carcassonnaises.

Pendant ce temps, un autre corps de l'armée croisée dévale vers les rives de l'Aude qui coule en contrebas, à l'ouest de la ville. À la fin de la matinée, ils tiennent tous les points d'eau. Les milliers d'habitants et de combattants de Carcassonne, ainsi que le bétail qui a été rassemblé, sont condamnés à vivre sur les seules réserves des citernes dans la canicule du mois d'août.

Cette première journée d'assaut a été fructueuse pour les assiégeants. Entouré de mes hommes, j'ai observé attentivement les opérations. Nous avons tous été impressionnés par le courage et la combativité d'un des Croisés. Se portant toujours au plus fort de la bataille, entraînant ses soldats par sa bravoure, secourant ses compagnons blessés au péril de sa vie, il a forcé notre admiration. Nous avons pu le reconnaître de loin grâce à son étendard : un lion sur fond de vermeil. Ce guerrier, c'est Simon de Montfort.

Le jour suivant, l'armée se prépare à l'attaque du Castellar, lorsqu'une immense clameur s'élève chez les défenseurs. « Le roi ! Le roi ! » La population de la ville vient se masser sur le chemin de ronde : soldats, femmes, enfants, vieillards lancent des cris de joie. Sur la crête d'une petite colline viennent d'apparaître les glorieuses bannières de Pierre II, le roi d'Aragon, entouré de ses principaux vassaux et d'une centaine de chevaliers.

Les assiégés exultent, ne doutant pas qu'il vole loyalement au secours de son vassal, Raimond Roger Trencavel. Les chefs de la croisade, décontenancés, ordonnent à leurs troupes de regagner les campements.

Pierre et sa suite mettent pied à terre devant mon pavillon rehaussé d'or et d'argent. Nous nous étreignons longuement.

D'une taille immense et solidement bâti, le jeune souverain veille soigneusement à son apparence. Sous un bonnet de cuir, il porte les cheveux longs jusqu'aux épaules. Ses vêtements de lin brodé et ses bottes de cuir souple conviendraient mieux à une soirée de fête qu'à une bataille. Pour être toujours trop bien vêtu, Pierre II n'en est pas moins un chef valeureux. Il le montre face aux sarrasins, auxquels il livre une guerre sans merci. Il aime les armes et les femmes. Pour satisfaire ses passions, il dépense des sommes considérables qui m'ont déjà coûté fort cher. Je lui ai beaucoup prêté, mais je ne le regrette pas. Nous sommes alliés, amis et apparentés. Sa sœur Éléonore, que j'ai épousée il y a quatre ans, dans son pays, à Perpignan, forme entre nous un trait d'union plus solide que n'importe quel traité. Sa plus jeune sœur, Sancie, est déjà fiancée à mon fils Raimond le Jeune.

Le roi se désaltère de vin frais et mange quelques cuisses de canard en m'écoutant relater les événements de Saint-Gilles et de Béziers. Pour Carcassonne, il peut constater lui-même que son vassal est en fort mauvaise posture. Il m'avoue son embarras. Son devoir de suzerain lui dicte de porter secours à Trencavel, et son devoir de vassal du pape l'oblige à s'incliner devant les décisions d'Innocent III.

Ses exploits dans la guerre de « reconquista » contre les musulmans lui valent l'amitié pontificale. Il est allé à Rome pour se faire couronner et a prêté serment devant le Saint-Père : « *Moi, Pierre d'Aragon, je déclare et promets que je serai toujours fidèle et soumis à mon seigneur le pape Innocent, à ses successeurs, et à l'Église romaine ; que je garderai fidèlement mon royaume en cette obéissance en défendant la foi catholique et en pourchassant la perversion hérétique.* »

Lié par un tel serment, comment pourrait-il affronter l'armée du pape ? Mais comment abandonner Trencavel sans manquer à l'honneur ?

Pour concilier ses devoirs de vassal et de suzerain, Pierre va tenter une médiation. Sans armes, simplement accompagné de deux cavaliers, il s'avance vers Carcassonne, où il entre sous les ovations. Arrivé au château, il laisse éclater sa colère. Il reproche à Trencavel de n'avoir tenu aucun compte de ses mises en garde :

— Par Dieu, vous êtes le seul fautif en cette sale affaire. Si vous aviez banni de votre vicomté ces vauriens d'hérétiques comme je vous avais ordonné de le faire, vous n'en seriez pas là.

— Les Croisés sèment partout la ruine, la détresse et le feu. Notre pays se meurt. Il faut les chasser, le supplie Trencavel.

Le roi dissipe les illusions de son vassal. Raimond Roger ne doit pas compter sur un secours militaire. Pierre estime que ses forces sont insuffisantes.

— Les Croisés sont trop forts, croyez-moi ; tout à l'heure j'ai traversé leur camp. Vous ne pouvez les vaincre. Vos remparts sont hauts, larges, solides. Pourtant réfléchissez : la ville est encombrée de femmes et d'enfants. Combien de temps pourrez-vous les nourrir ? Obstinez-vous encore et les vers nicheront bientôt dans vos orbites ! Négociez, mon fils. Un accord honorable est votre seul espoir.

Trencavel s'incline.

— Votre père autrefois aima beaucoup le mien. En souvenir de lui je m'en remets à vous.

Le roi sort alors de la ville pour aller rencontrer les barons et le légat. Arnaud Amaury le reçoit en ricanant.

— Pour vous faire plaisir, nous acceptons qu'il vive. N'en demandez pas plus. Qu'il aille donc au diable avec dix de ses hommes et laisse Carcassonne à notre discrétion.

Après le carnage de Béziers, Raimond Roger Trencavel ne peut pas souscrire à cette démission. Pierre le sait.

— Les ânes voleront avant qu'il accepte une telle infamie ! s'indigne-t-il.

Il rapporte néanmoins à son vassal la proposition du légat.

— J'aime mieux me donner la mort ou me faire écorcher vif avec les miens ! Retournez sur vos terres et laissez-moi combattre, répond Trencavel à Pierre d'Aragon.

Le roi, ulcéré par l'intransigeance des Croisés, ému par le courage de Trencavel, retourne tête basse au camp toulousain. Il me confie un message affectueux pour sa sœur Éléonore, mon épouse.

Ses hommes se rassemblent et ils repartent vers l'Aragon, laissant derrière eux Carcassonne, dont le destin est désormais scellé.

La proie
et le prédateur

Carcassonne, août 1209

Dès le lendemain, les forces croisées se jettent à l'assaut du Castellar. L'offensive est repoussée sous un déluge de pierres. Les assaillants dressent alors les machines de siège. Mangonneaux et catapultes lancent leurs projectiles. Les artilleurs visent la crête de l'enceinte, qui se délite sous les impacts des blocs de pierre. Les merlons qui couronnent la muraille volent en éclats sous le choc des boulets. Les Croisés poussent une « chatte » qui vient se coller à l'enceinte. Ce grand abri monté sur roues permet à l'assaillant de faire avancer des sapeurs jusqu'au pied du rempart. L'armature et le toit sont solides pour résister aux projectiles. Ils sont recouverts de peaux de bêtes fraîchement écorchées pour les protéger des feux grégeois, des flèches enflammées et des brandons que lancent les défenseurs.

À l'abri de la chatte, armés de pioches et de barres de fer, les attaquants démantèlent les blocs formant la base du mur. Ils creusent une galerie. Ils l'étayent avec des poutres de bois imprégnées de poix et de matières inflammables. Ils allument alors un incendie. Les étais brûlent puis, calcinés, se brisent, provoquant l'effondrement du mur et l'ouverture d'une brèche béante. Les Croisés s'y ruent. Simon de Montfort, l'épée au poing, pénètre le premier dans le Castellar. Ses deux excroissances envahies, la Cité de Carcassonne est désormais encerclée de toutes parts.

Les Croisés peuvent poser les armes et attendre. La chaleur, la soif, la peur et, surtout, l'absence d'espoir sont leurs meilleurs alliés. À l'intérieur des murs, c'est l'enfer. L'eau est épuisée. L'air est chargé d'odeurs infectes. Les carcasses des bêtes abattues pourrissent au soleil. Des nuées de mouches bourdonnent autour des blessés. Les maladies se propagent. Dans un calvaire chaque jour plus éprouvant, la ville entre en agonie.

Le 15 août, après quatorze jours d'un siège de fer sous un soleil de plomb, les Carcassonnais voient s'avancer vers les portes de la ville une délégation conduite par deux chevaliers : le comte d'Auxerre Pierre de Courtenay et son frère Robert, seigneur de Champignelles, sont accompagnés d'une puissante escorte. Ils ont été choisis par le légat en raison d'une parenté avec nos familles. Les ayant reconnus, Raimond Roger Trencavel accepte de sortir de la Cité, entouré cependant d'une centaine de chevaliers. Robert et Pierre de Courtenay s'adressent à lui sur un ton bienveillant.

— Messire, nous sommes vos parents. Nous voudrions arriver à un accord, car nous souhaitons votre bien et celui des vôtres. Si vous étiez certain d'avoir prochainement du secours, nous vous approuverions entièrement de vous défendre. Mais vous pouvez voir qu'il n'en est rien. Concluez un accord avec le pape et les barons de l'armée. Sinon, le sort de Carcassonne sera celui de Béziers.

La voix de Trencavel est rauque.

— Je me rends. Je ferai ce que dira le roi de France. Je m'en remets à lui, si vous me promettez que je peux aller sans crainte au campement croisé.

— Sur l'honneur, je vous y conduirai et vous ramènerai ici, parmi vos hommes, sain et sauf. Je le jure ! dit Pierre de Courtenay.

Trencavel accepte alors de suivre la délégation qui le conduit chez le comte de Nevers. Arnaud Amaury l'attend, entouré de tous les seigneurs de la croisade. Mon neveu, ce jeune homme de vingt-cinq ans, courageux et fier, se présente en vaincu devant ses ennemis. Que se disent-ils sous la tente où il comparaît devant le commandement de l'armée ?

Une heure plus tard, Raimond Roger réapparaît entouré, cette fois, de soldats de la croisade. Il est prisonnier. Cette médiation n'était-elle qu'un piège pour le faire sortir et le capturer, privant ainsi la ville de son chef ? A-t-il accepté d'être retenu en otage en échange d'un sauf-conduit permettant à la population épuisée de sortir de l'enfer de la Cité assiégée ? Quoi qu'il en soit, les portes de Carcassonne s'ouvrent alors devant les barons du nord et le légat. Le peuple doit évacuer la ville et partir les mains vides. Les hommes en braies et les femmes en chemise sont rassemblés dans les rues et poussés vers une seule issue. L'étroite poterne ne laisse passer les habitants qu'un par un. Des sergents en armes s'assurent que les bannis n'emportent rien. Pendant des heures, comme en un gigantesque sablier, des milliers de pauvres gens serrés les uns contre les autres, harcelés par les soldats, se massent contre la muraille autour de l'issue qui libère des hommes, des femmes, des enfants et des vieillards titubants de faiblesse. Rassemblant leurs dernières énergies, ils partent dans toutes les directions ; vers Toulouse, à l'ouest, vers les châteaux de la montagne Noire, au nord, ou ceux des Pyrénées, au sud. Ils laissent derrière eux leurs maisons, leurs champs, leurs vignes, leur épargne. Tous leurs biens sont à la merci des vainqueurs.

Le vaincu, Raimond Roger Trencavel, a été jeté dans les profondeurs d'une basse-fosse, enchaîné dans les tours de son propre château.

Dans la cour, debout sur le perron de marbre, Arnaud Amaury lance un cri de victoire devant les chefs de la croisade.

— Messeigneurs, écoutez-moi ! Vous voyez quels miracles fait pour vous le roi du ciel : rien ne peut vous résister !

Les soldats l'acclament, mais le légat les met en garde :

— Je vous commande à tous, au nom de Dieu, de ne rien prendre des biens qui sont dans la ville. Sinon nous jetterions immédiatement sur vous l'excommunication et l'anathème.

La croisade ne se console pas du gâchis de Béziers. Les chevaliers et les sergents d'armes pestent contre la bêtise des ribauds qui ont tout fait disparaître dans les flammes. Si une ville est incendiée avant que le butin ait été réuni, on n'en tire aucun profit. La loi du pillage est simple : ne doit être brûlé que ce qui ne s'emporte pas.

Cette fois, le légat veut procéder à une dépossession en bonne et due forme. Puisque les titres et les vastes domaines de Trencavel sont « exposés en proie », l'heure est venue de choisir le prédateur qui procédera ensuite au partage et à la distribution.

— Nous allons donner ces biens à un baron de haut rang qui tiendra le pays à la satisfaction de Dieu, de sorte que les hérétiques félons ne le recouvrent jamais, annonce-t-il.

Installés autour de la table, dans la grande salle du château, les chefs de la croisade attendent les décisions d'Arnaud Amaury. Celui-ci propose la vicomté de Béziers, Carcassonne et Albi au comte de Nevers. Tous les yeux se tournent vers Hervé de Donzy, qui remercie, mais refuse catégoriquement. Il n'entend pas rester plus longtemps dans notre pays ni s'occuper de nos territoires. Il veut rentrer chez lui. Sa quarantaine est terminée. Il a rempli ses devoirs envers l'Église. Sollicité à son tour, le duc de Bourgogne, Eudes, est ulcéré de n'être appelé qu'après le comte de Nevers, qu'il déteste. Mais il ne songe pas davantage à accepter. C'est ensuite Gaucher de Chatillon, le comte de Saint-Pol, qui décline la proposition du légat.

— Nous avons assez de belles terres en France, où sont nos cœurs, nos enfants et nos pères, pour n'avoir nul besoin de dépouiller autrui.

Ces féodaux, proches du roi Philippe Auguste, tiennent à son amitié. Ils connaissent son hostilité envers toute dépossession et attribution par le pape de fiefs dont il est le suzerain. Le roi de France l'a rappelé plusieurs fois, très sèchement, à Innocent III. Trois mois plus tôt, ils ont conféré avec Philippe Auguste à Villeneuve-sur-Yonne. Il les a autorisés à répondre à l'appel du pape et à partir en croisade contre les hérétiques. En échange, ils ont dû promettre de ne se prêter à aucune manœuvre politique de Rome dans les affaires temporelles du royaume. D'autant plus que, puissants et respectés sur leurs terres, ils ne voient guère d'intérêt à s'établir dans ce guêpier sous un climat trop chaud pour eux.

Le légat a satisfait aux convenances en offrant le pouvoir aux plus grands du royaume, il est donc libre désormais de proposer la couronne des Trencavel au baron de son choix. Il lui faut un guerrier courageux et un conquérant ambitieux. Arnaud Amaury n'hésite pas un instant : ce sera Simon de Montfort.

— Seigneur, au nom du Tout-Puissant, cette terre est à vous. Vous aurez pour parrains Jésus-Christ et le pape, son Église très sainte et les barons de France. Aucun de nous, jamais, ne vous fera défaut.

Le choix est unanimement approuvé. Protégé du duc de Bourgogne, sous les ordres duquel il était parti en croisade, Montfort a su gagner des amitiés depuis que l'armée s'est formée, près de Lyon. En moins de cinquante jours, ses amis sont devenus ses partisans. Bien des chevaliers qu'il a secourus au mépris du danger lui doivent la vie. Les piétons qu'il a entraînés dans des assauts victorieux lui vouent une admiration enthousiaste. Plusieurs chroniqueurs ont écrit sur lui des lignes assurant sa gloire : « *Haut de stature, il attirait le regard par sa chevelure ; il était élégant de visage et avait belle allure avec ses larges épaules, ses bras musclés, son torse bien proportionné ; tous ses membres agiles et souples ; il était vif et alerte ; pas un détail de sa personne ne prêtait à la critique, même aux yeux d'un ennemi ou d'un jaloux. Ajoutons pour nous élever à des considérations plus hautes qu'il s'exprimait avec aisance, que son commerce était plein d'affabilité ; sa camaraderie aimable, sa chasteté absolue et son humilité exceptionnelle. Il était doué de sagesse, ferme dans ses décisions, prudent dans ses conseils, équitable dans ses jugements, compétent dans les questions militaires, circonspect dans ses actes, difficile à mettre en train, mais ne renonçant jamais à ce qu'il avait entrepris et tout entier dévoué au service de Dieu.* »

Je n'ai jamais lu semblable éloge d'Alexandre le Grand, de Jules César ou de Charlemagne ! Toutes ces qualités ont dû lui coûter cher : il a, paraît-il, généreusement financé l'élaboration de cet invraisemblable portrait où ne plane que l'ombre d'un reproche : « Il est difficile à mettre en train. »

Habilement, Simon de Montfort commence en effet par refuser l'investiture que lui accorde la croisade. Cette fois, Arnaud Amaury est réellement embarrassé. Il insiste. Tous prient Simon de Montfort d'accepter. Il s'obstine dans son simulacre. C'est finalement à un ordre catégorique du légat qu'il acceptera d'obtempérer. Cette subtile manœuvre lui évite de se trouver dans la position du débiteur et lui permet, au contraire, de se poser en créancier. Le privilège de recevoir ce qu'il convoitait se transforme en devoir d'accepter une mission difficile. Il peut donc présenter ses exigences : tous les seigneurs présents autour de la table doivent promettre de venir lui porter secours s'il en était besoin.

— J'accepte, à cette condition : que tous ceux qui sont en cette assemblée jurent d'accourir aussitôt, si l'on met en péril mes cités ou mes terres, et de me secourir.

— Sur l'honneur, c'est promis ! répondent-ils, la main sur le cœur.

Malgré l'immense territoire qui lui échoit soudain, Simon de Montfort conserve la tête froide. Âgé de près de cinquante ans, il ne possède qu'un petit fief en Île-de-France. Ses titres sur le comté de Leicester sont fictifs puisque le roi d'Angleterre a confisqué sa terre. Ce qui lui est offert peut faire de lui un grand seigneur, mais il ne mésestime pas la difficulté. Prendre Béziers ou Carcassonne avec des milliers d'hommes est plus facile que de contrôler durablement d'immenses provinces, d'Albi à Limoux, du Lauragais à la Méditerranée avec une poignée de compagnons.

En effet, les principaux chefs de la croisade s'apprêtent à plier bagages. Le comte de Nevers a déjà donné ses ordres. Le duc de Bourgogne s'apprête à faire de même. Les quarante jours sont passés. Ils ont fait leur devoir et s'apprêtent à regagner leurs terres respectives, emmenant avec eux l'essentiel des forces qui ont fait le succès de la croisade.

Ils laissent Simon de Montfort face à l'hostilité de notre peuple. Seule une phalange de chevaliers décide de rester avec lui. Il peut compter sur Guy de Lévis, d'un fief voisin en Île-de-France ; sur des Normands, Perrin de Cissey, Roger des Essarts, Roger d'Andelys ; sur quelques seigneurs de Picardie, Robert de Forceville et Robert de Picquigny ; sur un Bourguignon, Lambert de Thury, et sur un chevalier du Nivernais, Guillaume de Contres.

Au total moins de quarante chevaliers, suivis par trois à quatre mille hommes, vont former l'armée de Montfort. Ceux qui repartent vers le nord sont trois fois plus nombreux.

Simon de Montfort expose sa situation dans une lettre au pape : « *Les plus grands seigneurs qui s'étaient joints à l'expédition m'ont laissé presque seul au milieu des ennemis du Christ, qui rôdent à travers les montagnes et les rochers. Sans votre aide et celle des fidèles je ne pourrai gouverner plus longtemps cette terre : elle est d'une très grande pauvreté, tout y a été dévasté. Les hérétiques ont abandonné une partie de leurs châteaux après en avoir tout emporté et les avoir détruits. Ils conservent les autres, qui sont les plus forts, et ils sont résolus à se défendre.* »

L'usurpateur des possessions de Trencavel présente son hommage au pape et lui demande de le confirmer dans les titres que lui ont donnés le légat et les Croisés. Il annonce enfin au Saint-Père qu'il va faire lever à son profit un cens annuel. Chaque famille paiera trois deniers et tous les excommuniés seront frappés d'une lourde amende dont le produit sera envoyé à Rome. Montfort ajoute qu'il versera lui-même une somme annuelle en *« reconnaissance du droit de propriété de l'Église romaine »*.

C'est le meilleur moyen de s'assurer le soutien du pape, dont il a grand besoin, car il ne peut compter ni sur le roi de France, ni sur le roi d'Aragon, ulcéré d'apprendre la dépossession de Trencavel et l'investiture d'un nouveau seigneur sous la seule autorité de l'Église.

Je m'apprête à regagner Toulouse. Avant de lever le camp, j'ai envoyé mon sénéchal chercher mon jeune fils Raimond. Mes pairs du nord de la Loire voulaient le connaître.

Raimond le Jeune a onze ans. Il est vif et éveillé. Guy de Lévis plaisante en échafaudant des projets de mariage avec la toute petite fille de Simon de Montfort. Je lui réponds sèchement que mon héritier est déjà fiancé avec Sancie d'Aragon, la sœur cadette du roi Pierre et de mon épouse Éléonore. Chacun me fait compliment avant de reprendre la route qui le conduira auprès des siens.

Les Toulousains sont soulagés par cette dispersion. Nous n'aurons plus à vivre dans le voisinage détestable d'Arnaud Amaury. C'est pour moi une joie de quitter cette armée coupable d'atrocités que je n'oublierai jamais.

Le jour de notre départ, un messager m'apporte une lettre d'Innocent III : *« D'un sujet de scandale, vous voici donc devenu un exemple à suivre ; la main du Seigneur semble avoir merveilleusement opéré en vous. Nous sommes persuadés que cela vous sera profitable, non seulement au spirituel, pour votre salut, mais aussi au temporel, pour le succès de vos intérêts. Vous qui jusqu'ici vous perdiez au milieu des perfides, veillez à vous montrer tel que nous soyons amenés à vous témoigner notre faveur et notre protection. »*

Ma pénitence de Saint-Gilles et ma honte de participer à cette odieuse entreprise n'auront donc pas été vaines. Depuis un mois, je me pose chaque jour la question : fallait-il agir autrement ? Je sais ce que l'on dit de moi, aussi bien chez les miens que chez les plus fanatiques des Croisés.

Les gens de mon pays m'accusent de ne pas avoir mis toute la région sur le pied de guerre, de les avoir abandonnés, et d'être passé à l'ennemi. Je lis ces reproches dans le regard de mes plus fidèles compagnons. Mon ami Raimond de Ricaud me rapporte quelques propos tenus à Toulouse ou ailleurs et qui sont venus jusqu'à ses oreilles. Connaissant mon déchirement, il édulcore sans doute les témoignages.

J'ai déçu les miens sans conquérir pour autant l'estime des autres. Sous les tentes de la croisade, dans les conversations du soir ou sous la plume des moines chroniqueurs, les mots les plus sévères sont lancés contre moi : hypocrisie, lâcheté, duplicité, tels sont les traits ignobles sous lesquels ils me peignent. Certains hommes d'Église n'hésitent pas à propager des calomnies infâmes pour me déshonorer : *« Dès le berceau, Raimond le Cathare a toujours aimé les hérétiques. Il s'adonne à la luxure. Il est à ce point lubrique qu'il abusa de sa propre sœur. Dès l'enfance, il recherchait les concubines de son père. Il couchait avec elles on ne peut plus volontiers. Aussi son père lui prédisait-il qu'il perdrait son*

héritage tant pour le fait d'hérésie qu'à cause de cette mons-
truosité. »

Plus on me calomnie et plus on glorifie Raimond Roger Trencavel, son courage et sa fierté. Les gens d'ici l'admirent et les Croisés le respectent, alors que nul n'a plus la moindre considération pour moi.

Mais, de nous deux, qui sera désormais le plus utile à notre pays face aux envahisseurs ? Mon héroïque neveu est aux fers, réduit à l'impuissance et dépossédé. Son peuple est asservi, ses terres vont être envahies. Discrédité et vilipendé, j'ai cependant pu conserver ma liberté et ma légitimité. Je les emploierai à protéger les miens.

Le Centaure

Depuis mon retour à Toulouse, je reçois chaque jour des rapports sur l'activité de Simon de Montfort. Il est animé d'une énergie à laquelle rien ne résiste. J'ai vécu à Carcassonne une situation rare : mon ennemi est né sous mes propres yeux. Car, à n'en pas douter, il sera impossible de vivre en paix avec un tel voisin.

Déjà, il assure sa prise sur la proie. De nombreux seigneurs, vassaux de Trencavel, viennent au-devant de Montfort pour reconnaître sa suzeraineté en vertu de la décision de l'Église. Ceux qui refusent de s'incliner quittent le pays ou s'enferment dans leurs châteaux. Après avoir confirmé les seigneurs qui se sont soumis, l'usurpateur distribue les terres de ceux qui se sont enfuis. Guillaume de Durfort, Pierre Mir, Pierre Roger de Mirepoix et tant d'autres sont déclarés « faidits », c'est-à-dire proscrits, et leurs possessions exposées en proie.

Simon de Montfort donne Béziers à Guillaume de Contres, Limoux à Lambert de Thury, Mirepoix à Guy de Lévis. Tous ceux qui sont restés à ses côtés reçoivent leurs fiefs. Ensemble, ils vont conquérir ce qu'ils se sont partagé.

Montfort ne cesse de chevaucher en tous sens pour combattre, assiéger, prendre par la force ou par la peur. Pas un jour ne passe sans qu'il enfourche son cheval. Cet homme est un centaure.

Sa troupe marche vers Montréal et Fanjeaux, à deux jours de Carcassonne, où Dominique de Guzman s'est établi depuis trois ans. C'est la croisée des chemins de Toulouse à la mer et des Pyrénées à l'Albigeois, au cœur du pays hérétique.

À l'approche des Croisés, la population s'enfuit. Croyants et Bons Hommes prennent la route de Toulouse ou le chemin des montagnes. Beaucoup montent se réfugier à Montségur, dans une forteresse inexpugnable où Raimond de Pereille et les chevaliers croyants qui l'entourent vont accueillir les plus hautes figures de l'Hérésie, Guilhabert de Castres, Gaucelin, Bertrand Marty ou Jean Cambière. Montségur va devenir pour le peuple des Croyants ce qu'est le Saint-Siège pour les catholiques ou La Mecque pour les musulmans.

En chemin, la troupe arrive devant une possession du comte de Foix. Preixan ferme ses portes devant la croisade qui installe aussitôt son camp. Ce siège est un défi à Raimond Roger de Foix, le guerrier à la chevelure de feu, surnommé le Comte roux. C'est un personnage pittoresque. Farouche montagnard, il mène une existence mouvementée, faite de violences et de plaisirs.

L'Église ne manque pas de griefs contre lui. Toute sa famille est acquise à l'Hérésie. Sa sœur Esclarmonde a publiquement reçu le consolament et sa femme Philippa dirige depuis trois ans une maison de Bonnes Dames à Dun. Ses soldats ont tué le chanoine de Saint-Antonin et dépecé son corps sur l'autel de l'abbaye parce qu'il avait chassé de Pamiers la tante du comte, une hérétique notoire. Ils organisent parfois des orgies et des pillages dans les monastères qui leur tiennent tête.

Cependant, le comte de Foix sait s'affirmer catholique lorsque nécessité fait loi. Impressionné par l'effondrement de la maison Trencavel et la rapidité avec laquelle l'armée de Montfort s'empare des territoires qui lui ont été dévolus, le Comte roux vient sous la tente du chef des Croisés pour lui proposer la paix. Il fait ouvrir les portes de Preixan. Sans doute pense-t-il, comme moi naguère, mettre ainsi son comté à l'abri de l'invasion.

L'armée dévale ensuite les Pyrénées, traverse la plaine sans même s'arrêter à Carcassonne, pour remonter par la route du nord vers la montagne Noire. Castres se soumet.

La prochaine étape de cette marche, jusqu'ici conquérante, sera son premier échec. Forteresse imprenable, les châteaux de Cabaret, dont les tours se dressent comme des chandelles de pierre sur la montagne Noire. Plusieurs centaines de Bons Hommes y sont réfugiés à l'abri des murailles et sous la protection des chevaliers faidits, dont les possessions dans la plaine ont été confisquées par

103

les Croisés. Sur ces pentes abruptes, il est impossible de dresser une machine de guerre. Les assiégeants ont le plus grand mal à escalader la roche. Le premier assaut lancé dans ces conditions difficiles est aisément repoussé par les défenseurs.

Simon de Montfort ne s'obstine pas. Pour la première fois, il ordonne la retraite et ramène ses hommes dans la vallée. Frustré, il se lance à nouveau vers le sud et retourne dans les Pyrénées. Il entre sans hésitation sur les terres du comte de Foix, auquel il avait pourtant promis la paix quelques jours plus tôt. Il s'empare de Mirepoix, de Saverdun et de Pamiers. Le Comte roux devient, dès lors, un adversaire acharné de l'usurpateur. Les Croisés vont vite découvrir qu'ils ont blessé une bête féroce qui ne cessera de les harceler. Ils sont déjà repartis vers le nord afin de prendre Albi, que l'évêque Guillaume livre à son nouveau seigneur.

Il n'a pas fallu trois mois à Montfort pour établir son emprise sur le vaste territoire qu'on lui a donné en proie, le 15 août dernier, à Carcassonne.

Depuis ce jour, Raimond Roger Trencavel est enchaîné, cloué au sol par le poids de fers aussi pesants que la solitude. Le prisonnier est au secret. On ne saura rien de lui jusqu'au 10 novembre. Ce jour-là, moins de trois mois après son arrestation, la mort du jeune seigneur vaincu est annoncée. L'évêque qui lui a administré les derniers sacrements explique qu'il est mort d'un flux de ventre. Pour avoir souvent partagé ses repas, je sais pourtant qu'il digérait tout, sauf le poison.

C'est Simon de Montfort lui-même qui organise la cérémonie funéraire. Le corps est présenté dans la chapelle du château de Carcassonne pour que chacun puisse s'incliner devant lui. Des milliers de personnes viennent se recueillir sur ses restes.

En rendant un hommage public à son prédécesseur et en exposant son corps, l'usurpateur fait en sorte qu'un grand nombre de témoins constatent la mort du prince légitime et le fassent savoir. C'est le meilleur moyen de répandre le découragement chez les chevaliers fidèles à leur seigneur, qui auraient pu fomenter une révolte pour le libérer.

Pour embellir sa réputation, Montfort accorde à la jeune veuve de son ennemi, Agnès, une rente annuelle de trois mille sols melgoriens. *« Mille à Noël, mille à Pentecôte, mille à Saint-Michel. »* En échange : *« Moi, Agnès, donne, cède, livre et abandonne à jamais à vous, seigneur comte, et à vos successeurs, tous les droits que j'ai sur toute la terre de mon mari, autrefois vicomte. »*

Simon de Montfort peut croire que son lion sur fond de vermeil va maintenant flotter sur un territoire définitivement soumis. Il se trompe.

Sa légitimité est toujours contestée par le roi d'Aragon. Indigné par la dépossession de son vassal Trencavel et révolté par sa mort, Pierre refuse obstinément de reconnaître Montfort. Il n'accepte pas d'être le suzerain d'un usurpateur.

À cette difficulté politique, s'ajoute soudain une série de revers militaires. Montfort a réussi à gober la proie, mais il ne parvient pas à la digérer. Les provinces se soumettent lorsqu'il marche sur elles, mais se révoltent dès qu'il les quitte pour envahir une contrée voisine.

Une rixe sera la première étincelle allumant l'incendie dont les flammes vont se propager partout. Un chevalier français a tué l'oncle de Guiraud de Pépieux, un influent seigneur du Biterrois. Montfort punit cruellement le meurtrier : il le fait enterrer vivant. Guiraud de Pépieux ne s'estime pas vengé pour autant. Ivre de rage, il attaque le château de Puisserguier, défendu par deux chevaliers français entourés d'une cinquantaine d'hommes d'armes. Il fait prisonniers les deux chevaliers et les emmène dans la montagne, au château de Minerve, l'un des hauts lieux où se réfugient les hérétiques.

Là, il va leur faire subir des mutilations abominables. Il crève les yeux puis coupe les oreilles et le nez des deux captifs. Dans une dernière cruauté, Guiraud de Pépieux ordonne qu'on leur arrache la lèvre supérieure. Les dents découvertes leur donnent un ineffaçable sourire préfigurant celui de la mort. L'un des deux suppliciés, aveugle, parvient à Carcassonne. Son visage monstrueusement défiguré est un vivant message destiné à terroriser les envahisseurs.

Au même moment, deux seigneurs croisés, Amaury et Guillaume de Poissy, sont assiégés dans la place forte d'Alaric. Montfort accourt, mais il arrive trop tard. Les deux seigneurs et la garnison ont été massacrés.

Quelques jours plus tard, deux des compagnons de l'usurpateur et leur escorte tombent dans une embuscade près des forteresses de Cabaret. Bouchard de Marly est capturé, et Gaubert d'Essigny, qui continue de se battre, est tué sur place, les armes à la main.

Puis ce sont Castres et Lombers qui se révoltent et retiennent prisonniers les Croisés qui s'y trouvent. Après les triomphes de l'été et les succès de l'automne, l'hiver est cruel pour la petite armée, que les pertes privent de quelques-uns de ses meilleurs chefs.

À l'approche de Noël 1209, arrivent de Rome les messages que Simon de Montfort attendait. Le pape le confirme dans les possessions qui lui ont été confiées, le félicite de lever un cens au profit du Saint-Siège et, surtout, lui promet des renforts pour le printemps.

Au même moment Innocent III écrit aux souverains de Castille, d'Aragon et de Germanie. À Alphonse VIII, Pierre II et Othon IV, il demande de réunir des troupes et de les envoyer auprès de Simon de Montfort. Malgré les appels des Croisés de Terre sainte qui manquent d'effectifs, malgré la résistance des sarrasins dans la péninsule ibérique, le pape donne à la croisade contre les hérétiques de notre pays priorité sur la guerre contre les Maures.

Dans le labyrinthe

Toulouse, château Narbonnais, hiver 1210

Je fais mon testament. C'est une précaution nécessaire avant d'entreprendre un long voyage. J'ai
décidé d'aller à Rome, avec les capitouls, plaider
notre cause auprès du pape.

Dès septembre, à peine revenu à Toulouse après
la prise de Carcassonne, j'ai dû subir à nouveau le
harcèlement de l'Église. L'évêque Foulques ayant
dressé une liste de Bons Hommes vivant à Toulouse, Arnaud Amaury a aussitôt dépêché une délégation conduite par Artaud de Roussillon, un de mes
vassaux de Provence passé au service de la croisade.
Le félon, accompagné de deux évêques et d'une
puissante escorte, venait réclamer qu'on lui livre les
hérétiques dont les noms figuraient sur la liste.

Surmontant mon premier mouvement de colère
qui me poussait à renvoyer immédiatement ces émissaires à Carcassonne auprès de leurs maîtres Amaury
et Montfort, j'ai préféré demander aux capitouls de
se réunir et d'en délibérer. Ma pénitence de Saint-
Gilles et mon enrôlement dans la croisade m'ont

108

valu trop de critiques pour que je risque désormais de décider seul. D'autant plus que cette nouvelle exigence concerne directement la ville et plusieurs dizaines de ses habitants passibles du bûcher. Or Toulouse se gouverne librement par ses consuls élus. Ils forment le *capitulium*, le chapitre. Et ceux qui le composent se font appeler capitouls ou capitoliers.

C'est au milieu du siècle dernier, il y a une soixantaine d'années, que cette réforme s'est opérée chez nous comme à Béziers, Montpellier, Nîmes ou Narbonne. Dans toutes les villes de notre pays, les seigneurs suzerains ont concédé leurs prérogatives. La perception des taxes, l'organisation des marchés, les heures d'ouverture et de fermeture des portes de la Cité et du Bourg, les mesures d'ordre public, les règles de salubrité, les décisions de justice : tout a été progressivement remis entre les mains des représentants des citoyens. Ce glissement du pouvoir s'est opéré en quelques années, garanti par des chartes successives portant les sceaux de mon grand-père Alphonse Jourdain et de mon père, Raimond V.

Les féodaux du Nord considèrent ces libertés communales comme le signe d'une décadence. Je préfère y voir la résurgence du *demos* grec de la cité antique : le peuple qui se gouverne lui-même.

Cette politique nous a été bénéfique. Elle a permis d'administrer la ville alors que mes ancêtres guerroyaient en Terre sainte ou chevauchaient en Provence. Elle a assuré la prospérité de Toulouse, judicieusement gérée par des marchands avisés. Enfin, elle a scellé une alliance indéfectible entre le peuple de Toulouse et le comte, garant des libertés de la Cité et du Bourg. Les Toulousains seront toujours du côté de leur comte, dès lors que le comte est lui-même du côté de leurs libertés.

J'ai rejoint les vingt-quatre capitouls réunis dans l'ancienne tour Charlemagne du rempart romain. Au nom des libertés toulousaines, ils refusent de livrer les hérétiques dénoncés par l'évêque Foulques, comme l'avaient fait les consuls de Béziers, au mois de juillet, avant la nuit rouge de l'incendie. Après avoir approuvé leur décision, je leur conseille de la formuler habilement pour ne pas s'exposer inutilement à la vindicte pontificale. Le capitoul Pons Astre propose une justification.

— Répondons qu'on ne peut pas leur livrer les Bons Hommes puisque nous les avons tous brûlés.

Tous ceux qui s'entassent dans la salle ronde de la tour pour assister aux débats éclatent de rire. Près de la moitié d'entre eux sont des Croyants, certains comptent des Bons Hommes dans leur propre famille. L'un des élus se fait même appeler Bernard Bonhomme. Il ne se nourrit que de légumes et de fruits, ne boit que de l'eau et ne courtise jamais une femme. Avec le nom qu'il porte et la façon dont il vit, il serait difficile de prétendre qu'il n'a aucun lien avec l'Hérésie. L'œil malicieux, il se lève, entièrement vêtu de noir :

— Ajoutons qu'il n'y en a aucun à Toulouse puisque nous brûlons tous ceux que nous trouvons.

Un nouvel éclat de rire secoue l'assemblée, qui se réjouit à l'avance de la fureur du légat et de l'évêque à la lecture de la lettre les moquant ouvertement.

Le résultat ne se fait pas attendre : Arnaud Amaury prononce aussitôt contre moi une nouvelle excommunication. Il y ajoute celle des capitouls. La ville, frappée d'interdit, est à nouveau privée de sacrements comme avant ma pénitence de Saint-Gilles en juin dernier. Tout ce que j'ai enduré depuis des mois aura donc été vain. La flagellation publique et ma participation à la croisade auront été inutiles. L'acharnement de Foulques et d'Amaury forme autour de moi un labyrinthe dont je ne parviens pas à sortir. Lorsque je crois trouver l'issue, c'est pour me retrouver au point de départ. Tout est à refaire.

Voilà pourquoi nous avons décidé de partir pour Rome, où j'envoie Raimond de Rabastens préparer ma visite.

C'est le seul homme d'Église en qui j'aie confiance. Il m'est fidèle. Et je connais assez son travers pour m'en préserver : Raimond de Rabastens ne vit que pour l'argent. Il faut se garder d'être son débiteur ou son créancier. Il harcèle les uns pour exiger ses intérêts et fuit les autres pour échapper à ses dettes. C'est en soudoyant qu'il a réussi à devenir évêque de Toulouse. Il s'est largement remboursé, réussissant en quelques années à assécher les caisses du diocèse. Détournant les recettes des congrégations, vendant les indulgences, prêtant à des taux d'usurier, il ignore tout scrupule dès lors qu'il peut s'enrichir. Chaque jour lui en donne l'opportunité, tant il y met de talent et d'opiniâtreté. En dépit de ce défaut, j'ai de l'affection pour cet homme d'Église auquel le fanatisme est étranger. Il n'ignore rien des

111

arcanes de la Curie, sait prévoir les réactions du pape et connaît sur les évêques quantité de secrets qu'il me confie. Quand ma conscience est lourde, je lui livre les miens : il est mon confesseur.

Dans mon testament je commence par Dieu : je donne mon plus jeune cheval aux Hospitaliers. Aux Templiers, je lègue ma plus belle monture, son harnachement de parade, et tout mon équipement de guerre : armure, écu, cotte de mailles.

Je lègue le comté à mon successeur, Raimond le Jeune, mon fils légitime, le futur Raimond VII.

Je n'apposerai mon sceau qu'après avoir doté mon épouse, Éléonore, et mes enfants naturels, que j'aime de tout mon cœur. Bertrand aura Caylus et Bruniquel, Guillemette recevra Saint-Jory et Mont-laur. Tous seront les vassaux de Raimond le Jeune.

Après Dieu et les miens je dois enfin intéresser Philippe Auguste. Si mes héritiers venaient à disparaître, mes possessions iraient au roi de France. Pour faire en sorte qu'il le sache, j'irai d'abord à Paris déposer le testament entre les mains de mon roi et m'assurer ainsi de sa bienveillance.

Puisque le printemps et l'été ont été propices à la guerre, je vais tenter de faire de cet hiver 1210 un succès politique en resserrant mes alliances et en désarmant la vindicte pontificale.

L'audience
d'Innocent III

Le voyage à Rome, hiver 1210

Après deux semaines de voyage, notre cortège arrive dans la cité du roi, fondée sur une île, au milieu de la Seine. Philippe Auguste m'accueille comme un parent. Mes compagnons de croisade, le duc de Bourgogne, le comte de Nevers et bien d'autres, me reçoivent à leur table, à Paris ou dans ses environs. Ils s'enquièrent de la santé de Raimond le Jeune et me manifestent une grande amitié. Simon de Montfort lui-même m'a fait savoir qu'il mettait sa demeure de la forêt des Yvelines à ma disposition.

Le séjour chez Philippe Auguste et le dépôt du testament me permettent de rappeler que le roi est mon suzerain et qu'il me doit protection tant que je suis loyal à son égard. Cette précaution prise, nous pouvons emprunter la route de l'Italie.

Dans le nord de la péninsule, je rencontre l'empereur Othon de Germanie. Il me rassure sur ses intentions à mon égard. Il ne nous reste plus qu'à affronter l'étape décisive : l'audience pontificale.

En chemin, j'ai tout le temps nécessaire pour me préparer à rencontrer Innocent III.

Bien que n'ayant pas encore atteint l'âge de cinquante ans, le pape a derrière lui une longue pratique du pouvoir ecclésiastique. Ce fils de la noblesse du Latium, après avoir brillamment étudié à Paris et à Bologne, a connu une carrière fulgurante qui fit de lui un cardinal à l'âge de vingt-sept ans. Dix ans plus tard, à la mort de Célestin III, Lotario Conti fut porté par un vote unanime sur le trône de saint Pierre, dont il prit fermement possession sous le nom d'Innocent. C'était à la fin du siècle dernier, en 1198. J'étais comte de Toulouse depuis tout juste trois ans.

Plus de dix années se sont écoulées. Durant cette décennie, le pape s'est acharné sans cesse davantage dans son combat contre l'hérésie.

Pendant un siècle, ses dix-neuf prédécesseurs, depuis Urbain II et la Première Croisade, ont indéfectiblement lutté pour soutenir les guerres de Terre sainte, appelant les souverains, les féodaux, les chevaliers et tout le peuple de l'Église, clercs et laïcs confondus, à prendre la Croix et à partir vers Jérusalem combattre les mahométans.

L'avènement du règne d'Innocent III marque un changement de politique. Il relègue au second plan la lutte contre les sarrasins, en Espagne ou en Palestine, au profit de son obsession : la guerre contre l'hérésie. C'est un défi personnel dans lequel il engage son règne.

Cet acharnement s'explique. Lorsqu'il a succédé à

Célestin, Jérusalem était déjà reprise par Saladin depuis plus de dix ans. Cette défaite de la Chrétienté subie par l'un de ses prédécesseurs ne pouvait donc entacher son propre pontificat. En revanche, un an à peine après son accession au Saint-Siège, il survint en Bosnie un événement qui fit trembler l'Église sur ses bases. En pleine terre chrétienne, de l'autre côté de la mer Adriatique, le prince bosniaque Kouline se convertit publiquement, avec toute sa famille et plusieurs milliers de chevaliers, à l'Hérésie, qu'ils appellent là-bas bogomilisme.

Son hérétication était avant tout un acte politique. Elle lui permettait de proclamer son affranchissement, aussi bien vis-à-vis de la Hongrie catholique romaine que de l'empire byzantin. Mais pour Innocent III, qui se sentait au moins autant chef du temporel que pasteur du spirituel, c'était intolérable. Pour la première fois, un prince embrassait spectaculairement l'Hérésie. Elle se propageait jusque-là de façon souterraine. Les seigneurs qui s'y intéressaient, comme dans nos régions, ne rompaient jamais publiquement avec l'Église et le pape.

Contre ce défi lancé au pouvoir de Rome, Innocent III ordonna au roi de Hongrie d'organiser une croisade. Kouline opposa une résistance acharnée dans les montagnes de Bosnie.

Le feu se propageait dans la maison des successeurs de saint Pierre. Ce que le pape ne pouvait accepter sur les territoires bosniaques aux limites du monde latin, il pouvait encore moins le tolérer chez nous, au beau milieu des terres d'Occident, dont les princes et les rois sont des catholiques romains avérés. Or Arnaud Amaury et les autres légats, appuyés par quelques amis bien placés auprès du souverain pontife, ne cessent de lui répéter que « Raimond le Cathare » est un nouveau Kouline. Je ne connais pas ce prince bosniaque. C'est involontairement qu'il m'a fait tant de mal. Je n'ai donc pas de rancune, mais je pense souvent à cet homme inconnu dont les éclats politiques et religieux me coûtent si cher. Tels sont les caprices du destin, ou les détours de la providence.

Dès mon arrivée à Rome, Raimond de Rabastens m'informe des courriers qu'Arnaud Amaury et la légation ont fait parvenir à Innocent III. Affolés à l'idée que je puisse convaincre le Saint-Père de ma bonne foi, ils l'ont mis en garde : *« Je supplie très humblement Votre Sainteté, dans le cas où le comte se rendrait auprès d'Elle, de ne pas se laisser surprendre par ses paroles artificieuses, mais d'appesantir sur lui le joug de l'Église, comme il le mérite. Nous avons excommunié le comte de Toulouse et nous avons jeté l'interdit sur ses terres parce qu'il n'a pas chassé de ses États les hérétiques leurs fauteurs, et qu'il ne les a pas abandonnés à la discrétion des Croisés. Nous avons cru devoir vous faire connaître la vérité, afin que, s'il obtient audience de Votre Sainteté, il trouve en vous la fermeté du successeur de saint Pierre. »*

Raimond de Rabastens me rassure aussitôt. Par ses amis de la Curie romaine qui lui ont donné copie de la lettre des légats, il sait qu'Innocent III est bien disposé à mon égard.

Il dit vrai : le pape m'accueille sans hostilité. Malgré tout ce qui lui a été raconté contre moi, il ne confond pas mon cas avec celui de Kouline.

116

Après avoir présenté son anneau à mes lèvres, il m'invite à venir prier avec lui devant le linge de la sainte Face avec lequel Véronique a essuyé le visage du Christ. Tout en me recueillant auprès du Saint-Père, je songe avec malice à la fureur qu'Arnaud Amaury et Foulques éprouveraient en nous voyant ainsi côte à côte.

L'oraison terminée, Innocent III m'offre de superbes présents : un cheval de race, un manteau somptueux et un bijou de prix.

Raimond de Rabastens et les capitouls qui assistent à l'audience en restent bouche bée. À mon tour, je fais hommage au Saint-Père d'une précieuse croix d'or incrustée de pierres ayant appartenu à mon arrière-grand-père Raimond de Saint-Gilles, l'un des chefs de la Première Croisade en Terre sainte, où il est mort au combat : c'est une façon de lui rappeler tout ce que ma famille a accompli pour le service de l'Église.

Après quoi Innocent III nous appelle à faire notre devoir en luttant fermement contre l'hérésie, et en vouant à l'Église une obéissance filiale. Mais il se montre compréhensif devant nos plaintes contre l'intransigeance des légats et il lève l'interdit qui pèse sur Toulouse depuis trois mois. Les cloches de Saint-Étienne, de Saint-Sernin et de toutes les églises de la Cité et du Bourg, tristement silencieuses à Noël, pourront sonner à toute volée pour célébrer les fêtes de Pâques. Les fidèles pourront à nouveau entendre la messe, se marier, recevoir le baptême, l'Eucharistie et l'extrême-onction. L'excommunication dont les capitouls sont frappés depuis qu'Arnaud Amaury a lu leur correspondance pleine d'impertinence est également levée.

Pour le meurtre du légat, Innocent III se montre plus circonspect. Sa magnanimité n'ira pas jusqu'à me disculper du crime dont l'accusation pèse toujours sur moi. Plus de deux ans après l'assassinat, la lumière n'a toujours pas été faite sur la mort de Pierre de Castelnau. Plus le temps passe et plus il devient difficile d'établir la vérité. On prétend que le meurtrier se trouve dans mon entourage. Je ne le connais pas. Pour dire vrai, j'en connais plus de dix qui se sont vantés de ce crime ou qui ont accusé tel ou tel. Or l'assassin a agi seul. Afin de trancher mon cas, Innocent III arrête une procédure. Un concile se réunira à Saint-Gilles pour m'entendre. Si je parviens à convaincre ce tribunal, celui-ci m'absoudra. En revanche, si le concile ne veut pas lever l'accusation, il devra remettre l'affaire entre les mains du pape qui jugera lui-même. Les légats peuvent reconnaître mon innocence, mais ils n'ont pas le droit de me condamner. Innocent III se réserve la décision finale. C'est peut-être la sortie du labyrinthe...

En attendant qu'on fixe la date de ce concile, je rentre à Toulouse, au terme d'un trop long voyage.

Toulouse, printemps 1210

L'état de déchirement dans lequel je trouve la ville me désespère. Toulouse est divisée en deux camps dressés violemment l'un contre l'autre dans des affrontements brutaux. Chaque jour des maisons sont attaquées et pillées. Le soir les rues sont vides et abandonnées aux compagnies armées, qui se tendent des guets-apens, croisent le fer et se pourchassent dans les ruelles. On compte chaque nuit plusieurs blessés. Au petit matin, les victimes gisent dans des flaques de sang.

Toulouse est au bord de la guerre civile. C'est l'œuvre de notre évêque Foulques. Au début de l'automne, quand j'étais sur le chemin de Paris et de Rome, il s'est employé à organiser une secte armée qu'il a baptisée la « Confrérie blanche ». Commandée par quelques chefs de grandes familles tels que Pierre de Saint-Romain ou Arnaud Bernard, elle compte des centaines d'hommes, ardents catholiques et favorables à la croisade. Comme les soldats de la guerre sainte, ils portent une croix cousue sur leurs vêtements de combat. Disposant à son gré de cette milice, Foulques lance des actions punitives contre des familles hérétiques et, surtout, contre les usuriers. En dressant ses partisans contre les prêteurs, l'évêque trouve deux avantages. D'une part, il allège le poids de l'héritage légué par son prédécesseur, mon ami Raimond de Rabastens, qui ne lui a laissé dans les caisses de l'évêché que des reconnaissances de dettes. D'autre part il peut, sous prétexte de faire respecter l'interdiction ecclésiastique de l'usure, frapper les juifs et les hérétiques qui ne sont pas tenus par les mêmes règles.

Pour contrer les attaques de la Confrérie blanche, une Confrérie noire s'est aussitôt organisée. Elle peut aligner autant d'hommes en armes que la milice adverse. Les Blancs dominent la Cité, autour de la cathédrale. Les Noirs sont plus nombreux dans le Bourg, autour de Saint-Sernin.

J'ai réuni au château Narbonnais mes plus proches conseillers. Dans la tour Gaillarde, chacun a pris sa place autour de la table. Les événements de la nuit ont été terribles. Les deux confréries en viennent maintenant à se lancer à l'assaut l'une de l'autre dans des attaques de cavalerie sous les remparts ou sur les places de la ville.

Raimond de Rabastens me rapporte la dernière phrase de Foulques : « Dieu est venu mettre entre les Toulousains, non une mauvaise paix, mais une bonne guerre, voilà ce que m'a dit notre évêque. »

Foulques pousse les Toulousains à se battre entre eux pour qu'ils s'exterminent, car il sait que nulle croisade ne pourrait venir à bout de la résistance de la ville.

Au milieu de ces désordres sanglants arrive Arnaud Amaury. Il a tenu à venir mettre en œuvre les directives pontificales. Elles lui sont désagréables mais, en agissant lui-même, il va pouvoir assortir leur application d'une série de sanctions de son cru. Pour prix de la levée d'excommunication des capitouls, il exige d'eux une somme de mille livres toulzas et dix otages qui seront placés à Pamiers, sous la garde des Croisés. Les capitouls refusent de payer. Arnaud Amaury menace de les excommunier à nouveau. L'évêque Foulques transige et propose de réconcilier les capitouls avec l'Église pour cinq cents livres toulzas. Sa proposition est acceptée. Et le 25 mars 1210, une bénédiction générale est solennellement donnée par l'évêque, en grande cérémonie, sur le parvis de Saint-Étienne. Les catholiques sont soulagés de retrouver leur droit aux sacrements. Les Blancs pavoisent et les Noirs se moquent ouvertement de ces marchandages sordides.

Le bûcher
de Minerve

Pendant ce temps, après l'engourdissement de l'hiver, le Centaure s'ébroue sous les premiers rayons du printemps qui lui amènent sa femme, Alix de Montfort, accompagnée des renforts promis par le pape. En faisant venir son épouse et leurs enfants, il signifie à tous qu'il a décidé de s'établir chez nous.

Son armée n'est pas aussi imposante que la croisade de l'année dernière, mais elle rend à l'usurpateur la capacité d'action qu'il n'avait plus depuis six mois. Venue à l'appel du pape lancé dans plusieurs royaumes, c'est une troupe où se parlent toutes les langues, mais qui n'a qu'un seul chef : Montfort.

Celui-ci ordonne aussitôt la reprise de la guerre. Plus de quarante bourgs et châteaux fortifiés lui ont échappé dans le retour de flamme qui a suivi la mort de Trencavel. Plutôt que de les reconquérir un à un, il emploie la plus vieille et la plus efficace des armes pour les faire plier tous ensemble : comme avec le massacre de Béziers, l'an dernier, il engage les hostilités en frappant le pays de terreur.

Le village de Bram servira d'exemple. Établie dans la plaine, cette localité est à peine protégée par un mauvais rempart dont elle a courageusement fermé les portes devant les émissaires de Montfort. Prétexte pris de cette rébellion, l'armée vient assiéger Bram, qui cède en moins de trois jours.

Procédant exactement comme l'avait fait Guiraud de Pépieux cinq mois plus tôt, Montfort ordonne que l'on saisisse les prisonniers pour leur arracher le nez, la lèvre et les oreilles avant de leur crever les yeux. Il compte jusqu'à cent. Au centième supplicié il fait grâce d'un œil, pour qu'il puisse conduire ses compagnons mutilés vers les seigneurs faidits et les hérétiques qu'ils protègent.

La colonne titubante marche longtemps à travers la plaine et jusqu'au flanc des montagnes, chaque homme aveugle et défiguré avançant la main posée sur l'épaule de celui qui le précède. En tête, le borgne guide leurs pas jusqu'aux forteresses de Cabaret, où le monstrueux cortège est accueilli dans les hurlements d'horreur des hommes et les évanouissements des femmes. Seul Guiraud de Pépieux, l'inventeur de cette atrocité, reste silencieux, la tête basse, hébété de découvrir à quel point on peut être encore plus cruel qu'il ne le fut.

Après avoir terrorisé le pays, Montfort veut l'impressionner par une victoire militaire en s'emparant d'une des places fortes de la résistance. Ayant échoué l'an dernier devant les forteresses de Cabaret, il ne veut pas s'exposer à un nouveau revers. Montségur est trop difficile à investir. Il choisit Minerve, dont il connaît les points faibles. Il a envoyé des éclaireurs observer les lieux pendant la trêve hivernale.

Minerve est dressée comme une proue de navire à l'extrémité d'une falaise abrupte surplombant le confluent de la Cesse et du Brian. En période de fortes pluies, les eaux des deux rivières se mêlent dans un bouillonnement violent et la ville semble voguer sur un océan furieux. En revanche, en ce début d'été 1210, particulièrement sec, les remparts et la falaise dominent deux gouffres asséchés où de minces filets d'eau serpentent entre les galets.

L'armée croisée installe ses engins sur la rive opposée à la ville et la martèle sans relâche. Les blocs de pierre en démolissent des pans entiers, qui s'écroulent sur les défenseurs. Les toits des maisons sont écrasés sous les projectiles, mais Simon de Montfort ne donne pas l'assaut. Comme l'an dernier à Carcassonne, il préfère attendre que la chaleur et la soif viennent à bout de la résistance de Minerve. Le chemin qui permet de descendre de la falaise pour aller puiser de l'eau au fond du lit de la rivière est jonché de corps percés de flèches. Parmi les assiégés, plus personne ne s'y risque. Pour ne pas laisser les cadavres pourrir au soleil dans les rues et corrompre l'air, on les jette par-dessus le mur, dans le ravin. Tous les habitants sont bientôt à bout de forces. Après cinq semaines de souffrances, Guillaume de Minerve se résigne à capituler pour sauver ceux qui ont survécu.

Arnaud Amaury accourt alors de Toulouse. Pour la première fois, de nombreux hérétiques sont à sa merci. Beaucoup de Bons Hommes s'étaient réfugiés à Minerve, croyant la place imprenable. Le légat se montre toutefois d'une surprenante magnanimité. Il promet la vie sauve à tous ceux qui prêteront serment à l'Église. Les chefs de la croisade sont stupéfaits. Ils ne reconnaissent pas Arnaud Amaury dans cette indulgence dont il n'est pas coutumier. À quoi bon endurer les fatigues d'un siège pour laisser échapper les hérétiques qui seront quittes avec un simple serment si facile à prononcer ?

La troupe entre dans Minerve en ruine. Deux des rares maisons encore couvertes d'une toiture abritent l'une des femmes, l'autre des hommes, réunis en prière. À ceux qui leur offrent la vie en échange de leur abjuration, ils répondent :

— Ni la mort ni la vie ne pourront nous arracher à la foi à laquelle nous sommes attachés.

À la stupéfaction des Croisés, pas un seul hérétique n'acceptera de s'incliner devant l'Église pour sauver sa vie.

En bas, au fond du lit du torrent, Arnaud Amaury a fait dresser un immense bûcher. Les hommes et les femmes vêtus de noir sortent de Minerve et descendent le sentier qui s'accroche à la falaise. Parvenus au fond du ravin, ils avancent calmement et sans crainte apparente vers le bûcher d'où s'élèvent les premières flammes. Ceux qui marchent en tête disparaissent déjà dans l'épaisse fumée. Les soldats qui allaient s'emparer d'eux pour les traîner jusqu'au supplice restent les bras ballants devant ces martyrs.

Cent quarante hommes et femmes entrent dans

le brasier. Les corps qui se tordent répandent une ignoble odeur de chairs humaines carbonisées.

Un an après l'incendie de Béziers, un nuage noir voile à nouveau le soleil de juillet et s'étend sur toute la contrée. Arnaud Amaury est satisfait : il a pu mener à bien la première grande purification par le feu. Avec la mort d'un si grand nombre de Bons Hommes, un coup sévère a été porté à la tête de l'Hérésie. Le légat va pouvoir revenir à Toulouse et continuer de me tourmenter.

Simon de Montfort, lui, est très fier : il a fait céder l'une des places fortes rebelles de son territoire. Encouragé par cette victoire, il se donne un nouvel objectif : le château de Termes, un nid d'aigle sur la montagne des Corbières.

Le piège du légat

Saint-Gilles, août 1210

Je vais enfin pouvoir me justifier. Depuis neuf mois déjà, le pape a déterminé une procédure lors de l'audience qu'il m'a accordée à Rome. Dès lors je n'ai cessé de réclamer la réunion du concile qui doit m'entendre.

Arnaud Amaury a laissé passer le temps. Chaque mois, j'écrivais au Saint-Père pour lui faire savoir que ses ordres n'étaient pas respectés par son légat. Amaury a fini par céder en convoquant à Saint-Gilles plus de vingt cardinaux, archevêques et évêques qui devront délibérer sur mon cas.

Pour dire vrai, je ne nourris aucune illusion sur les décisions de ce concile. Composé par le légat et dirigé par lui, ce tribunal ne va certainement pas proclamer que je suis innocent du meurtre de Pierre de Castelnau. Au contraire. Mais je n'éprouve aucune crainte : le pape n'a laissé au concile que le pouvoir de me réhabiliter. Dans le cas contraire, si le concile n'est pas convaincu par mes dires, mon affaire doit revenir à Rome. Or c'est exactement ce que j'attends car le Saint-Père est désormais le seul, dans cette Église, qui accepte de m'entendre de bonne foi. De mon audition par ce tribunal ecclésiastique je n'attends qu'un résultat : passer au point suivant de la procédure.

J'ai mis néanmoins toutes les chances de mon côté. Depuis cinq semaines, accompagné de Raimond de Rabastens, qui avait préparé l'audience de Rome, je parcours mes terres pour dénouer mes multiples contentieux avec les gens d'Église. À Moissac, à Uzès, à Saint-Saturnin ou bien ici même à Saint-Gilles, sur des partages de droits, des contestations de propriété, des affaires de fiefs, de châteaux et de revenus, j'ai conclu des accords avec les abbés et les évêques afin d'émousser l'hostilité du concile qui doit m'entendre. Et chaque soir, dans les châteaux où nous faisions halte avec Raimond de Rabastens, nous avons soigneusement ciselé mon argumentation. Je la livrerai au concile, non pas dans l'espoir de le convaincre, mais pour mieux me préparer à l'audience pontificale.

Lorsque l'on m'introduit dans la salle capitulaire de l'abbaye de Saint-Gilles, je sens le poids de tous les regards des dignitaires. Au milieu d'eux, assis sur un siège surélevé, Arnaud Amaury, que je croyais trouver en pleine contrariété, m'adresse, au contraire, un sourire qui m'inquiète. Il avait cette expression faussement bienveillante lorsque nous chevauchions côte à côte dans cette même vallée du Rhône, l'été dernier. Je croyais alors l'avoir contourné en rejoignant la croisade, alors que je faisais exactement ce qu'il avait prévu.

Debout au milieu de la salle, je salue d'une inclinaison de la tête les prélats conciliaires, en cherchant vainement un regard bienveillant ou compréhensif. Ils sont dissemblables, maigres ou gros, grands ou petits, pâles ou sanguins, mais tous leurs yeux me fixent avec la même haine.

De part et d'autre d'Arnaud Amaury ont pris place maître Thédise et Hugues de Riez, les artisans du concile. Ce sont les inventeurs du piège qui va me fermer la route de Rome et me maintenir fermement prisonnier dans les griffes de Foulques, sous la menace de l'épée de Montfort. Je vais vite m'en apercevoir.

Ce piège, le légat l'actionne en effet dès l'ouverture de la séance. Il rappelle que nous sommes réunis à la demande du pape et que cette assemblée doit m'entendre sur l'assassinat de Pierre de Castelnau.

Il se tourne alors vers maître Thédise, qui se lève, les lettres d'Innocent III à la main. On devine aisément que tout ceci a été soigneusement préparé.

— Hélas, nous ne pourrons pas entendre le comte, objecte maître Thédise en affectant une expression désolée.

Il donne alors lecture d'une phrase habilement extraite d'une des lettres du pape : *« Nous voulons que le comte de Toulouse, en attendant le concile, exécute nos ordres... »*

Et maître Thédise rappelle les ordres contenus dans un document annexe sur lequel figurent tous les vieux griefs de l'Église à mon endroit.

— Vous deviez chasser les hérétiques. Vous ne l'avez pas fait !

Certes non. Ils sont ici chez eux et je ne persécuterai jamais des gens de mon peuple.

— Vous deviez abolir les péages et renvoyer les routiers. Vous ne l'avez pas fait.

Comment pourrais-je gouverner mon pays sans ressources et le défendre sans soldats ? L'Église me voudrait pauvre et désarmé.

— Vous deviez chasser les juifs des charges que vous leur avez confiées. Vous ne l'avez pas fait !

Pourquoi me priverais-je de quelques-uns de mes meilleurs conseillers ?

Le notaire du concile conclut :

— Le comte ne peut en aucun cas être entendu sur les points importants, tant qu'il ne s'est pas mis en règle sur les points secondaires.

Admiratif devant la construction de cet esprit spécieux, Arnaud Amaury le félicite.

— Dieu vous a frayé la voie !

Et il dicte les conclusions du concile destinées au pape. *« Tout le monde fut d'avis de ne pas recevoir le comte de Toulouse à se justifier car il n'était nullement vraisemblable que l'on pût s'en rapporter à son serment, alors qu'il l'avait transgressé si souvent sur des choses de moindre importance. »*

Raimond de Rabastens, debout derrière moi, me parle à l'oreille.

— Comprenez-vous qu'ainsi votre acte d'accusation n'ira pas à Rome ? Vous ne serez pas entendu par le pape. L'affaire reste entre les mains du légat, me murmure-t-il en me glissant la copie d'un extrait de la lettre d'Innocent III.

130

J'en donne aussitôt lecture à haute voix :

— Écoutez ! le pape écrit également ceci : *« Nous avons décidé que le fait de n'avoir pas encore exécuté toutes les clauses du contrat ne pouvait lui faire perdre son droit de propriété. Nous avons enjoint à l'armée chrétienne qui opère selon nos prescriptions, contre les hérétiques, de ne pas toucher à son domaine... »*

Les mots se perdent dans le bruit des conversations. Les évêques se sont levés et se dirigent déjà par petits groupes vers la porte de la salle capitulaire. Pour eux, la cause est entendue.

Le sang me monte à la tête et bat dans mes tempes. À mes yeux viennent soudain des larmes de désespoir et de colère.

Maître Thédise pointe alors son doigt sur moi. Sa voix résonne sous la voûte.

— Ce ne sont pas des larmes de dévotion ou de repentir ! Rappelle-toi le Psaume : *« Dans le déluge de tes grandes eaux tu ne te rapprocheras pas du Seigneur ! »*

Je n'entends pas la suite de ses imprécations. J'ai déjà quitté la salle de l'abbaye. Mes hommes m'aident à monter en selle et je pars aussitôt en lançant mon cheval au galop. Nous sortons de Saint-Gilles pour regagner Toulouse. Durant des heures je ne veux parler à personne tant la rage et la honte me nouent la gorge.

Toulouse, septembre 1210

Les huit journées de voyage n'auront pas été de trop pour me permettre de reprendre mes esprits.

131

Fort heureusement, Toulouse s'est apaisée après les heurts de cet hiver entre les deux confréries.

Arrivés au château Narbonnais, nous nous réunissons pour choisir une attitude face aux nouvelles circonstances.

Aller voir le pape ? Bertrand et Raimond de Rabastens me convainquent aisément de l'inutilité d'un nouveau voyage à Rome.

— Au pire, le Saint-Père ne vous recevra pas. Au mieux, il vous renverra devant le concile. C'est un juriste et il ne sortira pas de la procédure qu'il a lui-même ordonnée.

Aller voir le roi de France ?

— À quoi bon tous ces voyages ? demande d'Alfaro. L'hiver dernier, vous avez passé plusieurs mois loin d'ici : pour quel résultat ? Le roi vous assure de son amitié, mais il laisse ses vassaux s'emparer des terres de nos voisins et menacer les nôtres. Le pape vous parle comme à un fils mais il donne à Arnaud Amaury la liberté de dévoyer ses directives.

— Et pendant votre absence, Foulques agite les extrémistes pour diviser les Toulousains et affaiblir la ville, ajoute mon fils Bertrand.

Ils ont raison. Ces interminables voyages sont inutiles et épuisants pour un homme de cinquante-cinq ans, ruineux pour qui doit entretenir un accompagnement de valets, d'hommes d'armes, de cavaliers et de conseillers.

Je ne veux plus m'éloigner aussi longtemps de Toulouse pour des résultats illusoires.

— Qu'on le veuille ou non, c'est avec nos ennemis directs, Amaury et Montfort, que je dois traiter ou me battre. Et c'est avec nos alliés proches que je dois m'entendre. Nous avons de notre côté Pierre d'Aragon, le comte de Foix, le comte de Comminges. L'Aragon, les Pyrénées et Toulouse, s'ils s'unissent, peuvent tenir tête au légat et au prédateur.

— Si nous avions commencé ainsi, nous n'en serions pas là et Trencavel serait toujours vivant à nos côtés, soupire d'Alfaro.

Toujours prêt à se battre, il fait partie de ces hommes qui, entre la guerre et une solution politique, choisissent toujours la guerre. Au contraire, je tente toujours de l'éviter.

Raimond de Ricaud demande la parole :

— Arnaud Amaury sans Montfort ne peut rien contre nous. Il n'y a donc qu'une seule question : jusqu'où Montfort veut-il aller ?

— Jusqu'à Toulouse ! grogne d'Alfaro en haussant les épaules pour souligner l'évidence de sa réponse.

— En sommes-nous sûrs ? Ne pouvez-vous pas imaginer que les immenses territoires qui lui ont été confiés l'an dernier puissent le satisfaire ? N'a-t-il pas suffisamment de difficultés pour maîtriser son domaine ?

Le nid d'aigle

Termes, automne 1210

Depuis six semaines, Montfort est en fâcheuse posture sous les remparts de Termes, qui surplombent des gorges vertigineuses au fond desquelles résonne le fracas des torrents.

Raimond de Termes, totalement acquis à l'Hérésie, a accueilli dans son refuge plusieurs dizaines de Bons Hommes. Cousin de Guillaume de Minerve, récemment vaincu, et instruit par la défaite de son parent comme par celle de Trencavel à Carcassonne, il s'est préparé à résister à l'armée croisée : toutes les citernes sont pleines. La forteresse est gorgée de vivres et de réserves d'eau.

Montfort a fait appel au meilleur ingénieur, frère Guillaume, chapelain de Paris, un homme passionné par les machines de siège. Malgré toute sa science, il a le plus grand mal à les asseoir sur les pentes. Les blocs qu'elles projettent reviennent souvent en avalanches de pierres sur les assiégeants. Chaque jour, des Croisés plient bagage lorsque leur quarantaine est accomplie. Sans se soucier du siège infructueux, ils redescendent dans la plaine pour prendre la route du retour. Les troupes qui repartent ou celles qui montent pour les relever sont exposées aux embuscades des hommes de Pierre Roger de Cabaret. Le chemin est périlleux, longeant des ravins insondables, par des sentiers étroits et escarpés, surplombés par des rochers en équilibre au-dessus du vide. Les hommes du pays guident les chevaliers faidits qui harcèlent les groupes de Croisés, les précipitent dans un gouffre ou les capturent pour leur infliger des mutilations atroces. Montfort perd plus de soldats dans l'acheminement des troupes que dans les opérations du siège.

En bas, à Carcassonne, Guillaume de Contres, à qui l'usurpateur a confié le soin de garder la cité, a toutes les peines du monde pour mettre en route les renforts. Les hommes sont effrayés à l'idée de s'engager dans cette escalade infernale où la mort les guette derrière chaque rocher.

En haut, Montfort ne veut pas lâcher prise. Pour faire honte aux barons qui envisagent de l'abandonner, il appelle à ses côtés sa femme Alix, dont l'exemple ne suffira pas à retenir Robert de Dreux, le comte de Ponthieu ou l'évêque de Beauvais. Seuls l'évêque de Chartres et le fidèle Guy de Lévis demeurent avec Montfort. Celui-ci espère que la soif va faire une nouvelle fois son œuvre, comme à Carcassonne ou à Minerve.

Les semaines passent... Cette année, l'automne est aussi chaud et sec que l'été. Les citernes du château sont épuisées. Raimond de Termes avait pourtant prévu d'abondantes provisions afin de ne pas être pris au même piège que Trencavel l'an dernier ou

Guillaume de Minerve en juillet. Mais comment aurait-il pu imaginer qu'il ne pleuvrait pas avant novembre ?

Un soir, il décide d'en finir. Il envoie une ambassade annoncer à Simon de Montfort qu'il est prêt à discuter dès le lendemain des conditions de la reddition.

Et soudain, dans la nuit, le ciel se crève pour déverser un déluge providentiel et interminable. Les citernes se remplissent. Raimond de Termes ne capitule plus. Coiffé de son casque d'or, il vient narguer les Croisés du haut des remparts battus par les vents et la pluie.

Le froid s'installe et la pluie devient neige. L'eau ne manque plus aux assiégés, mais le pain manque aux assiégeants coupés de Carcassonne, car les intempéries rendent le site inaccessible. Une maigre troupe démoralisée entoure Montfort et Alix, dont la situation est désespérée.

À Toulouse, nous sommes informés jour après jour. Nous espérons déjà la mort du chef de la croisade, enseveli sous les neiges des Pyrénées...

Une nuit, les guetteurs du camp croisé sont alertés par un remue-ménage autour du rempart de Termes. Ils donnent l'alarme et se jettent sur les défenseurs qui tentaient de fuir à travers les montagnes, à la faveur de l'obscurité. Les soldats n'ont plus la force de se battre. Ils sont tués sur place. Raimond de Termes, qui se trouve au milieu d'eux, est capturé.

Pendant la sécheresse, des animaux épuisés étaient tombés au fond des citernes. Après les pluies, leurs charognes avaient empoisonné l'eau et tous les assiégés étaient frappés de flux de ventre. La garnison épuisée avait alors tenté de s'échapper avec le maître des lieux.

Montfort l'envoie aussitôt finir ses jours aux fers dans les cachots de Carcassonne.

La défection de Pierre

Afin de mettre en application nos discussions de l'automne dernier, je suis entré en relation directe avec ceux qui nous tourmentent.

J'ai dû pour cela attendre que Simon de Montfort se dégrise. Ivre de ses victoires contre les citadelles de Minerve et de Termes, il a chevauché longtemps encore avant de mettre pied à terre. Il n'a posé les armes qu'à Noël, après avoir reconquis toutes les villes et tous les châteaux qui s'étaient rebellés l'an dernier.

Au début de l'année 1211, nous voici donc à Narbonne, réunis par Arnaud Amaury dans le palais épiscopal. Le roi d'Aragon, le comte de Foix et Simon de Montfort sont là. Le légat est assisté de Foulques et de ceux qui m'ont empêché de me disculper devant le concile de Saint-Gilles.

Les hommes d'Église reviennent à la charge pour contraindre Pierre d'Aragon à reconnaître Simon de Montfort. Le roi s'y refuse depuis dix-huit mois.

Philippe Auguste ayant la même attitude, l'usurpateur ne bénéficie que d'une légitimité bancale.

Soudain, Simon de Montfort se jette aux pieds du roi. Le redoutable soldat se fait implorant. Il joint les mains et lève un regard de supplication vers Pierre. Plus habitué à voir des femmes à ses genoux, mon beau-frère est décontenancé. L'insistance du pape et des légats, les soucis que lui donnent les batailles de la reconquête, son désir d'exercer une influence au nord des Pyrénées le portent au compromis. De guerre lasse, il accepte Montfort comme vassal. Les clercs soupirent de soulagement. L'usurpateur désormais légitime s'incline avec gratitude. Pierre se lève et détourne les yeux pour fuir mon regard qui l'interroge sans complaisance : qu'est-il advenu du héros ?

Simon de Montfort vient de remporter à genoux l'une de ses plus grandes victoires.

C'est un succès politique, juridique et militaire. Pierre et lui sont unis, désormais, par les liens du serment. Les droits de Montfort sur la vicomté Trencavel sont reconnus, non seulement par le pape, mais aussi par le roi d'Aragon.

Afin de sceller cette reconnaissance, Montfort annonce aussitôt qu'il envoie une troupe de chevaliers se battre dans les armées de Pierre, contre les Almohades. De leur côté, les légats suggèrent de fiancer le fils du roi, Jacques d'Aragon, à Amicie de Montfort, à peine sortie du berceau. Montfort demande à son seigneur de lui confier l'éducation de son fils. À ma grande stupeur, Pierre accepte.

Inclinant vers moi son long visage émacié, Arnaud Amaury me propose alors de lever mon excommunication, de garantir le respect de mes titres et de mes terres et, enfin, d'ajouter à mes possessions toutes celles que nous confisquerions aux hérétiques désignés par l'Église.

Tout ceci ayant pour prix la persécution que je refuse d'accomplir, je décline une nouvelle fois l'offre du légat.

— Moi, Raimond de Toulouse, je ne veux pas devenir l'instrument d'une injustice contre les gens de mon pays.

Les lèvres du légat se pincent. C'est sur ce refus que nous nous séparons sèchement à Narbonne, au début de l'année.

La charte infâme

Montpellier, mars 1211

Arnaud Amaury nous convoque à nouveau, cette fois à Montpellier. Il neige. Une couche épaisse estompe les formes de la cité. Le ciel est bas, gris et morne.

Montpellier appartenant à Pierre d'Aragon, mon beau-frère m'héberge dans son château dont les étages dominent les toits couverts de neige. Je suis arrivé tard dans la nuit. Au matin, revêtus d'épais manteaux fourrés, Pierre et moi réchauffons nos doigts sur le bol de bouillon chaud que l'on vient de nous apporter.

C'est la première fois que je revois le roi depuis qu'il a accepté de reconnaître Simon de Montfort. Il me jure qu'il ne m'a pas abandonné.

— Messire Raimond, mon frère, je suis engagé dans une affaire difficile contre les sarrasins. Je dois y consacrer toutes mes forces. Les Maures m'ont infligé des revers, mais je vais lancer contre eux l'attaque dans laquelle se jouera le destin de mon royaume.

141

Enfant chéri d'Innocent III, il porte les espoirs de l'Église dans la guerre de reconquête. Pour gagner la bataille au sud, il a choisi de faire la paix au nord, où il déploie une active politique matrimoniale. Il a épousé Marie de Montpellier. Il m'a accordé la main de sa sœur, il promet à Simon de Montfort le mariage de leurs enfants. Par les femmes, il étend son influence, au-delà des Pyrénées, au détriment du roi de France. Pierre II, à peine âgé de trente ans, ambitionne d'être un grand souverain. Peut-être rêve-t-il secrètement d'être un jour le plus grand roi de l'Occident chrétien.

Pendant que nous parlons, une matrone aux grosses joues rougies par le froid entre dans la salle en tenant par la main le petit Jacques d'Aragon, qui tend les bras vers son père. L'enfant, âgé de trois ans, va donc être confié à Montfort afin qu'il l'élève avant le mariage promis avec sa fille Amicie.

En le voyant, je songe aux circonstances divertissantes de sa conception. C'était ici même, dans ce château, il y a quatre ans. Pierre négligeait Marie, qu'il n'avait épousée que par intérêt, afin de rattacher Montpellier au royaume d'Aragon et de prendre pied au nord des Pyrénées. Après trois ans de mariage, aucun héritier n'était venu confirmer par sa naissance la réalité de leur union. Pierre s'intéressait trop aux femmes pour prêter attention à la sienne. C'était devenu chez lui un travers de caractère. Le roi d'Aragon se prêtait à toutes celles qui s'offraient, sauf à Marie. Déjà nommée par la cour et par la rue la « reine sainte », Marie ne recherchait pas le plaisir mais l'ensemencement, dans le guet-apens qu'elle lui tendit.

Nul n'ignorait que Pierre désirait ardemment posséder une jeune et noble dame qui séjournait dans la ville. Et les regards lancés au roi par cette belle brune étaient autant d'appels et de promesses. La conquête étant imminente, Pierre laissait au hasard le soin de nouer les circonstances de la rencontre. Marie vit dans cette opportunité une occasion providentielle.

Un soir de juin 1207, un serviteur apporte un message à Pierre. À peine l'a-t-il lu que le sang vient battre ses tempes et que le trouble noue son ventre. La lettre lui dit que la belle l'attend, nue, dans une chambre obscure. Elle le supplie d'accourir sans bruit et sans lumière. Pierre, laissant ses interlocuteurs bouche bée, se lève précipitamment. Refusant d'être accompagné par les porteurs de torche, il se dirige à tâtons vers la chambre où il entre sans bruit. Dans la pénombre, il trouve enfin l'objet de son désir, dont il s'empare aussitôt. Croyant posséder l'amante, il engrosse sa femme.

Neuf mois plus tard, Marie d'Aragon mettait au monde le petit Jacques, que son père va aujourd'hui confier à Simon de Montfort.

Nous devons partir vers le palais épiscopal, entendre ce que Foulques et les légats ont à nous dire. Le roi ajuste son bonnet de cuir décoré de pierres précieuses. Je boucle mon manteau doublé de peau de renard et nous montons en selle.

En chemin, Pierre s'efforce de me rassurer.

— Je suis votre allié, alors que Montfort n'est que

mon vassal. Je suis votre beau-frère et nous devrions encore renforcer ce lien.

Mon fils, Raimond le Jeune, a déjà quatorze ans. Sa fiancée, Sancie d'Aragon, la jeune sœur du roi et de ma femme Éléonore, est sur le point de sortir de l'enfance. Nous nous promettons de les marier dans l'année.

Hugues d'Alfaro et Raimond de Rabastens se joignent à nous. Dans une lumière blafarde, le long des rues désertes, sur un sol glissant, nous cheminons vers les légats. Leurs convocations incessantes nous lassent. Obligés d'y déférer, sous peine des foudres pontificales, nous entendons toujours les mêmes injonctions : persécuter les hérétiques, écarter les juifs, renvoyer nos soldats, renoncer à percevoir nos ressources.

— Cette fois encore, nous devons filer entre leurs doigts. Je n'accepterai pas leur décret, mais je ne le refuserai pas. Je ne l'appliquerai pas. Voilà tout !

L'homme d'Église n'est pas inquiet :

— Nos adversaires ont réussi à bloquer la procédure fixée par le pape en refusant de vous entendre au concile de Saint-Gilles. Mais ils n'ont toujours pas le pouvoir de vous condamner et de vous exposer en proie. Innocent III ne leur a pas donné ce droit. Messire, vous n'avez rien à craindre de plus que les admonestations habituelles, assure Raimond de Rabastens.

Malgré la neige et le froid, une petite foule est réunie dans la cour du palais de l'évêque. Planté droit sur le perron, Arnaud Amaury nous fait signe d'avancer vers lui. Quand nous arrivons au pied de l'escalier de pierre, il nous arrête d'un geste. Dépliant

144

son bras, il tend un rouleau de parchemin qu'il pointe vers ma poitrine, comme s'il me tenait au bout de son glaive. Sans un mot, il met le rouleau dans la main d'un clerc qui descend précautionneusement les quelques marches tapissées de neige. Je demande à Raimond de Rabastens de lire l'arrêt du légat. Je ne veux souiller ni mes yeux ni ma bouche. Raimond tousse pour éclaircir sa voix, tout en parcourant le texte d'un regard rapide où je vois poindre une expression d'incrédulité, puis une lueur d'épouvante.

Je redoute le pire. Les murmures ont cessé. Raimond de Rabastens, d'une voix rauque mais audible, donne lecture de la proclamation. La charte commence par les objurgations traditionnelles auxquelles je m'attendais.

> *Le comte et ses vassaux doivent, pour plaire à Dieu,*
> *Vivre en paix, renvoyer les routiers qu'ils protègent,*
> *Rendre aux moines leurs droits, leur donner de bon cœur*
> *Tout domaine, tout bien qu'il leur plaira d'avoir,*
> *Cesser de protéger la sale engeance juive,*
> *Et les mauvais croyants. Ceux-là, jusqu'au dernier,*
> *Devront être livrés au clergé catholique,*
> *Dont la loi désormais prévaudra sur toute autre.*

L'acte des légats dresse ensuite la liste de nos pénitences :

> *Le comte de Toulouse et ses gens feront maigre*
> *Six jours pleins par semaine. Outre : ils s'habilleront*
> *De manteaux et chemises en drap rugueux et brun.*

Notre féodalité doit être anéantie :

Remparts, donjons, châteaux seront démantelés.
Défense aux chevaliers de séjourner en ville.
Ils vivront aux villages, en humbles paysans.
Plus de droit de péage : au comte et ses vassaux
Interdit d'empocher le sou du voyageur.
Par contre, chaque année, les nobles verseront
Quatre deniers toulzas aux clercs juges de paix
Désignés par l'Église. Outre : plus d'usuriers,
Tout intérêt perçu sera restitué.

Nous sommes exposés en proie à un prédateur déjà désigné.

Si Montfort et les siens jugent bon d'occuper
Quelque fief toulousain, ils en auront le droit
Pour peu qu'ils ne commettent aucun excès blâmable.
Le seul maître pour tous sera le roi de France.

Pour finir, je suis banni.

Ordre est enfin donné au comte de Toulouse
D'aller en Terre sainte, il y demeurera
Tant qu'il plaira aux clercs et aux prélats de Rome,
Il y devra servir dans l'ordre de Saint-Jean.
S'il se soumet en tout, on lui rendra ses biens.
Sinon, malheur sur lui : il sera dépouillé
Jusqu'à l'os, comme un serf.

À la fin de la lecture, Raimond de Rabastens se tait dans un silence que je romps en éclatant violemment de rire.

— Sire roi ! Avez-vous entendu ce que l'on me demande ?

146

— Une telle chose n'est pas possible ! s'écrie Pierre.

Comment concevoir si grande insulte à la justice ? Arnaud Amaury ne tient aucun compte des instructions du pape. Il ne cherche même plus à les contourner, il les ignore. S'arrogeant le pouvoir de me condamner, il édicte une sentence d'une sévérité révoltante.

Trencavel mort et ses terres conquises, il fallait une nouvelle proie. Sans en référer au pape, Arnaud Amaury vient de donner à Simon de Montfort la permission d'entrer en guerre contre moi. La tête basse, sous son bonnet de cuir gorgé de neige fondue, le roi d'Aragon devine déjà l'échec de sa politique de compromis. Entre Montfort et moi la guerre est désormais inévitable. Ce jour-là, Pierre devra choisir son camp.

— Par Dieu, tout cela devra être revu ! lance-t-il, cherchant à rattraper Arnaud Amaury, qui a déjà tourné les talons pour s'enfermer dans le palais épiscopal.

De colère, je ne salue personne en partant. En un geste violent, je fauche de mon bras le vent glacé. Je ressens soudain, au creux de mon poing serré, un désir d'épée brandie. Cette main n'aimait qu'à s'ouvrir pour la caresse d'un visage, d'un sein ou d'une chevelure. Aujourd'hui, elle veut se refermer pour saisir le fer.

Toulouse, printemps 1211

Je convoque mes vassaux pour leur faire connaître la charte infâme d'Arnaud Amaury. Apprenant ce que l'Église prétend leur infliger, ils se révoltent avant même la fin de la lecture de l'acte.

— Plutôt crever !

— Nous ne sommes pas des esclaves !

Certains jurent de m'accompagner si je décide de partir en exil.

— Nous ne partirons pas, protestent les autres, nous nous battrons !

Je fais copier plusieurs exemplaires du document que l'on porte aussitôt au comte de Foix, au comte de Comminges, au vicomte de Béarn, à Savary de Mauléon, le sénéchal de Jean Sans Terre. Tous mes vassaux et tous mes alliés se mettent en route vers Toulouse à la tête de leurs troupes.

Carcassonne, printemps 1211

La croisade voit affluer les renforts avec le retour du printemps. Bannières au vent, les seigneurs du Nord chevauchent escortés de leurs chevaliers. Juhel de Mayenne et Enguerrand de Coucy arrivent les premiers, bientôt suivis par Pierre de Nemours, l'évêque de Paris. Il est accompagné de son frère Guillaume, chantre de Notre-Dame l'hiver, ingénieur de la croisade à la belle saison. Quelques jours plus tard, Pierre et Robert de Courtenay rejoignent à leur tour Carcassonne, dont ils avaient obtenu la reddition il y a près de deux ans, pendant l'été 1209. Ont-ils une pensée pour leur cousin Trencavel, qui eut le tort de leur faire confiance avant d'être jeté dans le cachot où il devait mourir ?

Chaque arrivée est joyeusement fêtée. Certains seigneurs entament en ce printemps 1211 leur troisième campagne militaire dans notre pays. Ils retrouvent leurs compagnons d'armes dans des effusions de joie, abondamment arrosées de vin des Corbières.

Dans les montagnes des environs, les seigneurs faidits qui résistaient encore à Simon de Montfort sont découragés par cette impressionnante concentration de forces. La légitimité accordée à l'usurpateur par Pierre d'Aragon a ruiné leurs espoirs. Ils ne croient plus à la constitution d'une grande coalition pour expulser l'envahisseur. Pierre, qu'ils considéraient comme leur protecteur et leur allié, a confié son fils en gage à leur ennemi.

Trahis, ils abandonnent leurs refuges pour déposer leur épée aux pieds du chef croisé. Pierre Mir et Pierre de Saint-Michel se soumettent, Pierre Roger de Cabaret livre sa forteresse.

Avant de déposer les armes, le seigneur faidit a cependant voulu sauver les hérétiques qu'il abritait depuis le début de la croisade. Ils doivent une nouvelle fois prendre la fuite. Après la chute de Minerve et de Termes, la reddition de Cabaret les prive d'un de leurs derniers refuges.

Escortés par une centaine de chevaliers qui refusent de se rendre, Croyants et Bons Hommes marchent vers Lavaur. Ils savent que le seigneur de la ville, Guillaume Pierre, les accueillera fraternellement.

La croisade quitte aussitôt Carcassonne sur les traces des hérétiques et des chevaliers faidits.

Les deux massacres
de Lavaur

Lavaur, printemps 1211

Entre le lit de l'Agout et le ravin de Narivel, la ville est protégée par d'imposants remparts de brique. Le chemin de ronde est assez large pour que les guetteurs y circulent à cheval. Le périmètre de l'enceinte est si vaste que l'armée ne parvient pas à l'encercler.

Les premières chroniques, écrites sous les tentes de la croisade, révèlent la perplexité des chefs croisés. *« Les nôtres mirent le siège d'un côté seulement car leurs effectifs ne leur permettaient pas d'assiéger de toutes parts. Il y avait dans la cité une foule innombrable d'hommes fort bien armés. Les assiégés étaient plus nombreux que les assiégeants. »*

À la différence de Minerve ou de Termes, Lavaur n'est ni un bourg fortifié ni une citadelle des cimes. C'est une grande ville, solidement défendue par une population nombreuse et de puissantes machines de jet prêtes à se mettre en action.

La fièvre s'est emparée de Toulouse. La guerre est toujours sur les anciens territoires de Trencavel, mais elle est proche de notre ville. Lavaur est à moins de deux journées de marche vers l'est. Exaltés par les prêches de Foulques, les hommes de la Confrérie blanche décident d'aller participer au siège dans les rangs de la croisade.

Informé de leur projet, je quitte précipitamment le château Narbonnais pour aller en ville tenter de les dissuader.

Étendards au vent, les cavaliers s'apprêtent à franchir la porte Saint-Étienne, lorsque je surgis, les bras écartés, pour me mettre en travers de leur chemin.

— Il faudra me passer sur le corps !

La petite troupe s'arrête, interloquée. Passé le premier moment de stupeur, les hommes tournent bride et repartent au trot vers une autre sortie pour aller à Lavaur se mettre sous les ordres de Simon de Montfort. Blessé par l'insolence des miliciens de Foulques, je rejoins les capitouls dans la tour Charlemagne. D'un commun accord, nous décidons d'interdire toute vente de denrées ou de matériel aux fournisseurs de la croisade.

— C'est une décision juste mais purement symbolique. L'armée a déjà constitué ses réserves, nous fait observer Bernard Bonhomme.

— Pour faire contrepoids à la Confrérie blanche, nous devons envoyer des renforts au secours de la ville, préconise Raimond de Ricaud.

Il me demande l'autorisation d'aller rejoindre le

mari de sa fille, Guillaume de Sais, qui fait partie des défenseurs de Lavaur.

Hugues d'Alfaro nous presse de décider :

— Il faut faire vite. Tant que le siège n'est pas refermé, nous pouvons encore faire passer des hommes, mais dans quelques jours, il sera trop tard. Plus d'un millier de soldats sont en chemin. Ils viennent de Carcassonne. Quand ils seront à Lavaur, la ville sera coupée du reste du monde.

— Attaquons ces chiens !

C'est la voix rocailleuse du Comte roux. Raimond Roger de Foix entre dans la salle, accompagné de son fils. Roger Bernard est aussi belliqueux que son père. Hier, je supportais difficilement leur violence. Aujourd'hui, elle me réconforte.

Nous arrêtons un plan que nous mettons immédiatement à exécution. Le comte de Foix et Guiraud de Pépieux vont tendre une embuscade dans les collines, entre Carcassonne et Lavaur. Ils attaqueront par surprise les renforts qui cheminent sous les ordres de Nicolas de Bazoches pour rejoindre la croisade. Au même moment, Raimond de Ricaud et une troupe de cavaliers toulousains tenteront de passer entre les positions des assiégeants pour entrer dans Lavaur et renforcer la garnison. À l'appui de ces manœuvres, je ferai diversion en allant rencontrer Montfort près de son camp. Pour ne pas risquer de tomber dans un piège, il viendra sous bonne escorte. L'infiltration de Raimond de Ricaud et le guet-apens du Comte roux en seront facilités. Le désagrément d'une nouvelle entrevue avec Simon de Montfort est pour moi compensé par le plaisir de le duper.

Tout se déroule comme nous l'avions prévu. Les chefs de la croisade et leurs principaux chevaliers, puissamment accompagnés, viennent à ma rencontre. Raimond de Ricaud et la troupe qu'il conduit en profitent pour entrer dans Lavaur, pendant que Raimond Roger de Foix et ses hommes prennent secrètement position sur les flancs d'une colline boisée, guettant l'arrivée des renforts.

Sous sa grande tente dressée pour notre entrevue, Simon de Montfort se montre plus arrogant que jamais. Apprenant que mon sénéchal et les hommes qu'il conduisait sont parvenus à passer les lignes et à rejoindre Lavaur, il m'accuse de fourberie. Pierre de Courtenay s'efforce d'apaiser son chef et me supplie de me soumettre aux volontés de l'Église. Je l'écoute patiemment. Mon silence attentif l'encourage à poursuivre son sermon. Plus il parle, plus le temps passe et plus grandes sont les chances de réussite de l'embuscade tendue dans le sous-bois de Montgey, à quelques lieues d'ici, sous les ordres du comte de Foix.

Après en avoir appelé à ma sagesse, Pierre de Courtenay invoque nos liens familiaux pour m'inspirer confiance. Je ne contiens plus mon amertume.

— Messire, la dernière fois que je vous ai entendu tenir ce langage, c'était à Carcassonne, il y a deux ans, devant les remparts de la ville. Vous aviez convaincu mon neveu, votre cousin, Raimond Roger Trencavel. Il est mort de vous avoir cru.

— Il était vaincu ! hurle Simon de Montfort.

Des cris d'appel aux armes interrompent la réunion. Les sergents relèvent les pans de toile de la tente : un jeune homme ensanglanté gît dans l'herbe de la clairière. C'est un chevalier de l'armée de renfort. À bout de forces, il raconte le massacre auquel il a échappé. Tous ses compagnons sont morts. Ils ont été attaqués par surprise à Montgey, là où Raimond Roger de Foix avait tendu son guet-apens.

Montfort crie ses ordres. Les chevaliers croisés montent en selle. Les Toulousains m'aident à enfourcher mon cheval et se regroupent autour de moi pour prévenir toute tentative hostile.

Dans les yeux de Simon de Montfort, la fureur a fait place à la stupeur. Je lis dans son regard l'étonnement de découvrir que j'ai décidé de me battre. Il enfonce son heaume et s'élance vers Montgey. Je repars vers Toulouse en sachant que, désormais, nous ne nous reverrons que les armes à la main.

Dès le lendemain, nous sommes en possession des premiers témoignages rapportés aux chroniqueurs dont les textes sont copiés par quelques clercs que je soudoie. À leur lecture, je mesure l'ampleur de la première grande défaite infligée à l'armée du Nord. Les plumes qui ont chanté les massacres commis par les Croisés s'indignent aujourd'hui du sang versé.

Ô cruelle trahison, ô rage des impies, ô bienheureuse assemblée de victimes, ô mort des saints, précieuse aux yeux du Seigneur.

Ces artisans de trahison, le comte de Foix, Roger Bernard, son fils et Guiraud de Pépieux, accompagnés de plusieurs hommes du comte de Toulouse, se mirent au guet avec d'innombrables routiers à Montgey.

Quand ils virent s'approcher les Croisés qui se dirigeaient de Carcassonne vers Lavaur, ils profitèrent de ce que les nôtres étaient sans arme et ne soupçonnaient pas une telle trahison pour se jeter sur eux, les massacrer en grand nombre et emporter l'argent de leurs victimes à Toulouse, où se fit le partage du butin.

Les poètes chantent la bataille.

Tant de flanc que de face, ils déboulent, ils attaquent.
Allemands et Frisons s'arc-boutent, se défendent,
Résistent bravement dans un bosquet feuillu
Mais je ne peux cacher l'amère vérité :
Ils se font à la fin étriller d'importance
Les paysans du lieu, accourus, les achèvent
À coups de pieu, de faux, de bâton et de pierre.
Ces enfants de putain paieront le sang versé !

On raconte aussi comment Roger Bernard de Foix, le fils du Comte roux, a participé sauvagement à sa première bataille, sans faire de prisonniers : aucun ennemi, quel qu'il soit, n'a pu trouver grâce.

Un prêtre croisé chercha asile dans une église voisine, afin que, s'il mourait pour l'Église, il mourût aussi dans l'église. Cet horrible traître, Roger Bernard, fils du comte de Foix et héritier de la perversité paternelle, osa pénétrer dans l'église et, marchant sur lui :
— Qui es-tu ? demande-t-il.
— Je suis croisé et prêtre.
— Prouve-moi que tu es prêtre !
L'autre rabat son capuchon et lui montre sa tonsure. Le

cruel Roger Bernard, sans égard pour le caractère sacré, ni du lieu ni de la personne, leva la hache bien aiguisée qu'il tenait à la main et frappa de mort le prêtre au milieu de sa tonsure.

Avec soulagement, nous apprenons que Montfort et les siens sont arrivés trop tard.

Un rescapé parvient à rejoindre l'armée.
Les Français, fous de rage, écoutent son récit.
Dès que l'homme se tait, ils montent tous en selle.
Mais le comte de Foix ne s'est pas attardé.
Dès sa victoire acquise il a chevauché ferme.
Les chevaliers français arrivent donc trop tard.
Que faire ? Ils s'en retournent, ruminant leur fureur.
Quand on les voit au camp s'en revenir bredouilles
On s'en mange les poings. Le comte de Montfort,
Robert de Courtenay et le comte d'Auxerre
Avouent la rage au cœur : le gibier s'est enfui.
Mais Lavaur reste à prendre. Ils préparent l'assaut.

Et ils le livrent avec une puissance décuplée par la soif de vengeance. L'armée attaque le rempart sans relâche. Les religieux hurlent des cantiques qui stimulent l'ardeur des Croisés.

Chaque jour, la vague vient frapper le mur au même point faible. Il finit par céder, ouvrant une brèche béante dans laquelle s'engouffrent les assaillants qui vont commettre deux massacres.

Le premier sacrifice humain est religieux. Il est ordonné par Arnaud Amaury.

Quatre cents fils de pute, hérétiques fieffés,
Sont conduits au bûcher. Tous brûlent comme torches.

D'après les chroniques, les Croisés manifestent *« une joie extrême »* autour du brasier. Les ribauds étaient, dit-on, très exaltés lorsque les flammes dévoraient les vêtements des femmes, faisant apparaître un instant leur corps dénudé avant d'en consumer la chair.

La seconde tuerie est politique. Simon de Montfort ordonne la mise à mort de tous les chevaliers faidits. Ce sont des rebelles à son pouvoir légitimé par le pape et désormais reconnu par le roi d'Aragon. Leur fidélité aux Trencavel va leur coûter la vie.

Leur chef, Aymeri de Montréal, paiera le premier par pendaison. Mais Aymeri est un colosse et la poutre de la potence, hâtivement dressée, n'est pas suffisamment enfoncée dans le sol. L'instrument de supplice s'écroule sous le poids du supplicié.

— Assez de temps perdu ! À nous y prendre ainsi, nous n'en finirons jamais, s'écrie Simon de Montfort, tirant l'épée, aussitôt imité par les siens.

En un instant, tous les chevaliers faidits sont égorgés. Ils sont plus de quatre-vingts. Désormais la noblesse des territoires de Trencavel est morte ou soumise à Montfort.

L'horreur de ce jour ne sera complète qu'avec la lapidation de dame Guiraude. La sœur d'Aymeri de Montréal était la douce protectrice des Croyants et des Bons Hommes. D'ignobles chroniques avaient répandu d'abominables calomnies faisant d'elle une femme lubrique et incestueuse. Les ribauds et les soldats lui ont fait subir leurs plus bas instincts avant de la jeter au fond d'un puits et de l'ensevelir sous les pierres jusqu'à ce que cessent ses hurlements.

Les Toulousains pris à Lavaur sont traités comme des prisonniers de guerre. Je fais porter une forte rançon pour obtenir la libération de Raimond de Ricaud. Il revient à Toulouse désespéré par la mort des siens.

Les hommes de la Confrérie blanche rentrent aussi. Ils franchissent nos portes au pas lent de leurs chevaux. Plus d'étendard glorieux, plus de croix sur leurs vêtements, plus d'uniforme de miliciens. Sans un mot, ils se dispersent pour regagner leurs foyers. Il n'y a plus de Confrérie blanche.

Entrés dans Lavaur au chant du *Veni Creator*, ils en sont sortis en pleurant à chaudes larmes. Tous connaissaient plusieurs chevaliers parmi ceux qui furent égorgés sous leurs yeux. Les prières désespérées de leurs amis massacrés resteront à jamais dans leurs oreilles. Les chevaliers faidits étaient, pour la plupart, de fidèles chrétiens animés par l'amour de leur pays. Ils voulaient le défendre contre l'invasion et rester fidèles à leur serment prêté aux Trencavel. Or, dans le pré ensanglanté où gisaient les chevaliers au pied de leurs bourreaux, les hommes de la Confrérie blanche ont compris que l'étendard de Simon de Montfort n'était plus celui d'une croisade au service de la paix de Dieu, mais celui d'une guerre au profit des ambitions d'un conquérant. Dans ce qu'ils croyaient être un combat entre l'armée du

Christ et les hérétiques, ils avaient obéi à l'Église. Face à la volonté d'annexion qui anime désormais l'entreprise militaire ennemie, ils se rangent du côté de leur pays. Devant la menace, Toulouse retrouve son unité. Foulques m'ayant provoqué dans un de ses sermons, je le chasse de la ville. Il part rejoindre Montfort, suivi de son clergé emportant le saint Sacrement.

PARTIE III

La guerre

Toulouse assiégée

Dans les premières chaleurs de l'été, les Toulousains mettent la ville sur le pied de guerre. Les pacifiques tremblent, les belliqueux vibrent, mais tous se préparent à résister à l'assaut. Nous l'attendons d'un jour à l'autre.

Les charpentiers taillent les poutres qui seront assemblées pour construire les machines de jet, les forgerons martèlent le fer des armes, les maçons renforcent les merlons du rempart, les tisserands confectionnent les étendards, les négociants accumulent les réserves de vin et de vivres, les peaussiers découpent le cuir des harnais, les apothicaires mélangent les onguents et taillent les bandages.

Jamais je n'ai vu tant de monde dans nos rues. Les populations voisines, terrorisées par les dévastations et les cruautés de l'armée du Nord, accourent vers Toulouse pour se mettre à l'abri. Ceux qui le peuvent louent à prix d'or un hébergement inconfortable, les autres envahissent avec femmes, enfants et bétail les bâtiments et les cloîtres des congrégations religieuses qui ont quitté Toulouse avec Foulques.

Le château Narbonnais est transformé en camp retranché. Du matin au soir, des chevaliers s'y présentent et mettent leur épée au service de la ville. Mes hommes se sont serrés pour leur faire place dans la tour Gaillarde. La nuit, les routiers dorment dans la cour, roulés dans leurs couvertures autour d'un feu sur lequel chauffent d'énormes marmites de soupe aux haricots. Tous mes alliés pyrénéens sont à mes côtés : Raimond Roger de Foix et son fils Roger Bernard auréolés de gloire après leur victoire de Montgey, mon cousin Bernard de Comminges dont la sagesse s'accorde avec mon propre tempérament, Gaston de Béarn, enfin, qui vient se joindre à nous avec ses vassaux de Bigorre et ses routiers d'Aspe et d'Ossau. Nos discussions, dans la salle de la tour du Midi, sont souvent interrompues par des messagers porteurs de nouvelles alarmantes.

Après les massacres politiques et religieux accomplis à Lavaur, Montfort et son armée sont revenus à Montgey pour nourrir leur vindicte. Sur le champ de bataille, des centaines de corps gisaient toujours, sanglants et nus. Ils les ont mis en terre avant de brûler le village déserté par ses habitants. Après quoi, les dévastateurs se sont abattus sur tout ce qui résistait et se sont emparés de tout ce qui cédait. Rabastens, Montégut, Gaillac, Lagrave, dans la vallée du Tarn ; Laguepie, Saint-Antonin, Bruniquel, dans la vallée de l'Aveyron. Maintenant, ils marchent sur Toulouse.

Nous allons nous battre le dos au mur de notre

propre cité pour protéger nos femmes et nos enfants. Je prie Dieu pour que mon ardeur compense mon âge et que ma fureur supplée mon inexpérience militaire. L'ennemi m'a donné le désir de combattre en me défiant au-delà de ce que n'importe quel prince, aussi épris de paix soit-il, pourrait tolérer. Et Toulouse m'a donné la plus grande preuve d'amour qu'un homme puisse espérer.

Simon de Montfort et Arnaud Amaury ont en effet envoyé un message offrant aux Toulousains la paix en échange de leur comte. Il suffisait de me livrer pour que la ville soit épargnée : « *Livrez-nous le comte, ce fauteur d'hérésie, qui vous a causé tant de malheurs. Remettez-le entre les mains de l'armée du Christ afin qu'il soit jugé par la justice de l'Église, et il ne vous sera fait aucun mal. Les consuls capitouliers, les nobles, les marchands, les hommes d'armes seront ainsi épargnés. Tout le peuple de Toulouse, dont le sort est entre vos mains, célébrera votre sage décision.* »

Les capitouls n'ont pas voulu me renier. Avec mépris, ils ont renvoyé le messager.

— Dites à vos maîtres que nous ne trahissons pas nos serments. Celui qui nous lie à notre comte Raimond garantit nos libertés. Il les a toujours respectées et souvent étendues. Et vous, qu'avez-vous fait des consuls de Béziers, de ceux de Carcassonne ou de Lavaur ? Combien ont été brûlés, pendus ou transpercés ? Nombre d'entre eux étaient nos cousins, nos frères ou nos amis. Tous accomplissaient une noble fonction que vous avez bafouée.

Toulouse s'appartient. C'est donc librement qu'elle choisit de m'être fidèle pour demeurer libre, ainsi que le veut le serment que nous avons échangé.

— Ils seront sous nos remparts demain ou après-demain, prévoit Hugues d'Alfaro.

Dehors, tout autour des murailles, dans un martèlement incessant, des centaines d'hommes érigent des défenses qui doivent tenir nos adversaires à distance. À cent pas du rempart, ils enfoncent dans la terre des épieux, plantés à l'oblique, et dont les extrémités acérées et pointées vers l'extérieur transperceront les chevaux des ennemis. Ils fichent des planches, dressées verticalement et jointes les unes aux autres pour former une palissade à l'abri de laquelle nos troupes pourront se déplacer, manœuvrer et se regrouper à l'insu des assaillants.

— Il faut les empêcher d'atteindre nos murs. Le périmètre de notre enceinte est vaste mais sa hauteur est faible, explique Raimond de Ricaud, qui trompe son chagrin en dirigeant ce chantier.

— Vous avez raison, mais ce n'est pas suffisant. Si nous restons passifs, nous serons fatalement envahis, objecte Hugues d'Alfaro. Il faudra provoquer le combat aussi loin que possible des portes de la ville. Nous devrons sortir de nos lignes de défense. Songez à Carcassonne, à Béziers, à Minerve ou à Termes. Toutes ces places sont tombées parce que les assiégés étaient immobiles et réfugiés dans leurs forteresses. Vos pals et vos planches ne sont pas inutiles, mais si nous nous blottissons derrière ces protections illusoires, nous sommes perdus. Il faut les attaquer.

Je lui donne raison, sans aller cependant jusqu'à autoriser des expéditions lointaines et aventureuses.

— Nous les attaquerons lorsque nous les aurons en vue.

— Messire Raimond, vous les verrez demain.

Le feu se meurt dans la cheminée de la salle de la tour du Midi. La tiédeur de la saison nous dispense de le ranimer. Raimond Roger de Foix, Bernard de Comminges, Hugues d'Alfaro, Raimond de Ricaud et mon fils Bertrand se retirent pour aller dormir.

Je gravis les quelques marches de l'escalier de bois pour rejoindre Éléonore. Je sais que, l'oreille collée au plancher, elle a écouté toutes nos discussions. J'abrège ses commentaires pour me serrer contre elle et recevoir les caresses qui m'aident à m'extraire des tourments de cette veillée d'armes.

Le martèlement qui depuis quinze jours nous réveille dès l'aube a redoublé d'intensité ce matin. J'écarte les tentures qui calfeutrent l'ouverture de la fenêtre et nous protègent de la fraîcheur de la nuit. L'air matinal est délicieux. Du haut de la tour du Midi le regard porte loin vers le sud. À l'horizon, les sommets des Pyrénées se découpent sur un ciel lumineux. Le seul nuage est celui que l'on discerne au loin dans la plaine, sur la route qui vient de Carcassonne. C'est le panache de poussière soulevé par une immense armée en marche.

Après deux années de guerre, voici venu le jour de mon premier combat. J'avais cru pouvoir ne jamais le vivre. J'avais espéré que mon territoire serait respecté grâce à des habiletés qui n'auront servi qu'à gagner du temps, ou à en perdre, si l'on en croit ceux qui critiquent ma prudence et ma politique pacifique. Quoi qu'il en soit, Simon de Montfort ne nous laisse plus le choix. C'est la guerre.

De lugubres appels mugissent soudain. Les trompes des guetteurs postés sur les remparts donnent l'alerte. Un instant plus tard, l'air vibre du son métallique des cloches sonnant le tocsin.

Je dois me vêtir de fer. Plutôt que l'aide d'un écuyer, je préfère celle d'Éléonore qui, avec des gestes tendres, protège mon corps pour le combat. L'armure de mailles est lourde sur mes épaules, le haubert pèse sur ma tête. Éléonore m'aide à boucler les sangles de cuir des pièces qui protégeront mes genoux, mes coudes et mes épaules. J'ajuste enfin une épaisse tunique matelassée dont la laine rouge est ornée de la croix de Toulouse.

Les planches de l'escalier gémissent sous mon poids. Dans la cour du château Narbonnais, les hommes ont les armes à la main. Les routiers effilent la pointe de leurs épieux ou le tranchant de leurs lames. Les écuyers, l'épée à la main, échauffent les muscles de leurs épaules et de leurs bras qu'ils font lentement tournoyer, simulant le geste du combat. Les chevaliers fixent leur heaume. Les visages familiers disparaissent sous les coiffes de métal. À peine aperçoit-on leurs yeux à travers les fentes.

La mainade qui va m'escorter est prête à sortir du château. On me hisse sur un puissant destrier que je n'ai jamais chevauché.

168

— C'est une monture aguerrie, m'explique Hugues d'Alfaro. Il ne prendra pas peur dans le vacarme de la bataille. Fiez-vous à lui, à moi et aux hommes qui vont vous entourer pour vous protéger.

Mon chef de guerre rayonne de joie. Après avoir piaffé pendant deux ans, il va pouvoir aujourd'hui laisser libre cours à sa passion et faire preuve du courage dont son cœur déborde.

Par les portes de la ville ouvertes à deux battants, à pied ou à cheval, les combattants sortent dans une bousculade qui entrechoque les armes et mêle les étendards. Sous les ordres de mon fils Bertrand, la première ligne se forme devant les palissades de la lice. Ils avancent déjà, suivis des cavaliers de la seconde vague d'assaut. Les pièces d'armure, les écus et les heaumes scintillent. La terre résonne sous les sabots des centaines de chevaux qui partent au trot vers la vallée de l'Hers. C'est sur cette rivière, qui coule à l'est de Toulouse, que nous avons décidé d'attaquer l'armée de Montfort.

Au-dessus de nous, sur le chemin de ronde, des milliers de femmes nous crient leurs encouragements. Le visage entre leurs mains, les plus vieilles prient, les plus jeunes pleurent. Certaines chantent des vers à notre gloire. Pour saluer un fils, un père, un frère, un mari ou un homme aimé, elles agitent leurs longues écharpes qui flottent légèrement dans la brise, déployant sur la crête du rempart de brique les couleurs douces de ces étendards d'amour. À la fenêtre du château Narbonnais, Éléonore me regarde, tordant entre ses mains la tresse de sa belle chevelure brune dans laquelle j'ai enfoui mon visage cette nuit.

Au milieu d'une nuée de routiers navarrais et aragonais, protégés par des groupes d'arbalétriers, notre troupe se déploie et s'avance à son tour. Tenant fermement le harnais de la main gauche, je saisis de la main droite la poignée de l'épée que je tire pour parer à toute attaque.

Sous le heaume, ma vision se limite à ce que les deux fentes horizontales offrent à mon regard. Je ne vois plus ceux qui chevauchent à mes côtés. Je n'aperçois que le dos de ceux qui, devant moi, mettent leurs chevaux au galop. Je force l'allure. À travers ces minces ouvertures, je ne reconnais plus mon paysage familier. La terre tremble maintenant sous les cavalcades. Les cris des hommes, les hennissements des chevaux, les hurlements de douleur, les fers qui se heurtent, les ordres des sergents, le sifflement des flèches : tout ce qui résonne à mes oreilles me dit que je suis au cœur de la bataille. Pourtant, je ne vois toujours pas l'ennemi. La croupe du cheval qui devance le mien se soulève régulièrement au rythme de sa course. Parfois, j'entrevois un homme à terre, les bras en croix ou les mains crispées sur une blessure. Ceux qui en ont encore la force roulent sur eux-mêmes, pour éviter d'être piétinés par les sabots de nos montures emballées. Tout est si fugitif que je ne distingue pas les nôtres des leurs parmi les victimes qui jonchent l'herbe de la plaine. Sans comprendre ce qui se passe autour de moi, je me contente de suivre les cavaliers qui m'ouvrent le chemin. Je devine la présence de ceux qui chevauchent sur mes flancs. Nous tournons et retournons en tous sens. J'ai perdu l'orientation. La sueur qui transpire de mon front me pique les yeux. Je ne suis blessé que par les étriers de mon cheval de guerre, les pièces d'armure qui protègent mes articulations et la base du heaume qui pèse sur mes épaules. Pas une flèche, pas un coup d'épée, pas une pointe de lance ne m'a encore atteint. Soudain, à travers la fente de mon capuchon de fer, je vois la couleur des briques de nos remparts.

C'est au galop que nous entrons dans la cour du château Narbonnais. Comme je le craignais, ma participation a été totalement inutile. Pendant que les écuyers me désarment, je tente de comprendre, à travers ce que j'entends, quelle est l'issue de la bataille. À en croire les cris de joie, nous aurions gagné.

En apprenant que Montfort a réussi à franchir la rivière sur laquelle nous devions l'arrêter et que mon fils Bertrand est entre les mains de l'ennemi, je comprends que notre sort est incertain. Grâce à Dieu, nous avons fait des prisonniers. J'ordonne aussitôt qu'on les protège de la vindicte du peuple toulousain qui les réclame. Le soir même, ils sont échangés contre Bertrand et plusieurs des nôtres. Mon fils et ses compagnons rentrent chez nous dépouillés de leurs armes, de leur heaume, de leur haubert et de leur cotte de mailles. Montfort, qui a exigé mille sous pour leur libération, les a renvoyés de son camp à demi nus.

Pour célébrer l'épilogue de cette première bataille, j'ai réuni mes enfants. Raimond le Jeune, mon héritier, ne se lasse pas d'entendre Bertrand, son demi-frère aîné, raconter la charge des cinq cents chevaliers toulousains.

Ma fille naturelle, Guillemette, dans un geste qui lui est familier, tire machinalement sur une mèche de ses cheveux clairs, la tête posée sur l'épaule de son mari, Hugues d'Alfaro.

Mon chef de guerre est sombre.

— Montfort a compris que nous allions nous battre. Nous avons tué deux cents hommes, mais hélas nous en avons perdu autant. L'ennemi a pu trouver un passage peu profond pour franchir l'Hers et son armée campe maintenant face à nos remparts. Messire Raimond, nous sommes assiégés.

Pendant que nous partageons un saumon de la Garonne, nous entendons soudain des clameurs gutturales. Ce sont des chants nordiques que braillent devant nos murs les Allemands, les Flamands, et les Frisons de l'armée ennemie.

— Fils de putains ! vocifèrent à leur tour les guetteurs toulousains.

Assemblés sur le chemin de ronde, ils décochent quelques flèches enflammées qui n'atteignent pas le camp adverse. Elles finissent leur lumineuse course fichées dans la terre. Comme des torches plantées çà et là, elles brûlent dans la nuit étoilée de juin.

Bertrand, qui a passé plusieurs heures aux mains des chefs ennemis, a observé quelques indices et entendu des bribes de conversations qui allument en moi une lueur d'espoir.

— Ils manquent de nourriture. Après la bataille,

alors que les hommes achetaient leur pain, l'un d'eux s'est écrié : "C'est plus cher que les ortolans !" Je ne les ai vus manger que des fèves et des fruits.

— Dieu les punit de leurs cruautés !

Depuis plusieurs jours, ils ont détruit les récoltes, massacré le bétail et tué les paysans. Sur leur passage, ce ne sont que cendres et charognes. Les convois de ravitaillement envoyés par Carcassonne sont attaqués et pillés en chemin par des gens armés de fourches et de faux.

Bertrand a également surpris une conversation entre quelques chevaliers français. Elle lui a révélé qu'un vif désaccord oppose les plus grands seigneurs à Simon de Montfort et Arnaud Amaury.

— Le comte de Bar et le comte de Chalon désapprouvent ouvertement l'attaque contre Toulouse. Ils proclament haut et fort tout le mal qu'ils pensent du légat. Leurs chevaliers m'ont dit qu'ils partiraient dès la fin de leur quarantaine, sans demeurer un jour de plus.

Je reprends confiance.

— Une armée mal nourrie et dont les chefs sont divisés n'est pas invincible. Toulouse regorge de vivres. Chaque jour, des bateaux viennent décharger leur cargaison sur les quais des ports de la Garonne. Laissons donc le temps faire son œuvre.

Comme d'habitude, Hugues d'Alfaro est d'un autre avis.

— Ne restons pas derrière nos murs, nous devons les harceler chaque jour, sans leur laisser le moindre répit.

— Mais sans prendre, non plus, des risques inconsidérés.

Âgé de plus de cinquante-cinq ans et conscient de l'inutilité de ma présence sur le champ de bataille où je n'ai donné ni reçu le moindre coup d'épée, j'observerai dorénavant les combats posté sur le chemin de ronde.

Le lendemain, le comte de Foix est à la tête de la première offensive lancée dès le lever du soleil. Les Français sont commandés par le comte de Bar et le comte de Chalon.

Depuis le sommet crénelé de la tour du Midi, je peux suivre le déroulement des attaques. En bas, derrière les grandes palissades de planches, nos cavaliers manœuvrent à l'abri des ennemis. Ils se regroupent et sortent brusquement de la lice pour charger. À dix minutes de marche, se déploient les toiles du camp de Simon de Montfort.

Autour de la ville, les prairies, les vergers, les petits hameaux de fragiles masures, tout est champ de batailles furieuses. Les engagements ne durent que quelques minutes mais ils sont d'une violence extrême. Les chocs des masses et des épées contre les écus résonnent au milieu du fracas des cavalcades. Les cris des hommes se mêlent aux hennissements des chevaux blessés. L'épée haute, les cavaliers s'affrontent. Des piétons, la lance brandie à deux mains, enfoncent le pennon entre les couvertures épaisses des destriers et percent la panse de l'animal. La poussière soulevée par les sabots des montures nous dissimule le combat dont on devine l'acharnement plus qu'on ne peut en suivre le déroulement. Lorsque la mêlée se défait et que retombe la poussière, des corps gisent en tous sens. Revêtus de leur casaque armoriée, ils forment autant de taches de couleur sur l'herbe verte. Certains bougent encore.

Déjà, d'autres échauffourées éclatent ici ou là dans la campagne environnante. De nouveaux groupes de chevaliers constitués en rangs serrés derrière la lice de planches s'élancent autour d'Hugues d'Alfaro. Dans leur chevauchée vers l'adversaire, ils croisent ceux qui rentrent pour ramener des blessés et refaire leurs forces avant le prochain assaut.

Les Français s'efforcent de convoyer des troncs d'arbre, des branchages, des madriers, et tout ce qu'ils ont pu arracher alentour, pour tenter de combler nos douves. Larges, généreusement alimentées par l'eau de la Garonne, elles courent au pied de notre rempart dont elles interdisent l'approche.

Le poids du chargement ralentit la marche des chariots exposés aux sorties fulgurantes de nos défenseurs qui fondent sur eux, bride abattue et torche brandie pour les incendier. Dix, puis bientôt vingt colonnes de fumée s'élèvent au-dessus des amas calcinés autour desquels les hommes se sont battus.

Posté au créneau à mes côtés, Raimond le Jeune vibre de tout son être. Son âme et son cœur sont dans la bataille. Seul son âge l'empêche d'y participer. Les combats ne cessent qu'au crépuscule, laissant plus de cent morts dans chaque camp.

La nuit est hantée par les cris des mourants laissés sur le champ. Chaque heure qui passe, leurs appels se font plus faibles. À l'aube, le silence est revenu.

Dès les premiers rayons, la plaine résonne à nouveau du fracas des armes et des cris de guerre. Il en sera ainsi chaque jour, durant toute la décade, jusqu'au 27 juin.

Ce jour-là, au mépris de mes ordres les plus formels, Hugues d'Alfaro et le comte de Foix jettent toutes nos forces sur l'ennemi. Ils veulent en finir grâce à une offensive de masse. Craignant un désastre, je leur avais rigoureusement interdit de le faire. Ils n'en ont tenu aucun compte.

Ce ne sont donc plus de petites compagnies de quelques dizaines de cavaliers qui sortent de la lice. C'est une véritable armée dont les quatre cents chevaux au galop se déploient pour charger le camp de l'armée du Nord. L'heure est bien choisie. Passé midi, les soldats de Simon de Montfort mangent ou somnolent à l'ombre des tentes pour reprendre des forces. Étant donné la chaleur insoutenable, la plupart ont défait leurs pièces d'armure et déposé cottes de mailles et hauberts.

Alertés par le grondement de la charge toulousaine, les soldats ennemis, dans un désordre général, se précipitent sur leurs épées. Nos cavaliers sont déjà dans le camp qu'ils dévastent, jetant des torches sur les tentes qui s'enflamment aussitôt. Des milliers d'hommes courent en tous sens pour tenter de se regrouper. Ils subissent de lourdes pertes. Eustache de Caux, l'un des plus grands seigneurs, est transpercé d'un coup de lance.

S'étant abattues avec la soudaineté et la violence d'une tempête, nos forces se retirent aussi vite qu'elles étaient venues, sur un ordre d'Hugues d'Alfaro, qui ne laisse pas à l'ennemi le temps de se ressaisir et de lancer une contre-attaque. Quelques instants plus tard, nos cavaliers franchissent les portes de Toulouse sous les ovations du peuple.

Le lendemain, dans une immense clameur de joie, la ville salue le départ de l'armée de Simon de Montfort. En regardant l'ennemi vaincu repartir vers Carcassonne, je serre sur mon cœur Hugues d'Alfaro, qui nous a sauvés en sachant négliger mes instructions. Je le félicite de ne pas m'avoir écouté. Guillemette rayonne en regardant avec tendresse son valeureux époux. Ma fille est à l'image de Toulouse aujour-
d'hui. Heureuse et fière.

Toute la soirée, la Cité et le Bourg retentissent des chants et des rires de la fête. Dans les rues et sur les places, le peuple tout entier fait éclater son allégresse dans la chaleur de cette nuit d'été.

Au château Narbonnais, nous buvons joyeusement. Les chevaliers racontent leurs exploits. Les seigneurs se congratulent. Passé minuit, je les laisse à leurs libations pour remonter dans ma chambre rejoindre Éléonore. Elle pleure.

— Messire Raimond, pardonnez-moi, mon cœur est plein de joie, mais mon esprit n'est pas en paix.

— Le mien non plus. Ce que tu penses, je le pense aussi : ils reviendront.

Et pour
quelques jambons...

Castelnaudary, septembre 1211

Pour épancher sa rage d'avoir été tenu en échec, Simon de Montfort dévaste d'immenses territoires, du sud au nord de notre pays. Tout l'été, nous recevons les récits détaillés de ses exactions. Mais son armée est à nouveau réduite à de faibles effectifs. Après le siège de Toulouse, les comtes de Chalon et de Bar sont repartis sous les huées de leurs compagnons.

— Ils ne sont plus qu'une poignée. Nous devons les attaquer avant l'arrivée des renforts, me répète chaque jour Raimond Roger de Foix.

Mes vassaux n'ont pas quitté Toulouse. La ville est toujours surpeuplée de réfugiés et de soldats. Nous pouvons lever des milliers d'hommes, alors que l'ennemi ne peut aligner plus de cent cavaliers. Je dois admettre que ma prudence, lors du siège de Toulouse, aurait pu nous coûter la victoire. Le

Comte roux et Hugues d'Alfaro ont eu raison d'opérer une sortie en masse.

— Nous agirons de la même manière mais sur une plus vaste échelle. Avec cinq cents cavaliers, nous avons balayé leur camp. Avec dix mille hommes, nous prendrons Carcassonne.

Ils finissent par me convaincre. Des courriers sont dépêchés dans toutes nos provinces. Bientôt des foules de combattants venus de toutes les montagnes et de toutes les villes du pays se rangent sous nos bannières.

Au début du mois de septembre, chevauchant aux côtés du comte de Comminges, du comte de Foix, du vicomte de Béarn, du sénéchal du roi d'Angleterre, je franchis les douves pour sortir de la ville. Une immense armée nous suit : chevaliers, sergents d'armes et arbalétriers ouvrent la marche. Derrière eux, un peuple innombrable armé de fourches, de couteaux et de haches avance en rangs serrés. Le cortège est suivi par des chariots de provisions sur lesquels sont juchés des femmes et des enfants. « Nous allons assiéger ce traître à Carcassonne et nous l'écorcherons comme un porc ! » crient les paysans, houspillant leurs mulets.

Les chefs français, mus par leur instinct guerrier, sont sortis de Carcassonne pour marcher sur nous. Enfermés dans les murs de la cité, ils auraient été piégés comme des rats. Leur cavalerie, dont la mobilité fait la force de Simon de Montfort, aurait été inutilisable. Ils choisissent donc de provoquer l'affrontement sur un champ de bataille ouvert, à Castelnaudary.

Saisi par l'inquiétude à la vue des bannières ennemies, je choisis une tactique immobile et défensive. Je donne l'ordre d'édifier sur la pente du coteau un vaste camp retranché. On érige des murs de planches, on creuse des fossés profonds, on plante des hérissons de pieux pointus, on bâtit les machines de jet. Une ville se dresse, construite en quelques heures par des milliers d'hommes.

Dans mon pavillon, plus vaste que la salle d'un château, le comte de Foix s'emporte :

— Nous étions partis assiéger Carcassonne et nous voilà à mi-chemin, blottis comme des lapins, derrière nos lices. Demain, j'attaque !

Le lendemain, nos éclaireurs nous annoncent l'arrivée prochaine d'une centaine de chevaliers et d'un convoi de ravitaillement venant de Lavaur pour porter secours à Simon de Montfort.

Aussitôt Raimond Roger de Foix, son fils et ses hommes sortent de notre camp et se déploient pour leur barrer la route de Castelnaudary. Le Comte roux, dressé sur ses étriers, harangue ses troupes.

— Ces maudits étrangers ne devraient pas peser plus lourd qu'une châtaigne en nos pognes ferrées. Tuons-les ! Que le bruit de nos armes épouvante l'Anjou, la France et la Bretagne ! Que leur mort serve enfin de leçon salutaire jusqu'en terre allemande !

Et voici soudain les renforts français. Ils sont beaucoup moins nombreux que les nôtres. À leur tête, Bouchard de Marly est accompagné de Martin Algai. Ce routier jouit d'une redoutable réputation de cruauté. Le guerrier observe le vol d'un grand faucon blanc qui plane de la gauche vers la droite, avant de se perdre au loin. C'est un présage pour Algai, qui se penche vers Bouchard de Marly.

— Messire, c'est bon augure. Le vol de cet oiseau nous promet la victoire. Mais la mort frappera durement dans nos rangs. Vous serez éprouvé avant d'être vainqueur.

— Je m'attends à souffrir mais crois-moi : ceux d'en face vont pleurer du sang noir !

Ils chargent aussitôt pour compenser la faiblesse de leurs effectifs par la rapidité de l'assaut. Au même moment, Simon de Montfort et la vingtaine de chevaliers qui campaient avec lui à Castelnaudary sortent au galop. Ils fondent sur les soldats du Comte roux, qu'ils prennent à revers. Les nôtres ont l'avantage du nombre mais, luttant sur deux fronts, ils ne savent contre qui tourner leurs épées. Le combat est sauvage.

Peu à peu, les nôtres prennent le dessus. Au cri de « Toulouse ! », la victoire est à portée de l'épée. L'ennemi est sur le point d'être englouti dans cette bataille où Montfort et ses principaux compagnons sont enfin à notre merci. Défendant leur peau comme des diables, ils sont englués au milieu des piétons du comte de Foix qui brandissent leurs lances. Nos hommes tombent sous les coups des cavaliers français qui les hachent du tranchant de leur épée, mais ils sont si nombreux que l'ennemi

181

va finir par succomber, assailli par la multitude des routiers coupant les jarrets ou perçant les flancs des montures.

Le cours de l'Histoire tient, hélas, à peu de chose. En la circonstance, quelques jambons, pâtés et barriques de vin vont ruiner nos chances. À cinq cents pas du lieu de la bataille, les chariots de ravitaillement ont été laissés sans escorte. Leurs chevaux au repos broutent paisiblement sans un regard pour leurs congénères caparaçonnés qui, un peu plus loin, s'affaissent, les tendons sectionnés, ou piétinent le ciel de leurs sabots, leur ventre ouvert libérant d'interminables boyaux puants. Une poignée de routiers navarrais sans scrupule abandonnent le combat pour aller s'emparer des provisions. Ils ne doutent pas de la victoire et veulent arrondir leur solde grâce à ce butin. Les premiers servis détalent dans la campagne, un jambon sous chaque bras. Leurs compagnons, saisis à leur tour par la convoitise et ne voulant pas perdre leur part, se précipitent comme une nuée de sauterelles sur les victuailles entassées. Ils laissent les cavaliers du Comte roux aux prises avec les soldats de Montfort.

Nous avons perdu l'avantage du nombre. En un instant, les nôtres sont décimés. La bataille est perdue. Les survivants s'enfuient au galop, pourchassés par les Français. Sur le coteau, les milliers de Toulousains massés devant les planches de la lice, après avoir crié de joie en voyant Simon de Montfort cerné par les lances de nos hommes, courent maintenant se réfugier derrière les palissades. Le comte de Foix et les rescapés arrivent ventre à terre, poursuivis par Simon de Montfort, Bouchard de Marly et les chevaliers français.

Dans le camp, la panique sévit. Savaric de Mauléon, juché sur une barrique, hurle ses ordres :

— Ne fuyez pas ! Ils vous attaqueront sur la route. Restez dans le camp !

Les gens courent en tous sens. Certains s'étalent de tout leur long, les pieds pris dans les cordes des tentes qui s'effondrent dans un désordre général.

Simon de Montfort et les siens caracolent au bord de notre fossé. Il veut nous massacrer.

— En avant, messeigneurs !

Son compagnon le retient.

— Nos chevaliers ont fait une belle besogne. Laissez-les retrouver des forces. Nous reviendrons demain bûcheronner avec ardeur ces mécréants.

Et ils s'en retournent tranquillement dépouiller les cadavres avant d'aller entendre la messe à Castelnaudary.

Le jour suivant, dès l'aube, nous abandonnons notre camp après avoir incendié les machines. Je rentre à Toulouse à la tête des miens. Les autres corps de l'armée partent vers leurs contrées respectives derrière leurs seigneurs, pleurant les amis perdus au combat. Nous versons aussi des larmes amères sur notre défaite. À cause de quelques jambons, tout notre pays mobilisé autour de sa noblesse et de sa chevalerie a été honteusement tenu en échec par moins de deux cents guerriers.

Les Français avaient un seul chef. Face à lui, nous n'avons jamais su faire notre unité. Raimond Roger de Foix, Bernard de Comminges, Gaston de Béarn, Savaric de Mauléon, Hugues d'Alfaro : chacun suivait sa stratégie ou son instinct, lançait des ordres contradictoires, entraînant ou retenant les siens sans tenir compte de ce qu'entreprenaient les autres. Quant à moi, je suis resté immobile, à la tête d'une armée inerte.

Composée d'une foule indisciplinée et inexpérimentée, elle était encombrée de femmes et d'enfants. Les hommes en âge de se battre ont suivi de loin les péripéties du combat, en spectateurs d'une gigantesque joute, attendant la victoire pour courir détrousser les cadavres. Jamais ils ne se sont aventurés pour prêter main-forte aux combattants. Quand il aurait fallu jeter toutes nos forces dans la mêlée, ils se sont réfugiés à l'abri de nos murs de planches.

Mais, quoi qu'il en soit, cet échec est mon fait. L'arrière-petit-fils de Raimond de Saint-Gilles est non seulement un piètre combattant mais un chef de guerre calamiteux. J'en ai honte.

Notre lamentable défaite n'a cependant pas été totale. Nous avons réussi à faire croire, partout dans le pays, que nous avions gagné. Avant de lever le camp, nous avons lancé sur toutes les routes nos coursiers les plus rapides, munis de messages triomphaux. « Nous l'avons capturé », « nous l'avons écorché vif », « nous l'avons pendu ». Montfort a connu tous les supplices dans nos lettres envoyées vers le Quercy, l'Albigeois ou l'Agenais. Et on nous

184

a crus ! Comment aurait-on pu douter de la victoire de notre immense armée de plus de dix mille hommes face à deux cents chevaliers ennemis ?

Aussitôt les villes se révoltent et massacrent les petites garnisons qui les occupent. Pour Simon de Montfort et les siens, toute la conquête est à refaire. Mais il ne manque plus de forces pour reprendre l'offensive. Dans les semaines qui suivent notre désastre de Castelnaudary, les renforts affluent. Alain de Roucy puis Robert Mauvoisin le rejoignent avec plusieurs centaines de chevaliers. À la fête de Noël 1211, son propre frère, Guy de Montfort, débarque du bateau qui le ramène de Terre sainte. Il est accompagné de sa femme et de leur fils Philippe. La famille de l'envahisseur commence à prendre racine dans nos terres. Son fils Amaury a été fait chevalier à Carcassonne. C'est le légat lui-même qui lui a remis son épée en présence du prédicateur Dominique de Guzman. Entre deux chevauchées, le Centaure a trouvé le temps d'engrosser Alix, qui vient de mettre au monde une petite Pétronille. Née à Carcassonne, elle est la première descendante de Montfort à voir le jour dans notre pays. Son autre fille, Amicie, grandit aux côtés du jeune héritier d'Aragon. Jacques sera bientôt en âge de l'épouser. Ce jour-là, Montfort entrera dans la famille du roi Pierre II, mon beau-frère.

Indigènes

Pour la première fois depuis le début de la guerre, l'hiver n'interrompt pas les combats. L'archevêque de Rouen, l'évêque de Laon, Foucaud et Jean de Berzy, Enguerrand de Piquigny, Lambert de Thury, Pierre de Livron, le comte de Toul et les innombrables chevaliers qui les suivent viennent se ranger derrière la bannière au lion. Une foule de routiers sanguinaires marche avec eux, menée par Martin d'Olite, un guerrier de métier.

Simon de Montfort a reçu tant d'hommes qu'il peut constituer deux armées et guerroyer sans trêve. Il commande un corps et place l'autre sous les ordres de son frère Guy.

Pendant que l'un ravage le nord de mes États, l'autre dévaste le sud. Ils s'abattent sur les villes qui tombent entre leurs mains les unes après les autres : les Touelles, Saint-Marcel, Hautpoul, Cuq, Montlaur, Saint-Félix, Avignonet, Montferrand, Rabastens, Montaigut, Laguepie, Saint-Antonin Nobleval, Lavelanet, Moissac, Pamiers, Saverdun, Auterive, Muret,

186

Saint-Gaudens. Les vallées de la Garonne, de l'Ariège, de l'Aveyron, du Tarn, du Lot sont tour à tour victimes de leurs conquêtes. Le Quercy, l'Agenais, le Comminges, la Gascogne : chaque saison qui passe voit tomber une province.

Depuis l'expédition humiliante de Castelnaudary, nos forces sont éparpillées. Chaque ville ferme ses portes, priant le ciel de l'épargner. Aucune n'échappera à l'invasion, aux massacres et à l'asservissement. Quand une cité résiste, les deux Montfort, Simon et Guy, joignent leurs forces pour s'en emparer. Lorsqu'un siège se prolonge, l'exaspération des assaillants les conduit aux pires extrémités. Ils découpent en morceaux les prisonniers pour lancer, d'un jet de catapulte, leurs membres sanglants pardessus le rempart, afin de terroriser la population. Un dernier tir renvoie chez les siens la tête du supplicié afin que les assiégés sachent à qui appartenaient les mains et les pieds qui sont venus s'abattre sur eux. Appliquant la loi du talion, les nôtres vont aussitôt extraire de leurs cachots les prisonniers français pour leur faire subir le même sort.

Dans son château, le comte de Foix inflige à ceux dont il s'empare une pendaison par le sexe jusqu'à ce que mort s'ensuive par hémorragie. Il invite ses vassaux à venir assister aux tortures. Une folie meurtrière habite notre pays où les bûchers et les potences se dressent partout sur le passage de l'invasion.

Après avoir échoué sous les remparts de Toulouse, Montfort a changé de stratégie. Faute d'avoir pu prendre la ville de vive force pour dominer ensuite le pays, il s'empare de celui-ci pour parvenir

187

à soumettre Toulouse. Ses armées sont mobiles, rapides et offensives. Nos forces sont dispersées et statiques. Chacun défend sa famille, sa maison et sa cité. Plus personne ne porte secours à l'autre. L'ennemi peut aller et venir à sa guise. Il choisit le moment et le lieu de ses attaques. À la fin de l'année 1212, il tient tout, à l'exception de Toulouse et de Montauban.

Pamiers, décembre 1212

À l'approche de Noël, l'envahisseur réunit au pied des Pyrénées seigneurs et prélats pour promulguer devant eux la loi du vainqueur.

Les évêques couverts de soie brodée d'or, quelques nobles soumis drapés dans leur tunique de laine épaisse, de riches marchands vêtus de velours précieux et les compagnons de Montfort sous leur cotte de mailles ont pris place dans la salle capitulaire du château de Pamiers. Ils siègent groupés par ordres. Les gens de notre pays, petits seigneurs ou riches bourgeois qui ont accepté de prendre part à cette nouvelle usurpation, sont relégués au fond de la salle capitulaire. Ce sont des indigènes. Car, à compter de ce jour, notre peuple devient « indigène ». C'est par ce terme que sont désormais désignés les habitants de mon pays.

Campé sur ses jambes, le torse fier, la barbe épaisse, la voix puissante, Montfort lit la proclamation par laquelle il s'empare de nos terres.

— Nous, Simon, seigneur de Montfort, comte de

Leicester et, par la grâce de Dieu, vicomte de Béziers et de Carcassonne, seigneur d'Albi et du Razès, soucieux de faire régner en ce pays l'ordre et la paix à l'honneur de Dieu, de la sainte Église romaine et du roi de France, fixons sur notre terre les coutumes suivantes et ordonnons qu'elles soient par tous observées !

Toute usurpation est intolérable. Mais celle-ci est la plus odieuse qui soit, car elle s'accompagne d'un viol de tous nos principes de vie et de gouvernement. Ce n'est pas seulement le comte et les vassaux qui lui sont fidèles que l'on dépouille. Tout le peuple est asservi sous cette loi, inspirée de celle qui fut imposée par la croisade dans le royaume franc de Jérusalem en Terre sainte il y a plus d'un siècle.

Notre terre ne sera plus le pays des libertés. L'âme, l'esprit et le cœur y subiront le joug de l'envahisseur. Les hérétiques seront pourchassés, livrés au fer et au feu du châtiment que choisira l'Église. Les juifs seront interdits d'emplois publics ou de fonctions de justice. Désormais, la messe dominicale est obligatoire. Sera puni celui qui n'y sera point vu.

— Faisons obligation aux paroissiens d'aller à l'église les dimanches et jours de fête, et d'y entendre en entier la messe et le sermon. Si quelque maître ou maîtresse de maison ne va pas à l'église il paiera six deniers tournois, dont la moitié ira au seigneur de la ville, un quart au prêtre, et un quart à l'Église.

L'usurpateur fait payer par le peuple sa dette à l'égard du pape. Il rançonne chaque famille, jusqu'à la plus humble.

— Ordonnons que dans le pays conquis chaque maison habitée paye trois deniers melgoriens par an au seigneur pape et à la sainte Église romaine. La perception se fera entre le début du carême et Pâques.

Montfort organise son armée pour l'occupation des terres conquises et l'invasion d'autres territoires.

— Les barons de France et les chevaliers devront le service au comte quand et là où il y aura la guerre contre sa personne, que ce soit en rapport avec la terre conquise ou à conquérir.

Le métier des armes est interdit à la noblesse indigène. Les vassaux de l'usurpateur « seront tenus de servir le comte avec des chevaliers français. Ils ne pourront, de vingt ans, remplacer les chevaliers français par des chevaliers du pays ».

Les lois et les usages de nos familles sont abolis.

— Les successions se feront selon la coutume et l'usage de France autour de Paris, tant entre barons et chevaliers qu'entre bourgeois et paysans.

Ce ne sera plus le choix de l'homme, mais la loi de l'État qui déterminera les successions. Le père sur son lit de mort ne pourra plus répartir librement son patrimoine entre ses enfants. La totalité de l'héritage ira au fils aîné.

L'amour nous est interdit. Les fils et les filles de notre pays ne peuvent plus s'aimer, se marier et enfanter ensemble.

— Interdisons à toutes les dames nobles, veuves ou héritières, possédant forteresse ou château d'épouser d'ici à dix ans un indigène de cette terre.

Seule la semence des Français pourra fertiliser nos femmes :

— Elles pourront épouser des Français à leur gré.

Toutes les places fortes de nos contrées passeront

ainsi définitivement entre leurs mains et celles de leur descendance. A-t-on jamais vu si infâme loi de dépossession ?

Même le plaisir n'a plus droit de cité.

— Ordonnons que les prostituées soient mises hors les murs de toutes les villes.

Nous sommes privés de nos terres, de notre fierté, de nos traditions, des libertés de croire et d'aimer. La loi qui nous fut imposée par l'Empire romain, il y a mille ans, était plus respectueuse des usages et des mœurs de la province colonisée.

L'échiquier renversé

Avec l'invasion de notre pays, l'usurpation de nos titres et abolition de toutes nos libertés, l'année 1212 s'est achevée sur un arrêt de mort.

C'est sur une résurrection que s'ouvre l'an 1213. Toulouse est en fête. Entouré des seigneurs et des prélats de son royaume, Pierre d'Aragon est dans nos murs. Sur les places et dans les auberges, on se désaltère aux barriques de vin vermeil que j'ai fait porter dans tous les quartiers afin que chaque citoyen puisse réchauffer son cœur et célébrer la renaissance de nos espoirs.

Au château Narbonnais, un festin mémorable a été préparé en l'honneur du souverain, mon beau-frère, que je reçois avec tout le faste qu'exigent les circonstances. Une page de notre histoire est tournée aujourd'hui : j'abdique solennellement pour transmettre à mon fils, Raimond le Jeune, le pouvoir que j'exerçais depuis la mort de mon père, il y a dix-sept ans.

Debout, en homme libre, je tends la couronne comtale au roi d'Aragon. Mon fils s'avance alors vers lui. C'est à genoux que Raimond VII reçoit le symbole du pouvoir, déposé sur son front par les mains protectrices de notre nouveau suzerain.

D'une même voix, nous prêtons serment devant Pierre, le roi dont nous avons épousé les sœurs et sous la bannière duquel nous plaçons désormais la nôtre.

— Moi, Raimond, et moi Raimond son fils, de notre libre volonté et n'étant contraints ni par la force ni par la ruse, remettons en votre main et en votre pouvoir, seigneur Pierre, nos propres personnes ainsi que la Cité et le Bourg de Toulouse et la ville de Montauban et toute autre terre nous appartenant avec les chevaliers et les hommes qui y résident.

Éléonore et Sancie, serrées l'une contre l'autre, ne retiennent pas leurs larmes d'émotion en voyant leurs maris, le père et le fils, échanger avec leur frère, le roi Pierre, un serment de fidélité et de loyauté.

La grande noblesse d'Aragon et mes vassaux les plus fidèles sont les témoins de cet événement qui va changer le cours de notre histoire.

J'ai « renversé l'échiquier ». Cette façon d'agir me fut enseignée dans mon enfance. Un soir, ici même au château Narbonnais, j'ai vu mon père cerné de toutes parts dans une partie d'échecs mal engagée. Je souffrais de voir son visage assombri par l'effort qu'il faisait pour trouver une issue. Soudain, son regard a brillé d'une lueur joyeuse. D'un geste de la main, il a balayé toutes les pièces. Il les a ensuite disposées à sa guise, invitant aussitôt son partenaire à reprendre le combat sans aucune chance de l'emporter.

C'est là le fait du prince. Il doit y recourir lorsque l'essentiel est menacé. J'ai déjà « renversé l'échiquier » il y a près de quatre ans, le jour de juin 1209 où je me suis humblement soumis aux pénitences de l'Église avant de rejoindre la croisade qui marchait sur nous. Je l'ai fait pour épargner à mon peuple les souffrances de la guerre. Je n'ai réussi qu'à différer l'épreuve. Quarante-deux mois plus tard, nos terres sont envahies, notre noblesse se trouve dépossédée et nos habitants sont asservis. Quel secours pouvons-nous espérer ? Aucun. Mes suzerains qui me doivent protection m'ont abandonné à mon sort par indifférence et par crainte de provoquer la colère du pape.

Par ma mère Constance, j'appartiens pourtant à la famille royale de France, et par mon fils Raimond – enfanté par Jeanne, la sœur de Richard Cœur de Lion – nous sommes apparentés à la famille royale d'Angleterre. Mais les deux souverains, Philippe Auguste et Jean Sans Terre, trop occupés à se combattre, ont oublié leur parent et leur vassal. Pis : si l'un manifeste quelque sollicitude à mon égard, l'autre s'en offusque aussitôt. Quant à Othon, l'empereur d'Allemagne, malgré ses promesses il ne m'a jamais proposé la moindre protection. Tous ont laissé leurs barons et leurs chevaliers dévaster mon pays et massacrer sa population. Abandonné par mes suzerains, maudit par le pape, attaqué par l'Église, combattu par l'armée de Simon de Montfort, j'avais perdu la partie.

Il ne me restait plus qu'à renverser une nouvelle fois l'échiquier. En abdiquant, j'épargne à mon pays et à mon peuple la vindicte dont l'Église me poursuit. Dorénavant, le « suspect du meurtre de Pierre de Castelnau », le « protecteur des hérétiques », l'« ami des juifs », le « débauché aux trois épouses vivantes », l'« excommunié mis au ban de la Chrétienté », « Raimond le Cathare » n'est plus qu'un homme ordinaire. Les châtiments et malédictions dont je suis passible ne peuvent plus s'étendre aux terres et aux gens du comté qui ont désormais Raimond VII pour seigneur. À peine âgé de seize ans, mon fils est irréprochable : aucune condamnation, pas la moindre accusation ni le plus infime soupçon. Nul ne peut le tenir pour responsable des errements de son père. Pourquoi le pape s'acharnerait-il sur lui ? L'Église n'aura plus de prétexte pour nous déposséder. L'usurpation de nos titres par Simon de Montfort n'aura plus aucune justification.

Pour plus de sûreté, j'ai décidé que, simultanément, nous ferions hommage au roi d'Aragon, notre voisin, notre beau-frère et notre seul ami. Auréolé par la magnifique victoire de Las Navas de Tolosa, remportée cet été contre les mahométans dans la croisade de reconquête de l'Espagne, il est le protégé d'Innocent III. L'Église chante ses louanges. Libéré des soucis de cette guerre dans laquelle il jouait son royaume et sa vie, il peut aujourd'hui regarder à nouveau vers le nord des Pyrénées et renouer avec son projet d'un grand État qui, de

Marseille à Valencia, formerait un territoire digne d'un grand roi. Pierre est aujourd'hui un souverain comblé. Les terres que je lui apporte doublent l'étendue du domaine sur lequel il règne. Par cet échange de serments, il accomplit, sans même avoir à tirer l'épée, le rêve de ses ancêtres. Il sauvegarde le patrimoine et les droits de ses sœurs, Éléonore et Sancie, dont les époux sont désormais sous sa protection. Enfin il venge la mémoire de Trencavel, son jeune vassal qui fut dépossédé sans son consentement et remplacé par un usurpateur devenu menaçant.

Montfort chevauche avec son armée chez le comte de Foix, le comte de Comminges, le vicomte de Béarn et chez moi. Il dicte sa loi et ne fixe plus aucune limite à ses ambitions conquérantes. À l'origine, les entreprises du prédateur ne constituaient pour Pierre qu'une intrusion. Elles sont aujourd'hui un danger, que le roi conjure en prenant mes territoires sous sa protection. Au nord des Pyrénées il n'a plus que des vassaux fidèles, Raimond VII de Toulouse, Raimond Roger de Foix, Bernard de Comminges, Gaston de Béarn, prêts à se liguer autour de lui contre le vassal félon : Simon de Montfort.

Pour Innocent III, ce renversement de la situation est une grâce de la providence. Mon abdication frappe de caducité les procédures ecclésiastiques contre le comte de Toulouse. Seul le pécheur, Raimond le Vieux, doit être jugé pour ses fautes.

Raimond VII le Jeune, lui, est exempt de tout reproche. Et pour protéger notre pays de l'Hérésie et y favoriser l'orthodoxie de l'Église romaine, nul prince n'est plus digne de confiance que Pierre d'Aragon. Le roi qui a vaincu les Arabes saura bien chasser les Bons Hommes.

Le Saint-Père peut, enfin, ordonner que cesse le carnage qui se commet en son nom depuis plus de trois ans. Mon abdication et l'entrée du comté dans la suzeraineté de Pierre offrent toutes les garanties permettant de mettre fin à ce désordre insensé dont Innocent commençait à s'inquiéter. Il dicte aussitôt ses ordres : *« La justice ne doit frapper que les coupables et le châtiment ne doit pas outrepasser la faute. »*

Mon abdication porte déjà ses fruits : le pape décide de *« réserver le comté de Toulouse au fils du comte. Il n'est jamais tombé dans l'erreur hérétique et avec la grâce de Dieu n'y tombera jamais »*.

Notre serment prêté à Pierre d'Aragon rassure le Saint-Père : *« Le roi s'engage à prendre sous sa garde le fils du comte et le comté lui-même. Raimond le Jeune sera instruit très soigneusement dans la foi. Et le très catholique souverain s'emploiera à purger complètement les domaines de la souillure hérétique pour les faire revenir pleinement au culte de la foi. »*

Le Saint-Père ordonne l'arrêt de la croisade et réprimande durement Simon de Montfort : *« Détournant contre les catholiques des armes exclusivement destinées à la lutte contre les hérétiques, et te servant de l'armée croisée pour répandre le sang du juste et léser les innocents, tu t'es emparé des terres du comte de Foix, du comte de Comminges et de Gaston de Béarn. Ce sont les vassaux du très illustre roi d'Aragon, Pierre, notre très cher fils en le Christ. Or il* n'y a pas d'hérétiques sur ces terres, et leurs habitants n'ont jamais encouru de soupçon en matière d'hérésie. »

Le prédateur est enfin démasqué : « *Lançant les Croisés sur les domaines du comte de Toulouse, vous ne vous êtes pas contentés de vous emparer des pays où il y avait des hérétiques ; vous avez porté vos mains avides sur des terres qu'aucun soupçon d'hérésie n'avait jamais atteintes.* »

L'usurpateur et les légats sont confondus par le pape qui dénonce leurs incohérences : « *En exigeant des hommes de ces terres des serments de fidélité, tu as implicitement reconnu qu'ils étaient catholiques. Il serait invraisemblable que les habitants de ces pays soient hérétiques puisque vous avez exigé d'eux des serments de fidélité.* »

Le pape ordonne aussi à Montfort d'obéir à son suzerain, Pierre d'Aragon, et de « *restituer à lui et à ses vassaux les domaines usurpés, afin que tu ne donnes pas l'impression, en les détenant illégalement, d'avoir agi dans ton intérêt personnel* ».

À l'Église, le Saint-Père assigne de nouvelles missions : « *Grâce à Dieu et par la vertu du déchaînement de la guerre, l'affaire de la foi a remporté un succès suffisant. Un danger plus pressant se présente aujourd'hui et c'est vers lui que le peuple chrétien doit tourner ses coups. Le roi des sarrasins s'arme de tous côtés. Il attaquera les fidèles du Christ avec d'autant plus de rage que les chrétiens lui ont infligé une grave défaite. Par ailleurs, la Terre sainte, cet héritage du Seigneur, qui a tant besoin de secours, réclame et attend l'aide unanime du peuple chrétien. Nous combattrons d'autant plus efficacement la perfidie de la gent sarrasine que nous serons moins occupés à d'autres affaires.* »

Arnaud Amaury se voit interdire par Innocent III de prêcher pour lever des renforts contre notre pays : « *Cesse de mobiliser le peuple chrétien et de le fatiguer avec la lutte contre les hérétiques.* »

À tous, le pape commande fidélité et loyauté envers Pierre d'Aragon : « *Le roi projette de s'armer à nouveau contre les sarrasins. Il les combattra d'autant mieux qu'il sera plus tranquille par ailleurs.* »

Nous croyons être sauvés.

Le veau d'argent

Le pape va bientôt découvrir qu'avec la croisade de 1209 il a enfanté un monstre dont il ne peut plus arrêter la marche. Sa créature lui échappe. Elle se révolte contre lui. Son Église, dans une clameur unanime et indignée, proteste contre sa décision. Une rébellion ouverte s'exprime dans les nombreuses missives qu'Innocent III reçoit chaque jour. Les évêques et les légats savent ce qu'ils doivent à la présence de l'armée de Simon de Montfort. Ils appréhendent le sort qu'ils connaîtraient si leur protecteur devait se retirer.

Le premier d'entre eux, le légat Arnaud Amaury, s'est fait élire évêque de Narbonne. Après quoi il s'est proclamé lui-même duc de Narbonne, usurpant un titre qui appartient à ma famille depuis plus d'un siècle. L'homme d'Église s'est fait grand seigneur. L'un de ses amis, Guy des Vaux de Cernay, venu du nord dans les rangs de la croisade, a pris la tête du diocèse de Carcassonne. Tous les évêques ont retrouvé leurs domaines et leurs revenus. La peur qu'inspire l'armée leur vaut le respect craintif du peuple. Les impôts instaurés par les lois de Montfort promettent de lucratives recettes. Réunis en concile à Lavaur, ils écrivent un rapport destiné au pape : « *Grâce à votre sollicitude et à votre vigilance, grâce aux saintes troupes de Croisés que vous avez très sagement envoyées pour balayer cette peste immonde, grâce à leur chef très chrétien, le comte de Montfort, intrépide champion du Christ, invincible guerrier des combats du Seigneur, l'Église qui s'écroulait si lamentablement a commencé à relever la tête.* »

Mais les rédacteurs du rapport lancent aussitôt une mise en garde : « *Des foyers de cette peste subsistent pourtant : la ville de Toulouse et quelques autres localités où, comme des ordures qu'on jette dans une sentine, se concentrent les séquelles de l'hérésie. Le comte de Toulouse, qui est depuis longtemps, comme on vous l'a dit bien souvent, fauteur et défenseur des hérétiques, combat l'Église avec les forces qui lui restent et dresse contre les fidèles les ennemis de la foi.* »

Les prélats dénoncent la manœuvre que je viens de réussir : « *Il a eu tout récemment recours au roi d'Aragon pour abuser votre clémence et outrager l'Église. Que Votre Sainteté prenne garde. Le roi d'Aragon paraît être devenu un fils rebelle. Il se vante d'obtenir vos bonnes grâces et la restitution des terres saisies au comte et à ses complices, hérétiques, routiers, sacrilèges, homicides coupables de toutes sortes de crimes.* »

Le concile supplie le pape de laisser l'armée de Montfort poursuivre sa conquête : « *Pour le salut de nos âmes et la sauvegarde des églises qui nous ont été confiées, nous implorons instamment Votre Miséricorde, nous l'adjurons par les entrailles de la miséricorde de Dieu de bien vouloir parachever l'œuvre vitale de libération que vous avez déjà, pour une très grande part, menée à bien.* »

Les évêques et les légats exigent enfin la destruction de Toulouse : « *Il faut porter la cognée à la racine de l'arbre empoisonné et l'abattre à jamais pour qu'il ne nuise pas davantage.* »

Après m'avoir persécuté, ils veulent que mon fils Raimond soit, lui aussi, banni : « *Si la terre enlevée aux tyrans était restituée à leurs héritiers, ce serait un scandale pour les fidèles et une menace immense qui pèserait sur l'Église et le clergé.* »

L'évêque Foulques, que j'ai fait chasser de la ville il y a dix-huit mois, demande à tous les dignitaires ecclésiastiques d'adresser au pape des messages d'indignation. Arnaud Amaury oriente leur rédaction de telle sorte que tout le clergé proclame une même exigence : poursuivre la guerre.

L'évêque de Bordeaux, celui de Bazas, de Périgueux, de Béziers envoient vers Rome des lettres qui font de Toulouse une ville diabolique : « *Une grande sentine d'erreurs et de vices où se concentre l'ordure des déchets de toute la dépravation hérétique. Si elle n'est pas détruite de fond en comble, si elle n'est pas complètement rasée, les générations de vipères, les ventrées de bâtards vont à nouveau pulluler. Si le comte de Toulouse et son fils relevaient leur épée, ce serait pour nous la mettre aussitôt sur la gorge.* »

L'archevêque d'Arles, l'abbé de Saint-Gilles, les évêques d'Uzès, d'Avignon, de Nîmes, de Carpentras se joignent à ce concert d'imprécations contre « *la très putride cité de Toulouse, avec toutes les infectes et dégoûtantes ordures qui se sont retrouvées dans le ventre gonflé de la vipère* ».

Les prélats de Provence lancent au pape un avertissement : « *Si on ne détruit pas Toulouse comme on coupe un membre pourri, elle infectera les parties saines.* »

Simon de Montfort, lui, ne dit rien. Il se contente d'envoyer au pape le trésor accumulé depuis le début de ses conquêtes. Mille marcs d'argent empilés dans des coffres ferrés et solidement escortés sont convoyés vers Rome avec les courriers et les rapports rédigés par les évêques. Ce butin pèse, en métal précieux, le poids d'un veau de belle taille. Le moine comptable qui ouvre les coffres sous les yeux éblouis d'Innocent III promet de nouvelles livraisons pour peu qu'on laisse Simon de Montfort poursuivre son œuvre.

Dans la balance du Saint-Père, les appels des prélats et l'argent de Montfort vont peser plus lourd que son affection pour Pierre d'Aragon. Les financiers du Saint-Siège comptent le trésor. Ils calculent les rentrées que l'on peut espérer pour les prochaines années. Les cardinaux les plus influents, alertés par leurs amis des diocèses de Provence et du comté de Toulouse, viennent supplier le pape de revenir sur ses décisions. Ils finissent par le persuader que le roi d'Aragon lui a menti en affirmant que nos terres étaient purgées de l'hérésie. Les spéculations des comptables achèvent de le convaincre.

Alors qu'il avait ordonné l'arrêt de la croisade en janvier, Innocent III décide en avril de la relancer. Il écrit au roi d'Aragon une lettre sévère : « *Que le Seigneur te fasse accueillir avec une piété toute filiale les réprimandes que nous t'adressons. Qu'il te fasse obéir à nos avertissements et accepter notre correction apostololique. Il ne fait aucun doute que tu as failli par tes actions. Tu as manqué à la déférence que tu nous dois. »*

Le souverain, ajoute le Saint-Père, a commis le péché de vouloir protéger Toulouse, ses sœurs et sa famille. *« Les habitants de Toulouse sont retranchés du corps de l'Église par l'excommunication. Leur ville est mise en interdit, parce que plusieurs sont hérétiques manifestes, beaucoup sont croyants, fauteurs, receleurs et protecteurs des hérétiques. Toi, oublieux de la crainte de Dieu, pratiquant l'impiété sous une apparence de piété, au scandale du peuple chrétien et au détriment de ta réputation, tu les as pris sous ta protection, eux et leurs complices. »*

Le pape ordonne au roi de nous *« abandonner sans délai, sans tenir compte des engagements et serments pris ou reçus »*. Il lui interdit de nous fournir *« conseil, aide ni faveur »*. Le comte de Foix et le comte de Comminges sont excommuniés et soumis aux mêmes exclusives. Pour conclure son message, le Saint-Père use de la menace. Si Pierre d'Aragon n'obéissait pas à ces injonctions, il subirait *« un sérieux et irréparable dommage. Quelle que soit notre affection pour ta personne, il nous sera impossible de t'épargner ou de te ménager »*.

La bataille de Muret

La grande guerre est désormais inévitable. Les instructions contradictoires du pape nous y conduisent
fatalement. Quoi qu'il puisse ordonner aujourd'hui
contre nous, il n'en demeure pas moins qu'il a
dénoncé l'« usurpation », les « mains avides » qui se
portaient sur nos terres et l'« injustice subie par les
innocents ». Si quelques coffres bien garnis par
Montfort et un complot d'ecclésiastiques ourdi par
Foulques et Arnaud Amaury l'ont fait revenir sur
ses décisions, l'honneur et la vérité n'ont pas changé
de camp pour autant.

Qu'importe ! Les retournements de cet homme
aussi autoritaire que versatile ne nous étonnent plus.

Malgré les menaces de Rome, Pierre d'Aragon respecte le serment que nous avons échangé au début
de l'année à Toulouse. Son honneur souffre encore
d'avoir abandonné son vassal Trencavel aux mains
des Croisés qui l'ont ensuite ignominieusement
assassiné dans son cachot. Cette fois il n'entend pas
se plier aux injonctions. À Barcelone, il réunit dans

son palais tous les dignitaires de son royaume. Autour de lui se pressent les guerriers vainqueurs de l'Islam en Espagne, les évêques aragonais fidèles à leur souverain et convaincus que la providence et le pape finiront par lui donner raison, les financiers impatients de voir les caisses renflouées par les richesses de mon pays, les femmes qui se disputent les faveurs de Pierre avec d'autant plus d'âpreté que la mort de Marie de Montpellier a fait de lui un jeune veuf aussi puissant que séduisant.

Nulle ne sait sur laquelle se portera son choix, le soir venu. L'élue devinera-t-elle que sa bonne fortune ne lui viendra que par défaut ? Le roi, comme toujours, tombera dans ses bras en regrettant de ne pouvoir en prendre une autre. Chez les femmes, comme pour les terres, seule la conquête l'intéresse. L'acquis l'indiffère. Or toutes celles qui se pressent dans la moiteur de l'été catalan sont soumises et offertes. Alazaïs de Boissezon, elle, lui échappe. Fille de notre pays, elle ne veut se donner qu'à celui qui le libérera. Rares sont les actes qui obéissent tout à la fois à l'honneur, à l'amour, et à l'intérêt du royaume. Pierre a la chance de pouvoir faire concorder ces exigences généralement contradictoires. Sauvegarder des principes de gouvernement bafoués par une armée d'invasion, protéger ses sœurs, défendre ses beaux-frères, étendre son territoire, voler au secours de celle qu'il désire : tout porte le roi à se jeter avec les siens dans un combat grandiose dont l'issue ne fait aucun doute. Simon de Montfort et Arnaud Amaury, leurs barons en quête de terres et leurs prélats avides de revenus ne pèseront rien face à l'irrésistible coalition de nos peuples unis par les cieux qui les abritent et par une langue commune : *nostra lengua*.

Vêtu d'une tunique de lin blanc et d'une toge de soie pourpre, entouré de tous les étendards des grands du royaume d'Aragon, baigné dans la chaude lumière de la Méditerranée qui éclaire les salles de son château, Pierre, debout devant son trône, appelle aux armes contre l'envahisseur.

— Nous allons de ce pas combattre la croisade qui ravage et détruit le pays toulousain. Sire Raimond m'appelle à son secours : on dévaste sa terre. Or le comte et son fils sont époux de mes sœurs. Nous sommes parents proches et je ne peux admettre qu'ils soient ainsi traités. Marchons donc, messeigneurs, sus aux bandits croisés. Sus aux voleurs de terres ! Les clercs et les Français n'ont qu'un désir en tête : dépouiller jusqu'à l'os le comte, mon beau-frère. Qu'il n'ait rien fait de mal leur importe fort peu. Je vous prie donc, amis, de m'estimer assez pour épouser ma cause et vous vêtir de fer. Dans un mois, si Dieu veut, avec nos compagnies nous franchirons ensemble le col des Pyrénées.

Toulouse, septembre 1213

Au cours des dernières années, les Toulousains ont successivement éprouvé des sentiments divers : l'insouciance, lorsque la machination destinée à nous broyer s'élaborait à Rome et dans nos évêchés ; la stupeur, quand j'ai accepté de m'humilier devant l'Église ; le mépris, lorsque je me suis mêlé aux rangs de la croisade ; la crainte, quand Montfort est venu planter ses tentes devant nos murs ; la fierté, lorsque son armée a plié bagages sous nos assauts ; le dépit, quand il nous a échappé à Castelnaudary ; la rage, enfin, de voir nos contrées dévastées et nos libertés piétinées.

Aujourd'hui, c'est une impatience fébrile qui anime la population pressée d'en finir avec l'envahisseur. Nous savons que, derrière les Pyrénées, une force invincible s'apprête à libérer nos territoires. L'arrogante dureté de l'usurpateur n'est plus qu'une coquille de noix qui va céder sous la pression conjuguée des forces des pays de *nostra lengua*.

Désormais, peu m'importent les rois de France et d'Angleterre, l'empereur d'Allemagne et le pape. Comment pouvaient-ils croire qu'un pays et son peuple s'offriraient en litière aux ambitions d'un conquérant sans scrupule et aux appétits d'un clergé avide de profits ?

Chaque jour, je calme l'impatience de Toulouse, mais, chaque jour aussi, j'adresse à Pierre des messages le pressant de venir libérer nos contrées occupées et saccagées.

Connaissant ses faiblesses, j'ai demandé à des troubadours, amis du roi d'Aragon et familiers du château Narbonnais, de composer des vers pour piquer l'amour-propre du souverain. De leur musique et de leurs mots, ces poètes savent faire aussi bien une caresse qu'une écorchure. On chante ses vertus, mais on rapporte aussi les sarcasmes des Français le mettant au défi en clamant qu'il n'osera jamais s'attaquer à Montfort. On lui fait savoir que de belles dames commencent à désespérer, que celle à laquelle il pense, Alazaïs, se morfond sans comprendre pourquoi le roi ne vient pas la délivrer des griffes de l'occupant. Nos troubadours connaissent à merveille le chemin qui mène au cœur de l'homme.

En lisant ces poèmes, Pierre s'enflamme pour Alazaïs. La distance exalte sa passion, et les chansons des poètes l'avisent que les sentiments de la dame pourraient faner avec le temps.

De tous les défis qui lui sont adressés, n'est-ce pas celui-ci qui va mettre Pierre en selle ?

Muret, 11 septembre 1213

La belle et grande armée d'Aragon a franchi la montagne aux derniers jours du mois d'août 1213. Le roi veut engager la bataille avant les intempéries de l'automne.

Dans nos échanges de correspondances secrètes, acheminées par des coursiers rapides et habiles à passer furtivement les lignes adverses, nous avons décidé de provoquer la bataille à Muret. La plaine borde une boucle de la Garonne autour de la petite cité tenue par les chevaliers de Montfort. L'endroit est judicieusement choisi. Il est possible, en une journée de marche, d'y acheminer les renforts dont la ville regorge. Les capitouls, pour figurer parmi les vainqueurs, ont levé à prix d'or une milice urbaine qui se prépare à piller Muret. Durant des heures, c'est par milliers que les hommes franchissent en rangs serrés les portes méridionales de Toulouse pour marcher en chantant vers le champ de bataille.

Ne voulant pas courir le risque d'une nouvelle débandade des soldats attirés par l'odeur des jambons, j'ai chargé Raimond de Ricaud de veiller à la surabondance des provisions. Grâce à sa réputation de glouton, les hommes savent que le ravitaillement sera suffisant et qu'ils ne manqueront de rien.

La plaine descend en pente douce d'une petite colline vers la rive de la Garonne. Dans le coude du fleuve, la cité de Muret, sur laquelle flotte le lion de Montfort, abrite une garnison d'une vingtaine de chevaliers et d'une trentaine d'archers. Nous pourrions lancer des milliers de piétons sur la ville et nous en emparer aisément. Mais ce serait peine perdue car l'usurpateur n'est pas dans les murs. Or c'est lui que nous voulons combattre et tuer. Je ne doute pas qu'il sera bientôt devant nous. Depuis le début de cette guerre, il a toujours porté secours à ceux des siens qui pouvaient succomber sous le nombre. En l'attendant, j'ai ordonné la construction d'un campement sur la pente de la colline, de façon à dominer la plaine. J'ai fait requérir tous les artisans, charpentiers, menuisiers et bûcherons. Les hommes travaillent avec acharnement, dressant les palissades, creusant les fossés, fichant les pieux, lorsque des cris de joie nous annoncent que l'armée d'Aragon est en vue.

C'est une étincelante troupe de chevaliers qui suit Pierre II, entrant au galop dans le camp sous les ovations. Je m'incline devant mon suzerain avant de serrer affectueusement mon beau-frère dans mes bras. Il m'entraîne aussitôt avec ses principaux chefs de guerre vers le grand pavillon pavoisé aux couleurs du royaume que j'ai fait aménager pour lui. En défaisant ses pièces d'armure, il peste contre Simon de Montfort.

— Cet homme est sans honneur. Non seulement il retient mon fils en otage, mais il a réussi à capturer un courrier. Il a volé la lettre que j'envoyais à Alazaïs.

— Que disait cette lettre ?

— Que j'arrivais à son secours. Il en a fait rédiger des copies pour les envoyer partout, de Beaucaire à Agen. Il se moque de moi : "Je ne crains pas, dit-il, un homme qui trahit son Dieu pour une femme."

Le roi jette rageusement ses gants sur le sol.

— Je le tuerai de mes propres mains !

— Ce sera demain, Sire, si Dieu le veut. Car ils arrivent, avertit Hugues d'Alfaro en relevant les portières de toile du pavillon royal.

Nous apercevons dans les derniers rayons du soleil la troupe des chevaliers de Montfort se ruant au grand galop dans la petite cité de Muret. Les sabots de leurs chevaux soulèvent des gerbes d'éclaboussures noires. Nous avons ordonné à nos hommes de ne pas intervenir afin de laisser l'ennemi venir se jeter dans le piège.

Nous prenons place sur les sièges disposés en cercle. Pierre II occupe la plus haute chaise. Il me fait asseoir à sa droite. Sa fureur a fait place à une impatience fébrile.

— Messeigneurs, décidons et décidons vite ! Comment agir demain ?

— Sire, tout se passe comme nous l'avions prévu,

se réjouit le Catalan Aznar Pardo. Nous voulions l'attirer ici, à Muret. Nous avons réussi.

— Il n'y restera pas, l'interrompt Hugues d'Alfaro. Montfort ne s'enferme jamais. Il veut conserver la liberté de mouvement de sa cavalerie. C'est sa force. Attendez-vous à voir les Français sortir et charger dès demain matin.

— Tant mieux ! Nos chevaliers sont plus nombreux et tout aussi valeureux que les siens. Dès qu'il sortira, nous fondrons sur l'ennemi et sa charge viendra se briser sur la nôtre. Nous le taillerons en pièces, promet Michel de Luesia, un noble aragonais aussi vaniteux qu'écervelé.

Je déconseille à Pierre de suivre ces avis.

— Sire, ne décidez pas à légère, je vous en conjure. Nous avons ici plusieurs milliers de combattants bien armés et solidement protégés par les palissades, les pieux et les fossés qui entourent notre camp. Hugues d'Alfaro a raison. Simon de Montfort ne se laissera pas assiéger. Il va sortir et attaquer. Je vous suggère d'attendre que l'assaut vienne devant nos lices. Laissons-les approcher suffisamment pour que nos milliers d'archers et d'arbalétriers puissent les percer de leurs traits. Sous cette pluie de flèches et de dards, ils subiront d'immenses pertes sans pouvoir entamer nos forces. Lorsque Simon de Montfort ordonnera le retrait, vous pourrez lancer votre cavalerie. Vos chevaliers achèveront le travail de mes archers.

— Le comte Raimond nous propose de ne pas bouger, de ne pas marcher sur l'ennemi, d'attendre son attaque en nous blottissant peureusement derrière nos planches. Ce conseil n'est pas inspiré par l'honneur ni par le courage. Peut-être est-il dicté par la peur, lance insolemment Michel de Luesia, qui m'a toujours traité avec condescendance.

J'aurais voulu que le roi se lève pour fustiger son chef militaire. Pierre se contente d'un geste de la main pour l'inviter à mesurer ses propos. À la brûlure de l'insulte s'ajoute le dépit de voir mon beau-frère indifférent à l'humiliation que l'on m'inflige publiquement. Enhardi par l'indulgence de son souverain, l'autre poursuit son propos blessant pour le conclure d'une phrase cinglante qui claque comme un coup de fouet sur mon visage.

— Je comprends maintenant pourquoi vous avez perdu vos terres !

Soulevé par l'indignation, je sors de la tente. Pierre me rejoint sous la voûte étoilée. Il pose affectueusement sa main sur mon épaule.

— Ne lui en veuillez pas. Il est vif et s'emporte aisément.

— Vous n'avez pas pris ma défense.

— Son plan de bataille me séduit plus que le vôtre. Je ne veux pas rester derrière vos planches, en abandonnant toute la plaine à Montfort, comme si nous avions peur de lui. Dès qu'il attaquera, nous nous élancerons aussi. Ma cavalerie est merveilleuse quand elle se déploie et l'ardeur de nos chevaliers vous éblouira.

— Laissez-moi vous convaincre. Dans cette bataille se jouera le sort de cette guerre et notre destin. Au risque d'une défaite, fût-elle glorieuse, je préfère la certitude d'une victoire, fût-elle sans éclat.

— Ce sera une victoire glorieuse. Ayez confiance. Dieu est avec nous. Je tuerai Montfort là-bas.

Il désigne de sa main gantée de soie parfumée le milieu de la plaine qui s'étend de notre camp jusqu'aux remparts de Muret et aux rives de la Garonne.

— Il se fait tard. Je dois vous quitter. Un troubadour m'a ménagé une rencontre avec Alazaïs. Je vais puiser en elle les forces que je jetterai demain dans la bataille.

Je comprends maintenant pourquoi le roi a voulu écourter la discussion. Il n'avait pas le temps. Son esprit était ailleurs. Il était impatient d'aller retrouver cette femme qui sait se faire désirer. Les ardeurs de l'amour sont pour lui plus propices à une veillée d'armes que de longues discussions tactiques. Il me laisse seul face à la plaine du destin baignée dans la pâle lumière lunaire. Les eaux de la Garonne scintillent tout en bas.

Hugues d'Alfaro et Raimond de Ricaud sortent à leur tour de la tente royale. Ils viennent à mes côtés, sombres et silencieux. Je devine ce qu'ils éprouvent.

— Six mois à peine après avoir fait allégeance au roi d'Aragon, nous voilà traités comme de petits vassaux sans importance ! Il laisse un courtisan nous humilier publiquement sans même blâmer son arrogance. Avec nos suzerains les rois de France et d'Angleterre, nous n'aurions jamais été traités ainsi, soupire Raimond de Ricaud, les deux mains posées sur sa panse arrondie.

— Oui, mais ceux-là nous laissaient seuls face à

La guerre

Montfort. Pierre ne vous a pas défendus contre les siens, mais il s'apprête à combattre notre ennemi, tempère Hugues d'Alfaro.

— Je m'inquiète des risques qu'il veut prendre. En allant loin dans la plaine à la rencontre des chevaliers français, il va se priver du concours des milliers d'hommes en armes. Avec nos milices de piétons, nous sommes à dix contre un. Dans un combat de cavalerie, ils seront deux contre un.

Hugues d'Alfaro partage mon opinion.

— Il veut une victoire grandiose et chevaleresque. Il veut tuer Montfort dans un tournoi sans merci. Mais pas sans risque.

Muret, 12 septembre 1213

Dès l'aube, une immense foule de plus de dix mille hommes pressés les uns contre les autres encercle l'autel où les évêques des diocèses d'Aragon célèbrent la messe. Pour tenter de calmer la brûlure de l'outrage subi la veille, Pierre II, d'une parole aimable, m'a invité à venir à ses côtés. Pendant l'office j'observe son visage avec appréhension. Ses traits sont marqués par la fatigue et ses battements de paupières trahissent le manque de sommeil.

L'air de la plaine vibre soudain. Les cloches de l'église de Muret sonnent à toute volée. Eux aussi, là-bas, célèbrent le sacrifice de la messe autour de l'évêque Foulques et de Simon de Montfort. L'Église est dans chaque camp et Dieu seul sait qui sera le vainqueur.

Pendant la lecture de l'Évangile, Pierre vacille. Ses jambes ne le portent plus. Un écuyer qui veille sur lui glisse discrètement un tabouret sur lequel s'assied le roi chancelant. Il a épuisé ses forces dans le ventre d'Alazaïs. Ses compagnons l'observent à la dérobée, inquiets de sa faiblesse. Aussitôt après la messe nous entreprenons de le convaincre : il doit endosser les couleurs d'un noble de son pays et laisser un autre chevalier porter ses emblèmes afin de détourner les coups de l'ennemi.

— Vous m'offensez en me proposant cette vilenie.

— Sire, ils veulent vous tuer. C'est l'ordre que leur a donné Montfort. Face au nombre de nos chevaliers, leur seule chance est de nous priver de notre chef. Toutes leurs lances, toutes leurs épées convergeront vers votre bannière. Vous ne devez pas vous exposer inutilement.

— Ce serait perdre l'honneur !

— En aucun cas, Sire, vous ne sauriez manquer à l'honneur. Vous combattrez magnifiquement. Chacun des nôtres, sachant reconnaître le heaume et les couleurs que vous porterez, admirera votre bravoure. Elle sera d'autant plus grande que vous ne serez pas plus qu'un autre harcelé par l'ennemi. Sous votre propre blason, vous seriez encerclé de toutes parts. Sous des couleurs d'emprunt, vous pourrez diriger la bataille et remporter la victoire.

Le roi Pierre accepte finalement de surmonter son orgueil pour se ranger à l'avis des chefs de son armée et à mes conseils :

— Je ne veux pas voir ma belle épouse Éléonore pleurer la mort de son frère. Ce soir, à Toulouse, nous nous retrouverons tous pour célébrer la victoire que Dieu va nous accorder.

— Soit, mais j'irai au combat dans le premier assaut.

— Sire, vous devez être dans la seconde charge. Ainsi vous pourrez faire parvenir vos ordres aussi bien à l'avant qu'à l'arrière.

Le roi endosse de mauvaise grâce les vêtements de combat d'un autre, pendant qu'un chevalier aragonais se pare des signes royaux.

— Les voilà !

Une grande clameur s'élève de notre camp, mêlant cris d'impatience, imprécations, appels au courage, incantations et prières. Par la grande porte de Muret, les chevaliers français sortent en rangs serrés. Ils sont plus nombreux que je ne le pensais.

— Environ un millier d'hommes, évalue Hugues d'Alfaro.

Les portes de la ville se referment sur quelques dizaines d'archers qui montent se poster sur les remparts.

À l'encontre de nos prévisions, la petite armée de Montfort ne se dirige pas vers notre camp. Au contraire, elle se dispose en trois colonnes qui, au petit trot, sans se presser, s'éloignent en nous tournant le dos.

— Ils fuient ! s'exclame Pierre. Ne les laissons pas nous échapper. Tous en selle !

L'ordre est aussitôt répercuté à travers le camp. En un instant, trois mille hommes en cotte de mailles sont juchés sur leurs chevaux caparaçonnés.

Une forêt d'étendards et de bannières se met en marche dans un déploiement de couleurs vives, mêlant tous les emblèmes de la noblesse de nos pays.

Je monte au sommet de la petite colline avec Hugues d'Alfaro et Raimond le Jeune. Mon fils est mortifié de ne pas être à cheval, parmi ceux qui franchissent les lices et les palissades pour entrer sur le champ de bataille. Il n'a que seize ans, mais son impatience de combattre est telle qu'avec le roi Pierre, son beau-frère et son suzerain, nous avons eu le plus grand mal à le raisonner. Pour adoucir son amertume, le roi lui a promis de le faire bientôt chevalier et de l'adouber lui-même.

Sous les encouragements des milliers d'hommes massés dans le camp, les cavaleries du roi d'Aragon et du comte de Foix constituent en toute hâte les trois vagues d'assaut. Comme convenu, le roi Pierre, vêtu des couleurs d'un chevalier de son pays, a pris place au milieu de la seconde troupe. Il peut ainsi transmettre ses ordres à l'avant-garde aussi bien qu'à la réserve, alignée à l'arrière sur la rive de la Saudrune, un étroit cours d'eau qui coule en contrebas. Celui qui porte courageusement les emblèmes de la couronne prend place non loin de son roi.

Alors que nos trois mille cavaliers peinent à se mettre en ordre pour s'élancer à la poursuite des Français, l'armée de Montfort opère une manœuvre à la vitesse de l'éclair. Ils tirent sur la bride de leurs chevaux pour nous faire face. Leurs montures sont au galop. La troupe qui faisait mine de s'enfuir s'est soudainement retournée contre nous pour se jeter dans une charge fulgurante qui fait trembler la plaine.

Aussitôt les deux premières lignes de notre cavalerie s'avancent à la rencontre de l'ennemi. Nous avons l'avantage du nombre, mais les Français sont déjà lancés sur nous dans une course d'enfer, alors que nos montures trottent encore malgré les coups d'éperons de leurs cavaliers.

Comme dans un violent orage, un roulement de tonnerre enfle, précédant le vacarme qui va déchirer l'atmosphère. Le sol vibre sous les milliers de sabots qui le martèlent. Lorsque les deux avant-gardes, lances pointées, épées brandies, masses tournoyantes, se pénètrent l'une l'autre, le grondement de la charge est couvert par un fracas métallique. Les deux premières lignes adverses sont mêlées dans une confusion sauvage.

Sur la crête de la colline, Hugues d'Alfaro commente la bataille :

— Messire Raimond ! s'écrie-t-il tout à coup. Regardez ! La milice urbaine de Toulouse sort du camp !

Il frappe ses mains l'une contre l'autre en signe de colère.

Les capitouls, disposant à leur gré des forces levées à grands frais, ont décidé de les envoyer attaquer la ville défendue par une poignée d'archers. Plusieurs milliers de piétons, contournant le combat des cavaleries, courent le long de la Garonne pour se précipiter vers les remparts de Muret. Convaincus que la supériorité numérique de notre armée nous assurera la victoire, craignant d'être devancés par les

219

chevaliers dans le pillage de la cité, les capitouls ont ordonné leur attaque sans en référer ni au roi ni au comte et sans attendre l'issue du combat.

La bataille fait rage au milieu de la plaine. Je parviens à discerner, au cœur de la mêlée, le chevalier qui porte les emblèmes royaux. Avec son escorte, il est cerné par les Français qui, à grands coups d'épée, se frayent un chemin jusqu'à lui. Il tente vainement de se dégager. Il s'efforce maladroitement d'esquiver les coups qui lui sont portés. Il est sur le point de succomber lorsque j'aperçois le roi Pierre dressé sur ses étriers ordonner la charge de la deuxième ligne d'assaut.

Mon sang se glace en le voyant soulever son heaume afin qu'on le reconnaisse. Il veut combattre en roi et se jette, le visage découvert et l'épée haute, dans la bataille meurtrière. Les Français se détournent aussitôt de celui sur lequel ils s'acharnaient pour fondre sur Pierre, dont le coup d'éclat inattendu a surpris ses compagnons. Ils n'ont pas le temps de se disposer autour de lui. Un instant plus tard, bousculé, transpercé, taillé, couvert de sang, il chute de son cheval.

À travers mes larmes, je devine plus que je ne vois l'enchaînement désormais fatal qui nous mène au désastre. Les chevaliers aragonais sont frappés de stupeur, les Français redoublent d'énergie. Quelques compagnons de Pierre ferraillent héroïquement autour de son corps étendu dans l'herbe, espérant sauvegarder sa dépouille. Ils tombent les uns après les autres autour de leur roi mort.

Leurs frères d'armes cherchent leur salut dans une

fuite à bride abattue, poursuivis par quelques dizaines de chevaliers français.

Sur un ordre de Montfort, une partie des troupes ennemies se rue vers Muret. Les remparts sont couverts par les grappes humaines de la milice urbaine de Toulouse qui grouille autour de la ville, dont les quelques défenseurs tentent désespérément de retarder la chute. En entendant le vacarme des chevaux lancés sur eux, les assaillis sont pris de panique. Sautant des échelles, jetant leurs arcs et leurs lances, ils fuient dans un désordre indescriptible vers les berges de la Garonne. La cavalerie est déjà sur eux et le carnage commence.

Percés par les lances, renversés par les destriers, piétinés par les sabots, taillés par les épées qui tournoient et s'abattent, précipités dans la Garonne dont les tourbillons les avalent, pris entre l'ennemi qui les écrase et le fleuve qui les engloutit dans ses eaux rougies de sang, nos hommes sont exterminés par milliers. La plaine de Muret où nous devions triompher devient le tombeau de nos espérances.

Je maudis ce funeste jour, endeuillé pour l'éternité par la mort du roi et l'hécatombe de notre peuple !

Toulouse, 12 septembre 1213

Le soir venu, la ville n'est plus qu'une lamentation. Dans les rues vides, derrière chaque porte close résonnent les sanglots et les cris de désespoir. Il

221

n'est pas un foyer qui ne pleure l'un des siens. Bien des familles ne comptent plus que des femmes dans le deuil du mari, des fils, des frères, tous tués ou noyés.

Pendant la nuit, les jeunes enfants confectionnent des brancards pour ramener de Muret les dépouilles de leurs aînés ou de leurs pères. Le lendemain, des milliers de corps ensanglantés, démembrés, mutilés sont portés vers la ville par ceux qui les aimaient. Les autres, plus nombreux encore, traversent Toulouse, les bras en croix, sur les flots de la Garonne. Les cadavres dérivent sous les yeux horrifiés des femmes, massées sur le pont et les berges et redoutant de reconnaître celui d'un époux ou d'un enfant. Éléonore et Sancie, accablées, veillent leur frère Pierre d'Aragon, ramené par les Hospitaliers. Après la bataille, ils ont dû arracher la dépouille et l'épée royale des mains de ceux qui achevaient les blessés et détroussaient les cadavres.

Mon beau-frère, mon roi, mon protecteur repose de tout son long, immense, dans la salle voûtée de l'hôpital Saint-Jean. Ses mains jointes sur la poitrine recouvrent la plaie béante ouverte par la lance qui lui a percé le cœur. À ses côtés, les yeux clos, gisent Aznar Pardo, Gomez de Luna, Michel de Roda et Michel de Luesia, l'homme qui m'a offensé hier.

Peut-être seraient-ils tous vivants s'ils avaient écouté mon conseil, plutôt que de se jeter dans un tournoi de chevalerie ?

PARTIE IV

La
dépossession

L'exil

Quelques jours après la défaite, je réunis les capitouls pour leur annoncer mon départ et les délier de leur serment.

— Faites tout ce qu'il faudra pour qu'ils épargnent la ville et les habitants.

— Messire Raimond, vous savez bien ce que Montfort exigera ! Nous devrons approuver l'usurpation et vous renier. Nous deviendrons ses sujets. Nous perdrons nos libertés.

Celui qui parle au nom du collège des capitouls a raison.

— C'est vrai, et je vous demande d'y consentir. Sinon, ce sera le massacre de la population et la destruction de Toulouse. Ma présence et celle de mon fils dans les murs de la ville peuvent attirer l'ennemi, qui se tient encore à distance. Je ne veux à aucun prix être la cause de nouvelles souffrances.

Je leur rappelle néanmoins qu'un serment prêté sous la contrainte n'a aucune valeur.

— Jurez-leur donc tout ce qu'ils vous demande-

225

ront. Et cachons au fond de nos cœurs les liens qui nous unissent.

Nous nous étreignons longuement. Avant de quitter la salle où nous avons si souvent délibéré, je veux leur délivrer une dernière parole d'espoir :

— Pour que Dieu puisse un jour nous donner la victoire, il faut d'abord survivre.

Barcelone, 1213, 1214, 1215

Survivre ! C'est bien ainsi qu'il convient de nommer l'existence durant ces interminables années d'amertume.

Raimond le Jeune est à Londres, où son oncle, le roi d'Angleterre, l'a pris sous sa protection. Je suis à Barcelone. Décapité par la mort de Pierre et de ses principaux seigneurs, le royaume d'Aragon n'est plus une puissance, mais il est encore un refuge.

Sur la terrasse dominant la Méditerranée, je reste seul des journées entières, le regard fixé sur le mouvement incessant de la houle, les yeux éblouis par la réverbération du soleil. Mon esprit est hébété et mon corps épuisé. Une soixantaine d'années, le poids de la guerre et celui de la défaite écrasent mes épaules. Certes, mon grand âge et ma médiocrité dans le maniement des armes m'ont tenu à l'écart des combats et épargné la moindre blessure. Mon corps est indemne. Mais mon âme est brisée.

J'ai honte de tant d'échecs. Mon incompétence sur le champ de bataille n'eût été acceptable que si j'avais réussi à déployer une politique judicieuse. Or je n'ai su manier ni l'épée ni la ruse. Je me suis égaré dans les détours de mes fausses habiletés et à la guerre je n'étais que le spectateur du massacre de mes compagnons. Trencavel, Pierre d'Aragon et tant d'autres se sont courageusement jetés dans les bras de la mort. Leurs noms resteront à jamais glorieux. Qu'adviendra-t-il du mien ?

La culpabilité m'envahit. Je me sens coupable devant mes ancêtres de m'être laissé déposséder des terres qu'ils détenaient depuis plus de deux siècles. Coupable devant mes contemporains de les avoir laissés tomber sous une domination fatale à leurs libertés. Coupable, devant les générations futures, de ce désastre et d'y avoir survécu.

Nue
et sans défense

Son cri m'a tiré de cette léthargie à laquelle je m'abandonnais. Par-delà les Pyrénées, il vient me déchirer le cœur. Ils s'acharnent sur Toulouse. Ils la martyrisent. Les villes ne meurent pas, mais elles peuvent souffrir interminablement.

Toulouse, 1215

Simon de Montfort vient se présenter en vainqueur devant sa victime. Il est accompagné du fils du roi de France, le prince Louis, et suivi d'une troupe commandée par les plus grands seigneurs du royaume. Beaucoup sont des vétérans de la croisade. Le comte de Saint-Pol, Gaucher de Chatillon, le comte de Ponthieu, Guichard de Beaujeu étaient aux sièges de Béziers et de Carcassonne. Aujourd'hui ils sont auréolés de la gloire de Bouvines, où le roi de France a vaincu le roi d'Angleterre. Ayant gagné la guerre, Philippe Auguste a désormais les mains et l'esprit libres pour s'occuper du comté de Toulouse.

Parce que je me suis rangé sous la bannière de Pierre d'Aragon et que j'ai confié la sauvegarde de mon fils à Jean Sans Terre, Philippe Auguste me considère comme un vassal infidèle. Nos liens de parenté ne font qu'aggraver la sévérité de son jugement.

Son fils, le prince Louis, vient recueillir le serment de Simon de Montfort. En échange de son allégeance à la couronne, le conquérant obtient la protection royale et la reconnaissance des titres qu'il s'est arrogés sur les terres et les villes de mon pays. Avec l'assentiment du roi, l'heure est venue pour lui de prendre possession de Toulouse, qu'il convoite depuis plus de cinq ans. Pour préparer la cité à l'entrée de son nouveau maître, Foulques et Guy de Montfort sont à l'œuvre depuis plusieurs semaines. Ils mettent la ville à genoux.

Décimée et endeuillée par le massacre de Muret, la population est à bout de forces, physiques et morales. Elle ne peut opposer aucune résistance à la rage qui s'abat sur elle. Les sergents d'armes brisent les portes des maisons et s'emparent d'une centaine d'otages. Ils les choisissent parmi les familles les plus influentes. Plusieurs capitouls sont arrêtés. Les prisonniers sont emmenés loin de la ville, dispersés dans différents châteaux et jetés au cachot sous la garde de routiers qui les maltraitent jour et nuit. Les envahisseurs ne tolèrent pas que survive l'institution municipale. Ils décapitent le consulat et les libertés communales en supprimant les hommes qui l'incarnent. Ils ne supportent pas davantage la liberté de conscience qui régissait nos relations avec Dieu. Foulques oblige la population tout entière à venir prêter serment devant lui. L'évêque savoure sa revanche sur la ville qui l'avait chassé trois ans plus tôt.

L'occupant s'établit dans les fortifications du château Narbonnais, à l'abri d'un sursaut de colère. Le soir, les portes closes de la cité sont gardées par des chevaliers français. À quelques pas de là, celles du château sont verrouillées par les hommes d'armes les plus fidèles à Simon de Montfort. La garde de l'évêque campe dans la cour.

Aujourd'hui, dans la grande salle, se joue le sort de la ville.

— Écrasons-la !

L'évêque Foulques laisse libre cours à sa vindicte. Il arpente le dallage et frappe de son poing le linteau de la cheminée.

— Prenons tout ce que nous pouvons emporter. Ensuite, infligeons à Toulouse le sort de Béziers. Brûlons-la ! Sinon, nous n'en finirons jamais. Elle est brisée, dites-vous, mais sachez que demain elle se relèvera. Si vous ne m'écoutez pas, vous le regretterez un jour. Je les connais.

Le prince Louis approuve le projet. Désir morbide d'assister à un massacre ou, plus simplement, impatience d'en finir au plus vite pour rentrer chez lui ?

— Suivons le conseil de l'évêque. Il connaît la ville, suggère-t-il à Montfort.

Puis, se tournant vers Foulques :

— On m'a dit que vous avez été troubadour ici

même, dans ce château, au service des comtes hérétiques. Faut-il le croire, monseigneur ?

— C'était il y a si longtemps, Sire. Et j'ai expié,
croyez-moi !

Une bonne part de la haine que Foulques porte à
ma ville et à ma famille tient à cette honte que lui
inspire son ancienne vocation. Il n'ignore pas que
chacun se moque sur son passage. Dans son dos, il
entend chantonner les airs qu'il composait, jadis,
pour louer un sein ou glorifier une bouche. Bien
qu'il fût médiocre poète, je le préférais pourtant
ainsi...

— Je ne suivrai pas le conseil de l'évêque. Sire, je
refuse d'anéantir la ville sur laquelle vous m'avez
donné des droits.

Simon de Montfort ne veut pas abattre ses nouvelles possessions. La force du comté vient autant
de l'étendue de son territoire que de la grandeur de
sa capitale. Toulouse produit des richesses dans lesquelles il veut pouvoir indéfiniment puiser.

— Nous ne détruirons pas la ville mais nous allons
la désarmer et la déshabiller ! Nous ne massacrerons
pas les Toulousains mais nous allons les saigner !

Subjugé par la personnalité du conquérant, le
prince Louis, depuis son arrivée dans notre pays,
subit l'ascendant de Simon de Montfort. Il approuve
aussitôt les décisions de son vassal.

— Que les Toulousains payent immédiatement
cent marcs d'argent à leur nouveau comte. Que les
remparts et les fortifications soient rasés dans les
délais les plus brefs. Pour ce faire, toute la population est requise. Nous voulons Toulouse nue et sans
défense.

Sous la surveillance des sergents français, du matin au soir, durant des semaines, les Toulousains vont détruire ce que leurs ancêtres ont édifié depuis dix siècles. Donjons, chemins de ronde, remparts, barbacanes, tout doit être abattu. Chaque jour, les habitants démolissent des pans de murs de brique, arrachent les planches des lices, démontent les charpentes, descellent les blocs de pierre et comblent les fossés. Chaque famille doit envoyer au moins un de ses membres travailler sur le chantier de destruction, sous peine d'être jetée dans les prisons d'un château des environs.

Le vent s'engouffre dans les rues. Les voleurs y pénètrent librement. Le soir, les bêtes sauvages viennent rôder sous les fenêtres des premières maisons. Les rares hommes valides veillent chaque nuit pour chasser les animaux et les pillards. Seul ouvrage préservé, le château Narbonnais dresse ses murs au-dessus des toits. La forteresse, édifiée pour protéger l'entrée de la ville, est aujourd'hui le siège de ceux qui la dominent.

Barcelone, septembre 1215

Les trouver réunis, comme jadis, est un réconfort. Il y a là le tonitruant Comte roux, Raimond Roger de Foix, descendu de ses montagnes ; Hugues d'Alfaro, qui vit à Barcelone avec Guillemette, mais que je n'avais pas revu depuis longtemps ; Raimond de Rabastens, informé des dernières intrigues de la Curie.

Depuis Muret je ne voulais plus les affronter. Leur présence était un rappel insupportable de tous mes échecs. Aujourd'hui, elle affermit ma détermination. Pour les recevoir, délaissant les confortables tuniques de lin, j'ai revêtu ma cotte de mailles afin de signifier à mes visiteurs mon nouvel état d'esprit. Puisque la mort n'a pas voulu de moi, je dois donner une utilité aux années de sursis accordées par Dieu. Je vais résister en employant les dernières énergies de mon corps et les ultimes élans de mon esprit. Devant mes compagnons, j'en fais le serment.

— Tant qu'il me restera un souffle de vie, je me battrai !

La prochaine bataille aura lieu en Italie, près de Rome, au Latran. Son issue ne se jouera pas à la pointe de l'épée, mais à l'acuité du verbe. Le destin de mon pays sera scellé par le tribunal qui tranche les affaires du ciel et de la terre, qui fixe les règles du royaume spirituel et des royaumes temporels. Ce collège sera réuni et présidé par l'homme le plus puissant ici-bas, le représentant de Dieu : Innocent III.

— Le pape va mourir, et il le sait.

Raimond de Rabastens, qui rentre d'un séjour à Rome, nous dépeint tous les signes trahissant la maladie du Saint-Père. Il ne survit que pour mener à bien son grand concile.

— Avant de quitter cette terre, il veut y mettre bon ordre. Toute l'Église et tous les princes sont convoqués. Les querelles dogmatiques, les conflits de dynastie, les contestations de frontières, les affaires de l'Hérésie, le sort de la Terre sainte et de la croisade : tout sera arbitré sous son autorité.

233

– Que dit-il de notre affaire ?

– Il en parle rarement, mais il est affligé. Il a longuement pleuré Pierre d'Aragon. C'était, de tous les souverains chrétiens, celui qu'il aimait le plus. Au lendemain de Muret, Foulques a adressé à Rome une lettre triomphante annonçant la victoire de Montfort et la mort du "très méchant roi d'Aragon". Le Saint-Père ne lui a jamais répondu. À la lecture du message, il s'est borné à déplorer la disparition du jeune souverain. Il n'a pas eu un mot de félicitation pour les vainqueurs.

– Et il m'a rendu mon neveu ! ajoute Éléonore, qui vient d'entrer dans la salle.

Il est vrai que sans la ferme intervention du pape, jamais Montfort n'aurait libéré Jacques, le fils que Pierre d'Aragon lui avait confié pour qu'il l'élève avant de le marier à sa fille. Lorsque les relations s'étaient envenimées entre les deux hommes, l'usurpateur, malgré les injonctions du roi, avait toujours refusé de restituer l'enfant. Jacques était devenu un otage. À la bataille de Muret, la mort de Pierre avait fait de lui le roi d'Aragon, mais le vainqueur le conservait toujours sous sa garde. Le pape, déjà très affecté par le décès du souverain, a envoyé sur-le-champ un nouveau légat, Pierre de Bénévent, muni des instructions les plus sévères pour exiger la libération de Jacques. L'orphelin qui avait perdu son père et sa mère sans avoir pu être auprès d'eux a été accueilli à Barcelone par la noblesse en deuil de son royaume vaincu. Éléonore et Sancie ont reporté sur lui toute l'affection qu'elles vouaient à leur frère.

– Le pape n'aime guère Montfort depuis la mort

de Pierre. Mais Montfort n'ira pas au Latran. Il laissera l'Église plaider sa cause devant le Saint-Père. Tous les évêques ont déjà écrit à Rome pour demander que nos titres et nos terres lui soient définitivement confiés.

Raimond de Rabastens le confirme, mais il ajoute :

— Malgré l'insistance pressante de tous les évêques des diocèses de notre pays, le Saint-Père a toujours refusé de reconnaître officiellement votre dépossession. Tant qu'il ne l'aura pas fait, nous devons garder espoir.

— Voilà pourquoi j'irai au Latran. Je viens de prononcer devant vous le serment de me battre de toutes mes forces. C'est ce que je ferai là-bas.

Quelques jours plus tard nous prenons la mer. Raimond Roger de Foix m'accompagne. Quatre chevaliers se sont joints à nous : Pierre Raimond de Rabastens, Arnaud de Comminges, Guillaume Porcelet et Arnaud de Villemur. Certes, ces hommes ne sont pas de bonnes cautions auprès de l'Église. Tous ont eu des liens avec l'Hérésie. Certains prétendent même que Porcelet aurait hébergé l'assassin de Pierre de Castelnau. Mais ils sont d'une fidélité inébranlable. Que puis-je demander de plus ?

Un autre homme embarque avec nous. C'est un écrivain, un chroniqueur. Sa plume est alerte et son cœur fidèle à notre cause. J'ai voulu que tout ce qui se dira au concile soit consigné par écrit et par l'un des nôtres. Il a accepté à une condition : que son nom ne soit jamais divulgué. C'est sans doute une précaution pour protéger les siens des représailles de l'Église. Respectant son désir, je le présente à nos compagnons de voyage en leur disant de l'appeler l'« Anonyme ».

Le concile

Après huit jours de navigation, nous touchons terre en Italie, où je retrouve avec bonheur Raimond le Jeune, venu d'Angleterre. Accompagné de quelques fidèles conduits par Armand Topina, il a traversé nos régions sous un déguisement d'artisan afin de ne pas tomber entre les mains de nos ennemis. Il a grandi. Son corps s'est charpenté. Son regard est fier. L'enfant meurtri que j'ai quitté après la bataille de Muret est aujourd'hui un jeune homme dans la plénitude de ses dons. Il m'entraîne aussitôt dans une maison à étages louée pour héberger notre délégation. Elle est voisine de la basilique Saint-Sauveur, qui abrite le concile. Notre demeure est modeste, mais nous y prenons place avec la joie d'être enfin réunis et la détermination d'obtenir justice.

— La quête d'un toit n'a pas été facile, s'excuse Armand Topina en nous introduisant dans la pièce principale. Plus de dix mille personnes sont arrivées ici en quelques jours. Dans les environs les paysans

237

louent leurs granges plus cher que des palais et des évêques y dorment, trop heureux d'être abrités.

— Le concile est légèrement retardé, nous apprend Raimond le Jeune. Certains dignitaires ne sont pas encore là et l'installation des délégués et de leurs suites prend plus de temps que prévu. Le pape a donc repoussé la séance inaugurale au 11 novembre. Il prononcera le discours d'ouverture et les délibérations commenceront. Parfois en séance plénière, parfois dans des cénacles de travail portant sur différents sujets.

— Et notre affaire ?

— Elle ne viendra en discussion que deux ou trois jours après l'ouverture du concile.

— Tant mieux, se félicite le comte de Foix. J'aurai le temps d'observer le comportement des uns et des autres, et de scruter l'état d'esprit du pape.

Nous avons décidé de confier au Comte roux le soin de plaider notre cause. Avec l'assentiment de tous, je l'ai choisi pour son audace, la puissance de sa voix et l'aplomb dont il fait preuve quand il s'agit de mentir. L'indignation et la révolte qui l'habitent seront l'aliment de son éloquence. Pendant notre traversée maritime, il s'est consciencieusement préparé à cette difficile mission : convaincre le pape face à un auditoire d'ecclésiastiques de haut rang hostiles à notre cause. Pour donner de la puissance à sa parole et pouvoir couvrir le tumulte des adversaires, il s'est exercé à parler face au grondement de la mer. Dressé à la proue du navire, il lançait au-dessus des flots ses accusations et ses revendications comme s'il voulait être entendu jusqu'à l'horizon. Nous le regardions, face au vent, agitant ses bras pour accompagner ses arguments, pointant son index vers la crête des vagues pour souligner une imprécation. Il arpentait sans nous voir le pont du navire, se mettant en bouche les mots dont il allait faire ses armes.

À la veille de l'ouverture du concile, je lui conseille de prendre soin de son organe vocal.

— Mangez du miel. Entourez votre gorge de serviettes chaudes. Ménagez-la. Une extinction de votre voix serait un nouveau désastre.

Nous préparons les vêtements que nous allons porter pour la séance inaugurale. Je vais me vêtir de la façon la plus modeste, à l'image du comportement que j'adopterai devant le pape. Je ne suis plus qu'un pécheur repentant. Je ne suis plus le comte de Toulouse. J'ai abdiqué au profit de Raimond le Jeune. C'est lui qui doit porter les emblèmes de notre dynastie et arborer la croix d'or aux douze boules dont Raimond de Saint-Gilles fit notre blason. Raimond Roger de Foix, par-dessus sa tunique de laine des Pyrénées, porte un grand crucifix qui barre sa poitrine.

— Avec cela, nous dit-il, qui pourrait m'accuser d'être un hérétique ?

— Ils ne s'en priveront pas.

— Mais je les confondrai !

— Qui sera notre plus féroce adversaire ? s'enquiert l'Anonyme, lissant ses parchemins et remplissant ses encriers.

— Tous ou presque seront nos adversaires, mais le plus acharné sera Foulques, comme toujours. Vous veillerez à ne pas laisser échapper ses propos. Tout doit être soigneusement consigné.

— N'ayez crainte, messire Raimond, ma plume est encore plus alerte que sa langue. Et Arnaud Amaury ?

— Il nous a persécutés, mais nous n'avons plus rien à craindre de lui. Toute sa hargne est aujourd'hui tournée contre Simon de Montfort. Leurs ambitions se sont heurtées. C'était fatal. Depuis que le légat s'est arrogé mon titre de duc de Narbonne, Montfort le traite en ennemi. Il a détruit les remparts de la ville. Arnaud Amaury l'a excommunié. Ils se vouent une haine mortelle. Le légat, que le pape tient en suspicion, est ici depuis deux semaines pour tenter, sans succès, de trouver quelques appuis.

— Et nos amis ? Qui parlera en notre faveur ? interroge encore l'Anonyme.

— Ils seront rares. Nous aurons le soutien de l'Église d'Angleterre, comme nous avons celui de son roi. Je lui serai éternellement reconnaissant d'avoir fait de Raimond le Jeune ce prince dont nous pouvons être fiers.

Je serre Raimond dans mes bras, et nous partons dans nos chambres chercher le sommeil malgré l'appréhension qui nous habite.

Une foule compacte cerne la basilique Saint-Sauveur. Sur les marches, sur le parvis, dans les vestibules d'accès, la bousculade est générale. Pressés,

240

serrés, écrasés, nous tentons d'accéder à la nef. Tout à coup, près de nous, des clercs affolés demandent du secours.

— L'archevêque d'Amalfi est mort !

Étouffé par la foule, le vieil homme a rendu l'âme sans un cri. Aucun son n'est sorti de sa bouche désespérément ouverte comme celle d'un poisson hors de l'eau. Ceux qui se pressaient à ses côtés ne se sont rendu compte de rien. Mort, il a continué d'avancer, porté par la masse jusqu'à ce que l'étreinte se desserre et qu'il s'écroule sur le dallage.

L'incident retarde l'ouverture de la séance. Nous avons le temps de nous regrouper et de prendre place, ensemble, sur les premiers gradins. Sous la voûte, plus de deux mille personnes s'entassent dans un désordre bruyant. Deux grandes tribunes ont été édifiées face à face. Elles portent plusieurs étages de sièges alignés. Au milieu de la basilique, le trône pontifical a été placé devant le maître-autel. Toute l'Église romaine est là. Plus de quatre cents évêques, plus de huit cents abbés et prieurs sont venus de partout. Du Danemark ou de Lisbonne, de Prague ou de Dublin. L'Église d'Orient est également représentée par ses patriarches et leurs évêques. Empereurs, rois et princes ont envoyé des ambassadeurs dûment accrédités. Les consuls des villes libres ont également dépêché des représentants. Ce douzième concile œcuménique de l'histoire de l'Église est formé de l'assemblée la plus prestigieuse jamais réunie ici-bas.

D'un même mouvement, nous nous levons pour saluer respectueusement l'entrée d'Innocent III. Après nous avoir bénis, le pape prend place sur son siège blanc et nous invite à nous rasseoir. Il racle sa gorge et commence à nous parler d'une voix sourde.

— J'ai voulu vous réunir avant de souffrir et de mourir ; certes, je préférerais demeurer dans la chair jusqu'à l'achèvement de l'œuvre entreprise. Toutefois, que s'accomplisse la volonté de Dieu. Je ne refuse pas le calice de la Passion s'il m'est tendu.

Le Saint-Père nous rappelle les termes dans lesquels il a convoqué ce concile, il y a déjà plus de deux ans : nous devons promouvoir la reconquête de la Terre sainte, réformer l'Église, extirper les vices et planter les vertus, corriger les abus et réformer les mœurs, supprimer les hérésies et fortifier la foi, apaiser les discordes et affermir la paix, réprimer l'oppression et favoriser la liberté...

Je me penche à l'oreille de Raimond Roger de Foix, assis à ma droite.

— C'est une vaste ambition pour un homme à bout de forces !

À vrai dire, parmi toutes les questions évoquées, seul m'intéresse le sort qui sera fait à mon pays. Nous devons encore patienter trois jours.

Comment punir l'incontinence ou l'ivrognerie des clercs ? Quelles règles fixer pour limiter le luxe des vêtements et le raffinement de la table des dignitaires, pour assurer la respectabilité de l'Église, pour corriger ses mœurs ? Toutes ces questions vont occuper les premiers débats. Affectant une attitude respectueuse et attentive, nous faisons taire notre impatience.

C'est finalement le 14 novembre que le pape ouvre la délibération dont la conclusion fixera notre destin. Avant même de prendre la parole, il tend son bras dans la direction de mon fils. D'un signe de la main, il fait venir vers lui Raimond le Jeune, qui se lève et s'avance jusqu'au pied du trône.

Je n'en crois pas mes yeux. Pour m'assurer que je ne suis pas victime d'une illusion, je regarde par-dessus l'épaule de l'Anonyme les mots que trace sa plume sur le parchemin :

Le pape, à bras ouverts, l'accueille et le bénit.
Jamais en vérité plus avenant jeune homme
Ne lui fut présenté. Il est de belle allure.
D'air sage et de sang pur : Angleterre, Toulouse
Et France font en lui alliance royale.
Le pape longuement contemple le jeune homme.
Il connaît sa noblesse. Il sait quels mauvais coups
Il a reçus des clercs acharnés à sa perte.
Son cœur en est poigné de peine et de pitié.
Un soupir sanglotant mouille ses yeux de larmes.

Au prix d'un grand effort, Innocent III se lève. Raimond le Jeune regagne son banc. Le pape prend la parole.

— Les comtes toulousains ne sont pas hérétiques. Ils sont bons catholiques. Ils n'ont pas mérité le mal que l'on a fait à leur terre ancestrale.

Avec mon fils, nous échangeons un regard plein d'espoir. Mais la phrase suivante anéantit nos illusions :

— Mais peut-on revenir sur un accord conclu ? Certes non : le clergé ne l'accepterait pas. Le pays appartient désormais à l'Église. Elle a chargé Montfort de son gouvernement. C'est ainsi. Nul ne doit y trouver à redire.

Il n'en faut pas plus pour que Raimond Roger de Foix entre en lice. Il se lève et se campe au milieu de la nef, face au pape. Les jambes légèrement écartées comme pour le combat, les coudes détachés du corps, il se dresse de toute sa stature couronnée d'une chevelure flamboyante.

— Sire pape, seigneur incontesté du monde, écoute mes paroles !

Après un murmure de curiosité, le silence se fait. Raimond de Foix s'avance à pas lents vers le Saint-Père.

— Je le dis hautement : je n'ai pas d'affection pour les mauvais croyants. Jamais, au grand jamais, ils ne m'ont sali l'âme. Je fus toujours fidèle à notre sainte Église. Je veux donc espérer un jugement loyal, pour moi, pour mon seigneur Raimond et pour son fils.

Je reconnais les phrases cent fois hurlées dans le vent face aux vagues par Raimond Roger de Foix, les deux bras agrippés à la proue du navire qui nous conduisait vers Rome. Ces répétitions lui donnent l'aplomb d'affirmer devant toute l'Église que l'Hérésie lui est étrangère. Il s'avance vers Raimond le Jeune et prend le pape à témoin.

— Vois son air et conviens qu'il n'est en rien coupable. Il n'a jamais trompé personne en ce bas monde. Que lui reproche-t-on ? Quel péché ? Quel méfait ? Pourquoi donc le priver de sa terre ancestrale ? Quel homme de bon sens peut accepter cela ?

Innocent III fait un mouvement de tête qui semble un encouragement à poursuivre. C'est maintenant vers moi que se tourne le comte de Foix :

— Quant au comte, pourquoi vous a-t-il remis Toulouse, Montauban, Provence ? Pour la paix. Or que lui est-il advenu ?

Face à l'assemblée, empoignant des deux mains sa ceinture de cuir, Raimond Roger tonne :

— Ses fiefs furent livrés à Simon de Montfort ! Ce barbare sème partout mort et tourment. Il pille, opprime, tue, dévaste, anéantit impitoyablement toute vie où il passe...

Frappant de ses deux poings sa poitrine ornée du grand crucifix, le comte fait à nouveau face au Saint-Père.

— Et moi aussi, seigneur, j'ai eu confiance en toi. Tu m'as demandé Foix, mon château, tu l'as eu. Il est si fort et fier que sa seule apparence décourage l'assaut. Mais je t'en ai fait don avec son pain, son vin, ses viandes, ses blés mûrs et sa source d'eau pure, et mes bons compagnons aux luisantes armures. Aucune armée au monde n'aurait pu prendre Foix contre ma volonté. Le légat m'est témoin.

Il se tourne vers Pierre de Bénévent. D'un regard, le légat sollicite du pape le droit de prendre la parole. Innocent III l'y invite. Pierre de Bénévent se lève :

— Le comte a parlé vrai. Il m'a remis son fief, un château riche et puissant, c'est la vérité. Le comte a obéi, Sire pape, au bon vouloir divin.

Innocent III approuve. Assis face à moi, au premier rang de l'autre côté de l'allée centrale, Foulques bouillonne. Depuis que Raimond Roger s'est emparé de l'attention de l'auditoire, il s'agite sur son siège, se tourne vers les évêques de nos contrées pour tenter de susciter une protestation. Sentant le vent tourner, il bondit.

— Que vous a dit le comte ? Qu'il ne s'est, de sa vie, approché de l'Hérésie ? Mais c'est dans son jardin qu'est née la mauvaise herbe !

Pointant son doigt vers Raimond Roger, toujours debout au milieu de la nef :

— L'a-t-il fauchée ? Que non : il prit tant soin d'elle qu'elle a proliféré jusqu'à farcir ses terres ! C'est avec son accord que fut fortifié le pic de Mont-ségur, refuge d'hérétiques.

— Le pic de Montségur ? hurle Raimond Roger. Je n'ai sur ce château aucun droit ni pouvoir ! Il ne m'appartient pas.

Tels deux gladiateurs, les deux hommes se font face au milieu de l'arène. On ne peut imaginer êtres plus dissemblables. Raimond Roger est un guerrier, un vétéran. Sa stature impose le respect. Sa démarche est pesante, comme si son corps était toujours chargé de pièces d'armure et de cotte de mailles. Foulques, lui, est en mouvement permanent. Rond, il a le geste vif et le propos aigu. Dès qu'il ne se surveille plus, les artifices de l'ancien trouba-dour percent sous ses manières d'évêque. Il relance ses accusations :

— Hérétique ? Sa sœur le fut. Elle vint à Pamiers y prêcher sans pudeur sa diabolique doctrine.

— Ma sœur ? s'apitoie Raimond Roger, le mal l'a prise. Elle fut pécheresse. Elle est certes coupable.

Ainsi que je l'avais vu faire sur le bateau, il tend ses mains jointes vers le pape :

— Elle ! Pas moi, Seigneur ! Mais avait-elle le droit de vivre sur nos terres ? Oui. Par serment prêté à mon père mourant, j'avais l'obligation d'accueillir frère ou sœur s'il se trouvait un jour sans toit.

Foulques tente d'émouvoir à son tour l'auditoire. Accompagnant son propos d'attitudes et de gestes pitoyables, il évoque le carnage des Croisés tombés dans le guet-apens de Montgey, en 1211, il y a quatre ans.

— Écoutez la rumeur de ces pauvres perdus, perclus, boiteux, manchots, balafrés, béquillards, voués aux chiens d'aveugles. Écoutez-les cogner à la porte !

Désignant Raimond Roger de Foix, l'évêque hausse le ton :

— Il en a massacré à Montgey tant et tant que les champs alentour en sont restés rougis. Et ton honneur, Saint-Père, en est souillé de sang.

Derrière moi, un chevalier de la délégation toulousaine ne contient plus son indignation. Il interpelle l'évêque.

— Si l'on convoque en ce lieu les victimes des combats, des tueries et des charniers, j'appelle devant vous mon peuple torturé !

— A-t-on dit que j'ai massacré des pèlerins ? interroge Raimond Roger, la main en coquille autour de l'oreille, feignant d'avoir mal entendu.

Il étend son bras en un geste solennel.

— Je jure, par Jésus, qu'aucun homme de Dieu n'eut jamais à souffrir de moi ni de mes gens la moindre bosse au front.

Empoignant à nouveau sa ceinture, il s'avance vers Foulques.

— Mais si l'on veut parler de ces sombres bandits, de ces traîneurs de croix qui m'ont voulu tout prendre, alors, certes c'est vrai : ceux que j'ai rencontrés ne l'oublieront jamais. Ils sont boiteux, manchots, aveugles ou morts. Et je n'ai qu'un regret : c'est d'avoir laissé fuir les couards de leurs bandes.

Le comte de Foix continue de s'avancer vers Foulques, le forçant à reculer, pas à pas.

— L'évêque, maintenant !

Raimond Roger, pour ne plus avoir à répondre aux accusations, fait désormais le procès de Foulques.

— Foulques ! Lui qui torcha si mal tant de piètres chansons, tant de pâles poèmes, tant de vers plus boiteux que Diable en chemin creux ! Nous avons cru nourrir un ministre de Dieu : nous n'avons engraissé, messires, qu'un jongleur ! Il fut d'abord abbé : son abbaye sombra. Il fut ensuite élu évêque de Toulouse : aussitôt le pays s'embrasa. Déjà cent mille âmes sont mortes en ce brasier. Cet homme est l'Antéchrist, et non le serviteur du Saint-Père de Rome !

Raimond Roger de Foix ne peut pas proférer imprécation plus violente. Il se rassied en s'épongeant le front, laissant Foulques médusé, pétrifié et seul au milieu du dallage de marbre. Tous les dignitaires de l'Église réunis dans la nef de la basilique Saint-Sauveur attendent que le Saint-Père lave l'affront et qu'il maudisse le Comte roux pour tant d'insolence envers l'un des leurs.

— Tu n'as pas été tendre avec nous, mais qu'importe ! Tu t'es bien défendu.

Un murmure de stupeur accueille les paroles du pape.

— Il me faut maintenant réfléchir pour démêler le

juste de l'abus, conclut-il. Si tu n'es pas fautif, nous te rendrons ta terre et ton château de Foix.

Une rumeur réprobatrice se propage le long des travées où siègent les clercs. Le pape, d'un geste, impose le silence à son Église.

— Que règne l'harmonie sur terre et dans vos âmes. Telle est ma volonté. Obéissez, mes fils ! Et que nul d'entre vous n'outrepasse mes ordres !

La bienveillance pontificale encourage Raimond de Roquefeil à intervenir. C'est un faidit qui s'est joint à nous. Il vénère la mémoire de Raimond Roger Trencavel, mort dans les cachots de Carcassonne, et il veut, ici, défendre les droits de la dynastie dont il est le vassal.

— Saint père vénéré, accorde ta pitié à l'enfant Trencavel, fils du digne vicomte par malheur trépassé dans un obscur cachot de Simon de Montfort. J'en appelle à ton cœur ! On a tué le père. Au fils déshérité tu dois rendre la terre.

Toutes les possessions attribuées à Montfort par la croisade et par l'Église viennent d'être tour à tour revendiquées par les seigneurs de notre pays.

— Justice sera faite, ami, répond le pape en levant la séance pour se retirer dans ses appartements.

Quittant nos bancs, nous nous regroupons, à l'écart, dans la pénombre d'une chapelle latérale de la basilique.

— Si le pape nous donne raison, Montfort pourra repartir dans sa forêt des Yvelines, se réjouit déjà le comte de Foix.

Son neveu, Arnaud de Comminges, le félicite :

— Vous avez bien parlé. Laissons le pape méditer tranquillement. Ne restons pas ici.

En quittant la basilique, nous apercevons le chroniqueur embusqué dans l'encoignure d'une étroite ouverture. L'Anonyme nous fait signe d'approcher en silence.

La fenêtre permet de découvrir, en contrebas, un jardin planté de cyprès autour d'un bassin d'eau claire. Frêle silhouette tassée par l'âge, Innocent III est affaissé sur un banc de pierre. Il cherche à reprendre des forces avant d'affronter son Église : le pape, avant de rendre sa décision, doit la soumettre à une ultime délibération exclusivement réservée aux clercs. C'est la règle du concile. Peut-il aller à l'encontre des évêques ? Appartient-il à l'Église ou l'Église lui appartient-elle ? Dieu lui inspirera-t-il un compromis, lui donnera-t-il la grâce de le faire triompher ?

Aux aguets, nous voyons les premières mitres entrer dans le jardin. Les prélats se concertent à l'écart du Saint-Père, comme pour respecter son isolement. D'autres évêques viennent les rejoindre. Ils sont bientôt plus de cent qui soudain se déploient, cernent le pape et l'assaillent de leurs exigences.

— Rends leurs biens à ces gens et nous sommes perdus ! clame l'évêque d'Auch.

— Confie-les à Simon et nous voilà sauvés ! ajoute le légat Thédise.

— Raimond de Toulouse est un païen pervers, un dévoyé sans cœur, indigne de régner.

Innocent III engage le combat.

— Silence ! Voici mon sentiment : le comte tou-

250

lousain est un bon catholique. Il serait donc injuste et déraisonnable de lui prendre sa terre. Amis, sincèrement, ce serait mal agir.

Avant de laisser la protestation s'exprimer, le pape annonce aussitôt sa proposition de compromis.

— En revanche, je crois bon d'accorder à Montfort les biens des hérétiques.

Quelques cardinaux approuvent la proposition du pape, mais Foulques s'est déjà glissé au premier rang. Il courbe humblement le dos, se frotte les mains et prend une voix de miel.

— Pape, mon doux seigneur, mon cher père Innocent, ta sentence est injuste. Tu gruges Montfort. Ce bon fils de l'Église aurait-il donc subi pour rien tant de combats, d'épreuves et de souffrances ? Il a traqué sans repos l'hérésie et ses suppôts. Tu le prives des biens, des villes, des châteaux conquis de haute lutte au nom de la sainte Croix !

Foulques se sent épaulé par la majorité des évêques. Il hausse le ton avec insolence.

— Tu lui prends Montauban. Tu lui confisques Toulouse. N'est-ce pas insensé ? N'est-ce point injuste ? Indigne d'un esprit clair et sain ? Tu juges le comte de Toulouse loyal et parfait catholique. Soit ! Le comte de Foix et celui de Comminges le sont aussi, sans doute ? Où sont-ils donc, dis-moi, les biens des hérétiques que tu accordes à Montfort ? Ils ne sont nulle part si tout le monde est pieux !

Se faisant à nouveau soumis et respectueux, Foulques implore maintenant Innocent III :

— Allons, mon doux seigneur, point de comptes mesquins. Confie à Simon ces terres que j'aimerais mieux voir à feu, à sang, à mort plutôt que revenues à des mains mécréantes. Ces gens du Midi que tu tiens pour chrétiens ne sont en vérité que païens méprisables. Préférer ces bandits à Simon de Montfort, c'est perdre cœur et sens. C'est bégayer de l'âme.

Seule une voix s'élève pour prendre notre défense et venir en aide au pape. Le cardinal-archidiacre de Lyon s'interpose entre l'évêque de Toulouse et le Saint-Père.

— Ces paroles sont une insulte à Dieu. Raimond s'est fait croisé, l'avez-vous oublié ? Il s'est conduit en fils obéissant. Et vous, évêque Foulques, avez-vous un instant songé aux effrayants effets de vos prêches sans pitié, de vos sermons méchants, tranchants, teigneux ?

Les évêques l'interpellent pour le faire taire.

— Quelle honte ! Quel péché ! Silence !

Innocent III reprend l'offensive.

— Vous avez semé, contre mon gré, la souffrance et la haine. Je vous prie maintenant de faire taire vos fureurs. Jamais je n'ai dit devant vous que Raimond méritait qu'on le ruine.

Arnaud Amaury cherche alors à se concilier les bonnes grâces du souverain pontife, sans doute avec l'arrière-pensée d'obtenir le duché de Narbonne.

— Mon doux seigneur, tu as raison. Juge selon ton cœur, gouverne sans crainte. Nul ne te fera dévier de ta route.

— La cause est entendue, tranche le pape. Le comte est bon chrétien. Pourquoi donnerions-nous son pays à Montfort ? Je suis surpris de votre acharnement. Que de rage dans vos diatribes !

Les évêques refusent de céder.

— Montfort protège la Croix. Il fauche la mauvaise herbe.

— Il massacre en aveugle, pêle-mêle, chrétiens et hérétiques ! s'indigne le pape. Tous les mois, je reçois des plaintes. Je crains fort que Simon ne rabaisse la foi et n'aggrave les maux.

Comme un essaim, les prélats tournent autour de lui.

— Pape, que dis-tu là ?

— Il chasse du pays les démoniaques. Il rend leur juste place aux catholiques. Que te faut-il de plus ?

— Il a fait tant et tant pour la gloire de Dieu...

Face à Innocent III vacillant, Foulques proclame l'insubordination.

— Nous défendrons sa cause contre qui osera lui disputer ses biens.

Une clameur d'approbation s'élève de la foule des clercs, massés dans le jardin. Le pape, à bout de forces, rend les armes. Vaincu par son Église, la tête basse, il renonce à rétablir nos droits. Il consacre ceux de Montfort.

— Il me faut donc céder. Qu'il règne, s'il le peut, sur le pays conquis.

L'archevêque d'York, représentant personnel de Jean Sans Terre, demande alors la parole.

— Je crains fort que Simon n'installe son pouvoir sur des sables mouvants. Raimond le Jeune, s'il perd le comté de Toulouse, conserve les biens et les terres de sa mère, Jeanne d'Angleterre. J'ai le parchemin du contrat de mariage.

Le pape approuve et ajoute :

— Moi-même, je donnerai à ce jeune seigneur le

Venaissin et le marquisat de Provence. Je ne peux faire plus. Tu vois, tous les cardinaux sont ligués contre moi. Ici, le neveu de ton roi n'a pas d'amis. Il me faut donc brider l'affection que j'éprouve.

Innocent traverse le jardin pour se retirer dans ses appartements. À la foule des prélats qui s'écartent pour lui ouvrir un passage, il lance :

— Laissons aller la vie ! Si Raimond le Jeune a du cœur au ventre il forcera le destin. S'il honore le Christ, Dieu lui rendra bientôt son comté toulousain.

Nous avons demandé une audience pontificale. Innocent III nous reçoit au terme de cette journée où s'est décidé notre sort. Après m'être incliné, je laisse parler mon amertume.

— Me voilà dépouillé jusqu'à l'os. J'ai obéi à tes commandements. Ils ont fait mon malheur. Imagine : moi, comte de Toulouse, chassé de mes villes perdues, vagabond loqueteux sur les routes du monde, disputant ma pitance aux chiens, espérant des passants un sou dans ma main creuse. As-tu voulu cela ? Est-ce là ton pardon ? J'ai eu confiance en toi : quelle folie ! En qui croire à présent ? Comment vivre ? Où aller ? Et mon fils ? Il est pur, tu le sais. Pourtant tu le dépouilles. Tu es dépositaire ici-bas de la pitié divine et de l'honneur des hommes. L'oublies-tu ? Aide-moi. Tu le dois. Sinon, crains pour ton âme !

Épuisé, Innocent soupire et gémit sans cesse. Son souffle est court et ses phrases brèves.

— Courage. Laisse-moi réfléchir. Justice sera faite. S'il te fut pris à tort, je te rendrai ton bien. Confiance. À qui perd un denier, Dieu peut en donner cent. Si Dieu me prête vie et permet que je règne selon mon cœur, tes droits te seront bientôt rendus. Quant aux prélats félons qui m'ont forcé la main, ils ne tarderont pas à le payer.

Pour avoir été témoin, quelques heures plus tôt, du complot des ecclésiastiques et de leur acharnement, je ne doute pas de la sincérité d'Innocent. Mais que reste-t-il de son autorité ?

Afin de nous redonner confiance, il rend à Raimond Roger de Foix ses terres et son château, et il me demande de laisser Raimond le Jeune à Rome.

— Confie-le à ma garde, le temps que je lui trouve une terre à sa taille.

Je laisse donc mon fils au Saint-Siège et je quitte la ville avec Raimond Roger de Foix. À Viterbe, je retrouve Éléonore et Sancie. Ensemble, nous célébrons tristement Noël.

Au premier jour de l'an 1216, je suis à Venise pour me recueillir sur le tombeau de l'évangéliste saint Marc. Malgré l'injuste décision du concile, je lutte pour ne pas perdre la foi. Je prie pour ne pas perdre espoir. Je fais enfin route vers Gênes pour y attendre Raimond le Jeune.

Depuis plus d'un mois, il est à Rome, sous le toit du Saint-Père, entouré de quelques compagnons,

Guillaume Porcelet, Pierre Raimond de Rabastens et l'Anonyme, demeurés auprès de lui. Il attend d'être reçu par Innocent III. Le chroniqueur me fait parvenir des courriers. « *Le séjour du jeune homme à Rome est une épreuve humiliante. Il lui faut vivre avec ses ennemis jurés à la cour du pontife. Il voudrait les voir morts, mais il serre les poings, se tait, dissimule sa haine. Il espère du pape un signe d'amitié, quelques mots, une preuve qu'il n'est pas oublié. Hélas, il semble l'être.* »

Après quarante jours de patience, Raimond le Jeune est introduit en audience pontificale.

— Je vais quitter ta cour. Rien n'est venu de ce que j'espérais.

Comme s'il avait oublié les décisions proclamées le 14 novembre dernier, le pape lui prodigue alors ses conseils.

— Écoute. Suis ces lois que je vais te prescrire. Obéis à l'Église, communie humblement aux deux messes du jour. Châtie les mal-croyants. Garde-toi de courir l'arme au poing, d'attaquer tes voisins, de ruiner tes vassaux. Mais en guerrier, réponds à qui voudrait voler tes domaines.

— Saint père, l'interrompt Raimond avec vivacité, tes discours me torturent ! Comment gouverne-t-on une absence de terre ? Je n'ai plus ni toit ni bien. Tu m'as fait pauvre. Si tu veux que je règne, il me faudra d'abord arracher à Montfort le pays qu'il m'a pris.

— Aie donc confiance en Dieu. Il saura te combler. Pour t'apaiser, je te donne Beaucaire, la terre d'Argence et le comtat Venaissin. En attendant de voir si tu mérites mieux, je laisse Montfort gouverner le reste du pays.

Accepter cette proposition reviendrait à reconnaître l'usurpation. Raimond ne saurait songer un seul instant à y consentir.

— Il m'est intolérable d'avoir à partager mon pays avec cet homme. Lui et moi n'avons qu'à vaincre ou à mourir. L'un de nous gouvernera ces terres et l'autre sera dessous, dans un cercueil. Je vais me battre. Je ne te demande rien. Sauf ta bénédiction et la reconnaissance du pays reconquis, si Dieu m'accorde la victoire.

Le pape le bénit et lui baise le front.

— Que Dieu exauce tes vœux et te garde du mal.

Raimond le Jeune me rejoint à Gênes. Nous embarquons aussitôt. Le navire est prêt à prendre la mer. Le chef de l'équipage nous demande où mettre le cap.

— Sur Marseille ! répond sans hésiter Raimond le Jeune.

À quoi puis-je attribuer l'espoir qui m'habite ? À une grâce qui m'aurait touché lors de mes oraisons à Venise ? Aux encouragements accordés par le pape à Raimond ? Au sentiment de révolte contre le sort indigne qui nous est fait ? Jamais je n'ai été en si faible posture. Mais jamais je n'ai été aussi déterminé à rétablir nos droits et notre honneur.

C'est sans doute à mon fils que je dois cette confiance nouvelle. Chair de ma chair, il mêle en lui les sangs des rois de France et d'Angleterre. Son ardeur est attisée par le souvenir de défaites dont, enfant, il fut si souvent le témoin impuissant.

Aujourd'hui, il est en âge de se battre. Il sait que, désormais, nous n'avons plus rien à espérer du pape, ni des rois. Ce n'est qu'à la force de l'épée, et sans aucun allié, que nous pourrons reconquérir nos terres. L'ampleur du défi le stimule.

Sous un ciel d'azur, nous longeons la côte provençale. Au loin, blancs et étincelants, se dressent les sommets des Alpes.

PARTIE V

La croix et le lion

La sève
de la liberté

Marseille, mars 1216

Passée la pointe de la jetée formant l'entrée du
port, nous découvrons l'immense foule rassemblée
autour du bassin. Une clameur s'élève à la vue de
notre étendard flottant au sommet du mât.

Pendant que l'équipage manœuvrant à l'aviron
amène le navire le long du quai, nous saluons, depuis
le pont, les Marseillais qui nous acclament. Nous,
les exilés, les proscrits, les bannis, sommes accueillis
comme jamais je ne le fus lorsque j'étais au faîte de
ma puissance.

— Toulouse !

— Vive le comte naturel ! Mort au comte pos-
tiche !

— Marseille avec Raimond !

Installés au château du Tholonée, dans la ville
basse, nous recevons à chaque instant des témoi-

gnages de soutien. Les consuls de Marseille et les représentants des corps de métier viennent tour à tour nous promettre de se liguer à nos côtés. Eux aussi sont en lutte contre les ecclésiastiques qui bafouent leurs libertés communales. Scandalisés par les décisions du concile, ils joignent leur cause à la nôtre. Le soir même, la population se révolte et envahit le palais épiscopal. L'évêque s'enfuit dans la nuit.

Dès le lendemain les émissaires se succèdent, venus des quartiers de la ville ou des cités environnantes. Tous se rangent sous nos couleurs. Une délégation nous apporte un message d'Avignon : « Les bourgeois désirent rendre hommage à Votre Seigneurie. »

Nous partons aussitôt. Le surlendemain, arrivés à Avignon au soleil couchant, nous constatons que le message disait vrai. Consuls et marchands nous attendent devant les portes de la cité. Des feuillages fraîchement coupés forment une allée d'honneur de part et d'autre de laquelle on s'agenouille à notre passage. Sur le rempart, la foule crie sa joie en agitant des étendards. Devant l'entrée de la cité, l'un des Avignonnais les plus respectés, Arnaud Audegier, s'avance vers nous. Vêtu d'apparat, il nous présente les clés de la ville posées sur un coussin de soie.

— Notre ville est à vous. Nous vous offrons nos vies, nos maisons, nos murailles. Chevaliers piaffants et bourgeois dévoués, tous en armes, sont prêts à vous servir, à combattre et à mourir. Ils n'auront désormais qu'une cause : la vôtre. Nous répandrons le sang jusqu'à reconquérir le pays toulousain.

Une ovation salue ses phrases et accompagne notre entrée dans la ville. Nous avons peine à avancer dans la rue principale au milieu de la foule. Les mains se tendent vers nous, les enfants sont portés à bout de bras, les vieilles femmes pleurent de joie. La milice urbaine doit nous frayer un chemin à coups de bâton jusqu'à la cathédrale.

Après avoir rendu grâce à Dieu, nous allons partager un repas de fête dans la maison communale. Jongleurs, chanteurs et danseurs se succèdent toute la soirée. Sur les tables, poissons, volailles, sauces, légumes et fruits sont disposés en abondance. Dorés, rouges, vermeils, les vins de Provence rehaussés de girofle nous inspirent des chansons d'amour.

En ce printemps 1216, telle une sève, un désir de liberté monte dans notre pays provençal.

Après Marseille et Avignon, Tarascon, Pierrelatte, Vallabrègue, Malaucène, Beaumes épousent notre cause. Guy de Cavaillon, Dragonet de Mondragon, Adhémar et Guillaume de Valentinois, Guiraud et son fils Giraudet de Montélimar et bien d'autres seigneurs viennent nous rejoindre. Chaque jour qui passe, de nouvelles villes et de nouveaux chevaliers prennent nos couleurs. On nous annonce que la croix de Toulouse flotte sur Beaucaire. La cité où, sortant du ventre de Jeanne d'Angleterre, mon fils vit le jour il y a dix-neuf ans... Mais, au-dessus de la ville qui s'étend sur la rive droite du Rhône, la citadelle, dressée sur son rocher dominant le fleuve, abrite une garnison commandée par Lambert de Thury. C'est, parmi les fidèles compagnons de Simon de Montfort, l'un des plus redoutables guerriers.

Les messagers venus de Beaucaire implorent du secours.

— Depuis que la ville a pris votre parti, nous tremblons chaque jour. À tout instant nous craignons de voir s'ouvrir les portes de la citadelle et dévaler sur nous les chevaliers français. Si vous ne venez pas nous protéger, ils nous massacreront pour punir Beaucaire de s'être rangée à vos côtés.

— C'est ma ville natale. Je ne saurai souffrir que son peuple soit maltraité.

Raimond le Jeune lève sa main droite devant toute la noblesse provençale réunie autour de nous :

— C'est à Beaucaire que j'ai trouvé la vie. C'est donc à Beaucaire que je trouverai la gloire ou la mort ! J'en fais devant tous le serment.

Nous tenons conseil pour décider que Raimond le Jeune et toutes nos forces disponibles doivent sans plus tarder se porter sur Beaucaire. De mon côté, je vais reprendre la mer, regagner Barcelone et tenter d'y trouver d'autres alliés pour préparer la libération de Toulouse. Je confie Raimond aux seigneurs qui nous entourent.

— Soyez ses lieutenants, ses conseillers, ses frères. Cette guerre est la vôtre, autant que la sienne.

Mon fils me demande de lui écrire souvent.

— Confiez-moi vos pensées et contez-moi les événements que vous traverserez. N'oubliez pas nos amis de Toulouse. Ils souffrent pour notre cause. Écrivez-leur aussi.

L'Anonyme restera auprès de Raimond le Jeune. Il promet de me faire parvenir régulièrement le récit de ce qui va advenir. En serrant mon fils contre mon cœur, le sentiment que j'éprouve mêle à l'affection la fierté et l'espoir.

À Barcelone, je retrouve Éléonore et Sancie, que je comble de bonheur en leur racontant notre marche triomphale sur les rives du Rhône. À chaque arrivée de navire venu des ports de Provence, nous espérons recevoir un message.

Chaque semaine, la chronique de l'Anonyme apaise notre impatience et nos appréhensions. Grâce à une parfaite connaissance des lieux et aux récits détaillés, j'imagine aisément la situation et les événements.

Nos forces tiennent le fleuve et la ville. Raimond le Jeune et ses compagnons sont entrés dans Beaucaire par la grande porte de la Croix, accueillis par les consuls venus lui remettre les clés de la ville. Au même moment, des renforts débarquaient sur la rive du Rhône, venus d'Avignon ou de Tarascon. Dans la ville en effervescence, les maisons s'ouvrent pour loger les chevaliers et les tentes se dressent sur les berges pour abriter les soldats. L'installation se fait au milieu d'un joyeux désordre.

Du haut des remparts de la citadelle, Lambert de Thury et ses hommes dominent Beaucaire tapie au pied du rocher, le long du fleuve. Ils ont pu observer l'arrivée de notre troupe, compter les bateaux venus accoster sous le mur de la ville et surveiller les préparatifs de notre armée.

Voulant mettre à profit la confusion qui règne et ne pas nous laisser le temps de nous disposer en ordre de bataille, Lambert de Thury décide de lancer ses forces.

En bas, habitants et soldats fraternisent et boivent à la victoire de nos armes, lorsque résonne le fracas des portes de la citadelle. Deux battants ferrés s'ouvrent d'un seul coup pour libérer les cavaliers français. Leur troupe n'est pas nombreuse, mais elle est redoutable, déferlant au galop le long de la pente qui conduit de la forteresse à la ville. Ils y entrent, l'épée haute et la lance droite, en braillant : « Montfort ! Montfort ! ». L'Anonyme me conte cette première bataille.

On crie, on se bouscule, on fuit, rasant les murs. Les soldats communaux vont s'armer à la hâte. les barons provençaux s'empressent, hurlant leurs ordres : « Sonnez des trompes ! Déployez les bannières ! À nous, Toulouse ! » Ils foncent droit sur l'ennemi. Voici enchevêtrés les javelots, les lances, les haches, les cognées, les épées, les bâtons, les flèches, les cailloux, les carreaux et les poings.

Toute la population de Beaucaire défend sa ville.

Des greniers pleuvent dru des giboulées de pierres qui brisent les écus, cabossent les casques, trouent les gilets ferrés. Les Français perdent pied, se replient en désordre, ivres de coups, saignants, le dos rond sous la grêle.

Ils remontent au galop la pente du rocher pour se mettre à l'abri de la forteresse, dont ils ferment solidement les portes avant d'aller se poster au faîte du rempart crénelé.

J'écris aussitôt à Raimond le Jeune pour le féliciter, l'encourager et le conseiller. Il doit veiller à conserver ses alliés : « *Honorez et comblez les gens d'Avignon et les Marseillais, veillez sur ceux de Tarascon. Qu'ils aient leur juste part des batailles gagnées. Vous avez besoin d'eux pour tenir le pays et pour prendre la forteresse. Leurs bateliers armés doivent fermer l'accès du roc où est bâtie la citadelle. Privée d'eau, elle tombera. Dieu vous garde. Votre père, Raimond.* »

Le courrier suivant m'apprend qu'ils appliquent exactement cette tactique. Ils enferment la garnison en construisant un mur d'enceinte à la base du rocher dont le sommet porte la citadelle. « *Dès l'aube les crieurs éveillent les ruelles : "Au travail, bonnes gens !" Chacun trousse ses manches. Les uns piochent, déblaient, d'autres creusent, terrassent. Jamais aucun rempart n'eut d'aussi riches maçons : dames et grands barons entassent la rocaille, pucelles et garçons taillent bois et pierres. Tous se donnent du cœur en chantant des ballades. La muraille est bientôt assez puissante et haute. Le château est fermement cerné. Nul ne peut en sortir pour puiser l'eau du fleuve et y mener boire les chevaux.* »

Comme à Carcassonne, à Minerve et à Termes, le refuge est devenu prison. Mais cette fois ce sont les Français qui sont dans le piège, aux prises avec la faim, la soif et la peur. Les nôtres, ravitaillés par le fleuve et les campagnes environnantes, ne manquent de rien.

Des contrées alentour on vient offrir au comte porcelets et moutons, bœufs et vaches laitières, oies grasses et poulets, perdrix et chapons fins, venaisons, charretées de farine et de blé, bon vin en abondance. On se croirait en Terre promise.

Notre armée est bien nourrie, mais les hommes n'auront guère le loisir de festoyer. Les Montfort arrivent. Simon vient de France, où il était auprès de Philippe Auguste pour lui faire hommage après les décisions du concile. Guy accourt de Toulouse, où il séjournait au château Narbonnais. Les deux frères se retrouvent le 6 juin devant les remparts de Beaucaire. Amaury de Montfort, le fils de Simon, Alain de Roucy, Guy de Lévis, Hugues de Lacy, Foucaud de Berzy, suivis de leurs compagnies armées, entourent l'usurpateur.

Les Français établissent leur camp dans la plaine face à Beaucaire. Ils coupent les arbres et dressent leurs tentes à l'orée des champs d'oliviers. Planté au milieu de ses barons, Montfort regarde les deux bannières qui ondulent dans le souffle du mistral. Son lion flotte sur la citadelle, au-dessus du rocher inaccessible où ses hommes sont emmurés vivants ; la croix d'or de Toulouse déployée par le vent sur les remparts de Beaucaire le défie.

— J'enrage, messeigneurs ! Cette terre est à moi. Le comte de Toulouse est un truand, un traître. L'Église m'a donné ce comté. J'obéis à ses ordres formels. J'ai le droit et même le devoir de planter mes bannières sur cette ville. Et voilà ce morveux qui vient me brailler "Toulouse !" à la figure...

Jamais ses compagnons ne l'ont vu dans une telle

colère. Craignant qu'elle n'obscurcisse son jugement, Alain de Roucy appelle à la lucidité.

— L'orgueil et l'arrogance ne viendront pas à bout des remparts de cette ville. Raimond est peut-être un jouvenceau, mais il est le neveu de Richard Cœur de Lion. Il a de qui tenir. Vous pouvez l'insulter, mais cet enfant joue gagnant. Il a jeté son dé : six ! Saurez-vous faire mieux ? Nous ne pouvons pas libérer nos gens cernés dans ce donjon. Et s'ils succombent, la perte et l'affront seront irréparables. Voulez-vous un conseil ? Envoyez sur l'heure deux bons négociateurs et offrez la Provence en échange des nôtres. En serez-vous plus pauvre ? Le reste du pays suffit à notre gloire.

— C'est indigne ! Ton conseil ne vaut rien. La seule façon de traiter Raimondet, c'est le poing sanglant et l'épée ruisselante. S'il tue ceux du donjon, moi, je truciderai deux fois plus de ses gens. Je resterai sept ans, s'il le faut, planté là, mais je prendrai la ville et je les délivrerai.

Dans la clarté de la nuit provençale, les bateliers vigilants assurent le contrôle du fleuve. Aux portes de Beaucaire et à la lisière du camp de Montfort, les guetteurs s'observent de loin. Les chevaux sont sellés et les armes à portée de main. En haut, sur les remparts, à demi morts de soif, les hommes de Lambert de Thury crient des appels désespérés en direction du camp français.

Aux premiers rayons du soleil, les deux armées se

préparent au combat. Montfort, aussi furieux que la veille, harangue ses troupes et interpelle ses vassaux.

— Souvenez-vous. Je vous ai tout donné. Des châteaux et des butins conquis de haute lutte, qui peut prétendre ici n'avoir pas eu sa part ? Qui se plaint ? Dites-moi !

Il foudroie du regard ses compagnons.

— Personne ! Alors tâchez que je n'aie pas à me plaindre de vous !

Au même moment, sous les remparts de Beaucaire, Rostan de Carbonnières, un chevalier provençal, a pris le commandement. Dressé sur ses étriers, il parle à ses cavaliers :

— Les clercs nous ont menti. On ne saurait servir le Christ en massacrant un peuple, en brûlant un pays, en ravageant des villes, en privant de son bien un seigneur légitime. Notre cause est la seule juste et bonne. Elle conduit au salut de nos âmes. Cognez dur !

Dans un mugissement de trompes, Montfort et son armée lancent leur charge. Les nôtres ne bougent pas. Ils se regroupent autour des portes de la ville, ils s'adossent à leurs ouvrages de défense, arc-boutés pour résister au choc de la cavalerie qui galope sur eux.

— Si nous brisons l'assaut qui nous vient droit dessus, ils sont perdus ! crie le seigneur de Montélimar.

La chronique de la bataille témoigne de sa violence.

La charge des Croisés s'enfonce puissamment dans l'épaisse forêt des cuirasses adverses. L'accueil des Provençaux est vaillant. Sifflent et cognent les épées, les aciers, les masses, les javelots, les écus, les haches, les flèches, les carreaux d'arbalète, les dards, les traits, les poings et les épieux. Les chevaliers besognent avec acharnement. Chacun pousse ses gens au plus chaud des mêlées. Le fracas du combat est si tonitruant que le fleuve et la terre en frémissent. Le carnage est atroce. Les poings tranchés, les bras arrachés, les corps sans tête, les cervelles gisant dans les flaques de sang couvrent partout le pré...

Ceux de Beaucaire, enfin, combattant pied à pied, contiennent les Croisés et les rejettent. La bataille est rompue. Chacun rejoint son camp. Plus de cris. Des chevaux bardés de fer divaguent çà et là, privés de cavalier ou traînant des cadavres.

Pourquoi ne pas avouer la satisfaction de mon amour-propre en découvrant que mon fils applique les tactiques que j'ai toujours préconisées ! Il ne se lance pas dans des charges aventureuses. Jamais il ne s'éloigne de ses lignes de défense. Si nous avions agi ainsi à Muret, nous n'aurions pas perdu la bataille.

Montfort, défait, hurle son ressentiment.

— Ce jeune Raimondet a-t-il croqué du tigre ? Depuis qu'il a quitté Rome et la cour du pape, rien ne peut l'arrêter.

Cette fois, il s'en prend aux trois évêques et à quelques abbés qui séjournent dans le camp.

— Je ne sers que l'Église en cette sombre histoire. Elle doit donc m'aider. Sinon, je vous préviens, messeigneurs les prélats, je ne pourrai tenir longtemps les fiefs conquis et les cités soumises. Ensuite, on me dira fautif. C'est toujours ainsi.

L'évêque de Nîmes, faisant taire les autres ecclésiastiques avec l'autorité de celui qui est en son diocèse, s'empresse de calmer Montfort.

— Sire comte, adorez Jésus-Christ. Bien et mal, nuit et jour. C'est la ronde du monde. Ce que l'on perd sur terre est regagné au ciel.

— Suffit, l'évêque ! coupe Foucaud de Berzy. Tes discours de bénisseur nous agacent les oreilles. Aujourd'hui, Jésus a déserté nos rangs. C'est clair. Après tout, nos âmes sont peut-être aussi mauvaises que tes sermons.

À Beaucaire, on a percé des tonneaux de vin de Genestet pour célébrer la victoire. Au milieu des chansons et des festivités, Raimond le Jeune garde la tête froide. Auprès de Dragonet de Mondragon, il s'enquiert de l'état des verrous de notre défense.

— Le fleuve ?

— Il est à nous jusqu'à Arles. Aucun gué qui ne soit tenu par nos barques armées. Les vivres et les renforts arrivent chaque jour.

— Le château ?

— Il leur faudrait des ailes pour s'en échapper. Regardez !

Dragonet de Mondragon pointe son doigt vers le donjon. Dans l'azur du ciel de juin flotte un drapeau noir. L'étendard de détresse a pris la place de la bannière au lion, brisée par le jet d'une catapulte. Sur le chemin de ronde, quelques hommes, hirsutes et décharnés, agitent à bout de bras des cruches et des flacons vides. Par ces signaux, ils disent à Montfort qu'ils sont sur le point de mourir de soif. Tournoyant lentement au-dessus du donjon, quelques charognards ont commencé leur ronde macabre.

Les Français vont tenter de répondre à l'appel de leurs compagnons agonisants. Les barons croisés mènent leur troupe en un lieu nommé la colline des pendus. Ils pourront ainsi bénéficier de la pente pour donner de la puissance à la charge de leur cavalerie. Montfort lance à ses chevaliers :

— Au château, mon lion crie famine, mais ce soir il sera saoul de sang et repu de cervelles !

Les forces provençales observent la manœuvre et se préparent à résister au choc.

Tumulte, braillement, claquement de bannières, appel des trompes cuivrées déchirent l'air limpide, font frissonner les arbres et résonner la terre. Le comte de Montfort, ce sinistre bandit, emporté au galop de son grand cheval noir, rugit comme un lion. Il se jette au plus chaud de l'énorme mêlée. Le sang jaillit autour de lui. Les corps se fendent. Mais nos défenseurs sont en si grande foule et résistent si bien à l'attaque ennemie que le déferlement se répand en cadavres. Tempête de fer et tonnerre d'enclume. La bataille est si rude, meurtrière, acharnée que les Croisés reculent et bientôt tournent bride. Les Provençaux, hurlants, leur galopent dessus, trouant les fuyards. L'herbe est partout sanglante et couverte de morts, de bras, de pieds, d'entrailles, de têtes défoncées. Les cavaliers toulousains pataugent dans le carnage et font la chasse aux

273

vaincus. La bataille est finie. Dans le pré désert, chiens, vautours et corbeaux font festin de charognes.

Depuis le Rhône jusqu'à la Garonne, dans la montagne Noire comme dans les vallées pyrénéennes, tout le pays connaît désormais les revers de Montfort et ses échecs répétés face à Raimond le Jeune. Chaque jour, chaque semaine qui passe voient monter l'espoir de notre libération.

Les guetteurs de Beaucaire ont capturé un homme qui, agrippé au rocher surplombant le fleuve, tentait de fuir le château. Hagard, il leur a raconté l'enfer que vivent les assiégés. Ils ont mangé leurs chevaux et leurs mulets. Ils en sont à parler de se nourrir ensuite de la chair des plus faibles d'entre eux.

Le 15 août, en plein midi, alors que les défenseurs de Beaucaire somnolent dans les coins d'ombre, l'armée croisée se déploie une nouvelle fois. L'alerte est donnée. L'attaque est dirigée contre la porte de la Croix. Les Provençaux y massent leurs hommes. Au même moment, une centaine de chevaliers français se ruent par surprise sur la porte de la Vigne, à l'autre bout du rempart de la ville. Nos forces sont prises à revers.

La bataille s'engage sous un soleil brûlant.

Elle s'achève au crépuscule, sur un nouvel échec de Montfort. En cette fin de journée de la fête de la Vierge, il réunit les chefs de son armée sous sa tente de soie.

— Messeigneurs, Dieu m'avertit que je m'égare. Il m'avait donné la gloire et la puissance. Et me voici jeté à bas. Je n'ai plus la force ni l'audace de libérer les miens, cernés dans le donjon. Mais si je lève le siège, tout le monde dira : Montfort est un homme fini.

Son frère Guy ne cherche même plus à le réconforter.

— En vérité, mon frère, Dieu ne supporte plus la guerre que tu mènes. Il a pesé tes actes. Tu es trop soucieux des richesses et trop oublieux du mal que tu causes. Nos hommes sont à bout. Tu leur fais vivre l'enfer.

L'usurpateur se résigne alors à écrire une lettre à Dragonet de Mondragon, le plus sage parmi les lieutenants de Raimond le Jeune :

— Soyez mon messager auprès du jeune comte, lui demande Montfort. Je renonce à Beaucaire et à la Provence s'il libère mes gens enfermés au château.

La proposition est acceptée. Les prisonniers épuisés sont rendus le lendemain et les Croisés lèvent le siège. C'est la première défaite de Simon de Montfort.

Nous savons désormais qu'il n'est pas invincible. Le pape, lui, n'aura pas eu la consolation de l'apprendre. Épuisé par le concile et par la maladie, Innocent III s'est éteint.

La vengeance
de Montfort

Depuis mon arrivée en Aragon et l'entrée de mon fils à Beaucaire, j'échange des correspondances avec mes plus fidèles amis toulousains. La ville est en liesse. Chaque jour les nouvelles parvenues de Beaucaire et lues sur les places publiques sont saluées par des clameurs. Une rumeur se propage, faisant naître l'espoir de mon retour imminent. L'heure de la libération a enfin sonné. Nul n'en doute. Le capitoul Aymeri de Castelnau a organisé une conjuration. Aux hommes rassemblés autour de lui il a fait prêter serment, jurant de se battre jusqu'à la mort pour libérer leur ville, chasser l'usurpateur et rétablir dans ses droits la famille raimondine.

Après cinq semaines d'échecs répétés pour Simon de Montfort devant les murs de Beaucaire, ils jugent le moment propice à mon retour. Mon entrée dans la ville donnerait le signal de la révolte contre les Croisés, m'ont-ils écrit.

Répondant à l'appel des miens, je me mets en route pour franchir les Pyrénées mais il est déjà trop tard. Montfort, ayant capitulé devant Beaucaire, rassemble ses forces et se lance sur la route de Toulouse. Suivi de son armée, il ne lui faut pas trois jours pour parcourir une distance qui exige normalement cinq jours de voyage. L'humiliation subie est si cuisante qu'il ne veut pas perdre un instant pour la faire payer aux Toulousains.

Apprenant cela, j'ordonne à mon escorte de rebrousser chemin vers Barcelone.

Il est déjà trop tard ou encore trop tôt.

Une tentative d'incursion sera vouée à l'échec si Montfort et ses forces sont dans la ville. Il faut attendre qu'il reparte. Il ne manquera pas de le faire un jour ou l'autre pour tenter de reprendre la Provence ou d'annexer quelques territoires pyrénéens. Mais auparavant, il assouvira sa vengeance sur Toulouse et ses habitants. Il sait que la ville a fourni des renforts à l'armée provençale de Raimond le Jeune et qu'un groupe influent s'active autour des consuls et d'Aymeri de Castelnau pour préparer mon retour. Le pape et le roi lui ayant donné le comté et sa capitale, il s'apprête à châtier les révoltés, les récalcitrants et les indociles comme des traîtres.

À ma demande, l'Anonyme a quitté la Provence. Il a rasé sa barbe noire pour être méconnaissable et que nul ne puisse identifier celui qui m'accompagnait au concile du Latran. Il se glisse dans la ville pour observer les événements et m'en tenir informé. Dès qu'une chronique est prête, un homme acquis à notre cause la glisse dans son pourpoint et chevauche vers Barcelone.

Toulouse, août 1216

La tête de l'armée de Montfort s'est immobilisée sur la crête d'où l'on découvre la ville dans sa totalité : la cité dominée par le clocher de la cathédrale Saint-Étienne, le bourg édifié autour de la basilique Saint-Sernin, et de l'autre côté de la Garonne, sur la rive gauche du fleuve, le faubourg Saint-Cyprien.

Le tyran s'emporte aussitôt.

— J'avais ordonné que les défenses soient détruites de fond en comble, et que vois-je ? Ici, un fossé qui n'est pas comblé, là, un mur toujours debout, là-bas, une tour crénelée qui n'a pas été démantelée. Près de la moitié des portes subsistent.

— Messire mon frère, intervient Guy, vos ordres sont appliqués, mais il est impossible d'anéantir en deux ans ce qui a été édifié en dix siècles. D'autant que les habitants ne se fatiguent guère pour accomplir cette besogne. Au contraire, ils feignent de ruiner un mur quand nous les surveillons ; dès que nous tournons le dos, ils le renforcent.

Une délégation sortie de la ville chemine vers les chefs de la croisade. Montés sur des chevaux ou sur des mules, les émissaires sont désarmés. Ils arborent en revanche l'apparat des vêtements de leurs fonctions. Rouge et noir des consuls capitouliers, emblèmes des nombreux corps de métier, tuniques pourpres des officiers de justice. Le cortège parcourt lentement le chemin qui mène au faîte de la colline. Par leurs vêtements civils et la lenteur de leur allure, les émissaires signifient clairement que leur démarche est pacifique. Revêtus de leurs pièces

278

d'armure et de leur cotte de mailles, la lance au poing, les chevaliers français restent en selle, dominant ceux qui viennent humblement mettre pied à terre devant eux.

Les Toulousains s'inclinent respectueusement et feignent l'étonnement qu'exprime un consul :

— Nous sommes surpris de vous voir arriver bannières déployées et fers brandis. Voulez-vous donc, sire comte, piller votre propre cité ? Qu'avons-nous fait pour mériter votre hostilité ? Vous avez promis la paix et la tranquillité. À votre air belliqueux vous ne semblez pas vouloir tenir parole. Vous arrivez comme un lion furieux.

Un marchand de drap établi dans le bourg s'avance vers Montfort la main sur le cœur.

— Nous n'avons qu'un désir : vous contenter. Laissez votre heaume et votre haubert. Entrez chez nous en pourpoint doré, couronné de guirlandes. Tout le monde vous saluera sur votre palefroi.

Simon de Montfort crache aux pieds de son interlocuteur.

— Cette ville est à moi ! J'y viens comme il me plaît. Vous m'avez fait grand tort. Vos amis m'ont volé Beaucaire et la Provence, le comtat Venaissin et le Valentinois. En un mois j'ai reçu plus de vingt messagers qui tous m'ont rapporté vos sordides traîtrises. Je sais que vous avez bassement manœuvré pour que le vieux Raimond revienne à Toulouse et m'en chasse. Je poserai mes armes quand vous m'aurez livré vos plus riches bourgeois que je prendrai en otages.

Les prospères citoyens qui s'étaient courageusement dévoués pour cette ambassade blêmissent sous la menace. Un négociant en vins, mains jointes et regard levé vers Montfort, implore :

— Ayez pitié de nous, de notre ville, de son peuple innocent. Nos cœurs sont sans malice. Nul n'a jamais comploté votre perte. Celui qui prétend le contraire est le vrai malfaisant, lance-t-il en regardant Foulques, assis à califourchon sur sa mule.

— Fieffés hypocrites ! s'écrie Montfort. Vous me méprisez, vous voudriez me voir dépouillé.

D'un coup de talon, Guy fait avancer son cheval pour venir contre le flanc de celui de son frère. Alain de Roucy s'approche à son tour.

— Refrénez votre rancœur. Prenez garde : humilier Toulouse est un risque mortel. À ce jeu-là, vous risquez de tomber plus bas que terre.

Oubliant la délégation toulousaine, Montfort s'en prend aux siens.

— Je n'ai plus un denier. Ceux qui me suivent ont faim. Voulez-vous qu'ils nous lâchent ? Je vais prendre en ces murs de quoi payer mes gens.

Il lance ses ordres.

— Arrêtez ces bavards ! Jetez-les dans les prisons du château Narbonnais. Faisons main basse sur leurs biens, et nous repartirons conquérir la Provence. Les Toulousains me l'ont volée ! Eh bien, c'est avec leur argent que je la reprendrai.

Les sergents d'armes tiennent déjà les émissaires au bout de leurs lances dont les pennons s'enfoncent dans l'épaisseur des vêtements. Guy de Montfort insiste auprès de son frère pour le convaincre de se montrer clément.

— Prenez un cinquième de leur or. Ou même le

quart. Personne ne vous en voudra. Mais ne ruinez pas la ville.

Simon le foudroie du regard.

— Mon frère, nos soldats menacent de s'en aller s'ils ne sont pas payés. Avez-vous une seule raison de ménager Toulouse ? Aucune.

Consuls, marchands et bourgeois sont poussés par la garde armée vers le château Narbonnais et jetés au fond des cachots humides et grouillants de rats.

Une heure plus tard, Foulques entre dans la ville. Il est accompagné de l'abbé de Saint-Sernin. Les deux ecclésiastiques, protégés par une escorte vigilante, clament leurs appels à travers les rues pleines d'une foule inquiète. L'évêque rassure la population. S'arrêtant sur chaque place, debout sur les étriers de sa mule, il lance des proclamations apaisantes :

— Allez au-devant de votre comte. Si vous l'aimez, vous serez bien traités. Il ne veut rien vous prendre. Au contraire, il veut vous voir heureux.

L'abbé de Saint-Sernin, lorsque la voix de Foulques faiblit, supplée son supérieur.

— L'évêque dit la vérité. Courez accueillir Montfort. Ouvrez vos maisons à ses hommes. Vendez-leur ce qu'ils veulent. Vous serez bien payés. Ne craignez rien. Ils sont honnêtes.

Espérant échapper aux représailles et au pillage, beaucoup de Toulousains se dirigent vers les entrées de la ville pour y recevoir le nouveau comte. Soudain des cris retentissent dans la foule :

— Alerte ! Ils prennent des otages. Si vous sortez des murs, gare à vous !

Dans une débandade générale, chacun court rejoindre sa maison et protéger les siens. Les soldats et les mercenaires envahissent la ville, les armes à la main. Près de Saint-Sernin, l'Anonyme a pu trouver une chambre dont l'étroite fenêtre donne sur la rue. Il consigne par écrit les scènes qui se déroulent sous ses yeux.

Les malfrats, par brassées, prennent tout ce qu'ils trouvent. Les Toulousains sont traités comme juifs en Égypte. Les femmes et les enfants pleurent sur les places. Soudain, enfle un cri de révolte : « Aux armes ! Réveillez-vous ! Mieux vaut mourir debout ! »

Chevaliers, miliciens, écuyers, bourgeois surgissent de partout, poussés par la fureur.

Coiffés de fer, vêtus de cuir, armés d'écus, de haches, de faucilles, de faux, de pieux, de massues, d'arcs, d'arbalètes, de coutelas, les voici rassemblés.

Les femmes et les filles se joignent à eux pour dresser des barricades. On protège les portes des maisons devant lesquelles s'entassent buffets, coffres, échelles, tonneaux, poutres, étals de boutiques...

L'Anonyme sort pour assister dans la rue aux événements qu'il me rapporte.

Le combat commence, ardent et tumultueux. La rage est à son comble. On cogne à toute force, haine au cœur, hargne aux dents. Toulouse se défend avec tant de vaillance que les Croisés reculent et perdent pied sous les coups. Alors Montfort s'écrie : « Mettons le feu partout ! » Aussitôt les brandons et les torches s'allument.

Sur les conseils de Foulques, c'est Joutxaigues, le quartier des prêteurs et des juifs, que l'on incendie d'abord. Pendant que le peuple lutte contre la propagation des flammes, les troupes d'invasion tentent de se regrouper autour de l'évêché et de la cathédrale. Une colonne de chevaliers avance par la place Sainte-Scarbes et une autre charge par la rue Croix-Baragnon. Combattant pied à pied, jetant par les fenêtres rondins de bois et huile bouillante, les habitants résistent de toutes leurs forces. Les Français, dont les chevaux se prennent dans les planches des barricades, sont assaillis de toutes parts. Les premiers arrivent sur le parvis de Saint-Étienne, qui devient aussitôt champ de bataille, bientôt jonché d'hommes et de chevaux morts.

Après s'être acharné jusqu'à la nuit tombante, Montfort ordonne le repli des Croisés sur le château Narbonnais. Brûlant de rage, il ordonne d'extraire des cachots les otages capturés le matin.

— Je vous ferai trancher la tête et vos cadavres seront précipités du haut de ces remparts.

Foulques l'entraîne à l'écart pour le calmer.

— Tentons d'amadouer le peuple. Laissez-moi faire.

Toute la nuit, l'évêque écrit des lettres que des clercs vont porter dans les maisons les plus respectées. Dispensant paroles de miel et douces promesses, il supplie les chefs des grandes familles d'observer une trêve. Il leur demande de recevoir les émissaires de paix qu'il leur enverra dès le lendemain matin en la Maison commune.

Dans la salle du chapitre des consuls capitouliers, le public est nombreux. Artisans, chevaliers, bourgeois se marchent sur les pieds pour apercevoir ou entendre les envoyés de Foulques. L'abbé de Saint-Sernin est assisté de maître Robert, un homme de loi passé au service de Montfort. Ils s'efforcent d'apaiser et de rassurer les Toulousains.

— L'évêque qui nous a délégués devant votre assemblée pleure sur vos malheurs. Cette nuit il a tant fait qu'il a fléchi Montfort, qui s'était d'abord courroucé de voir Monseigneur prendre fait et cause pour vous. Mais un accord est désormais possible. Il ne dépend plus que de vous. Rendez-vous. Vous n'y perdrez rien. Ni vos vies, ni vos maisons ni vos fortunes, rien ne vous sera pris. Montfort n'est pas de ces nobles qui contraignent les gens. Il vous veut libres. D'ailleurs celui qui le souhaiterait pourra quitter la ville sans aucun empêchement.

— L'abbé, répond un capitoul, vos discours patelins nous font froid dans le dos. Ni Foulques ni Montfort n'ont jamais tenu la moindre promesse. Le comte est trop teigneux, trop griffu, trop rageur pour que nous puissions croire à vos ronronnements.

Le public approuve bruyamment. L'abbé de Saint-Sernin insiste :

— Réfléchissez. Si l'Église vous prend sous sa protection, Montfort ne peut rien contre vous. À la moindre injustice, au premier emportement, nous le punirions.

Main droite sur le cœur, le juriste, maître Robert, proclame :

— Le comte de Montfort vous sait loyaux et bons. Il ne veut pas vous voir dans la peine.

Après une hésitation, il nuance son propos :

— À vrai dire, un seul coupable ici excite sa colère. C'est un noble de haut rang que vous connaissez tous.

Aymeri de Castelnau, le chef de la conjuration qui prépare mon retour, s'est déjà levé.

— Je suis cet homme-là ! Mieux vaut que je quitte Toulouse avec quelques amis. J'y suis prêt. Signez-moi un sauf-conduit et je m'en vais sur l'heure.

Maître Robert écrit aussitôt quelques lignes sur un parchemin qu'il tend à Aymeri de Castelnau, lui glissant à l'oreille :

— Faites vite. Montfort vous déteste.

Le consul empoche le papier et quitte la salle, suivi de ses compagnons. Quelques instants plus tard, ils sortent de la ville et prennent au galop la route de Barcelone pour venir me rejoindre.

Les pires rumeurs courent les rues. La foule se presse autour de la Maison commune. Elle exige de participer aux débats. Les envoyés de l'évêque et les consuls décident de se transporter en un lieu ouvert sur le pré Villeneuve. Jouant des coudes et du bâton, les hommes de la milice urbaine leur fraient un passage dans les rues au milieu de la bousculade. Ils passent la porte qui ouvre sur un vaste champ bordé par le rempart de la Cité et par celui du Bourg.

Foulques est au milieu du pré, monté sur un destrier blanc. Flanqué de maître Robert et de l'abbé de Saint-Sernin, il s'adresse à l'assemblée des Toulousains. S'inspirant de ses souvenirs de troubadour, il se lance dans une déclamation poétique.

— J'ai mal, j'étouffe, mon cœur saigne...

Il accompagne ses propos de soupirs bruyants, de hoquets larmoyants et de gestes désespérés.

— Je prie Jésus de purger votre âme de l'humeur malsaine qui s'y trouve. Qu'il vous donne courage et confiance afin que l'amour naisse entre Montfort et vous.

Foulques, l'instigateur de toutes les répressions qui se sont abattues sur nous, parle au peuple assemblé comme un doux pasteur prêt à subir le martyre pour le salut des miens.

— Je saurai vous garder des loups et des voleurs. Je saurai vous conduire aux prairies parfumées du paradis céleste. Que je sois dévoré par les bêtes féroces, que ma chair et mon sang soient la proie des vautours, plutôt que de vous voir dans la douleur !

Certains naïfs s'émeuvent de ces paroles.

— Je veux vous conduire à la grande lumière, là où sont les saints, poursuit-il, le doigt levé vers le ciel. Je connais le chemin. Vous n'avez qu'à me suivre.

En attendant le paradis, il leur promet la paix et la sécurité.

— Accordez-moi l'honneur de conclure la paix entre Montfort et vous. Rien ne vous sera pris, ni votre or ni vos terres. Confiez-vous sans crainte à son juste vouloir, sa grâce et son amour vous sont acquis d'avance.

Comme s'il accordait un privilège, il offre aux habitants la liberté de s'exiler.

— Si certains parmi vous ont la mauvaise idée de refuser de servir leur seigneur, ils peuvent partir sans soucis. Nul ne les empêchera.

Les consuls capitouliers connaissent la vanité des promesses de nos ennemis.

— Monseigneur l'évêque, ne nous trompez pas. Faire confiance à Montfort serait une folie pure.

Foulques lève alors le bras pour prêter serment.

— Je prends Dieu à témoin. Si vous avez un jour à vous plaindre du comte, vous trouverez en moi un puissant défenseur.

C'est alors que les *« hommes de Toulouse engagent leur parole »*, écrit l'Anonyme sans ajouter la moindre explication.

Comment ont-ils pu croire Foulques ? Ses talents de troubadour ne sont pas si grands qu'il ait pu les abuser à ce point. L'Anonyme n'a peut-être pas voulu me dire toute la vérité et m'avouer que les forces de la ville sont épuisées par la bataille de rue qu'il a fallu livrer la veille.

Les consuls capitouliers, sachant que Toulouse ne résisterait pas au choc d'une nouvelle incursion de la cavalerie française, se soumettent donc pour éviter un massacre. Arrivés au château Narbonnais, ils sont jetés aux pieds de Montfort. Foulques donne une nouvelle preuve de sa duplicité : au mépris de tous les serments prononcés un instant plus tôt, il les livre à l'usurpateur comme des prisonniers.

— Ceux-là sont à votre merci. Mais il faut prendre encore d'autres otages. Je peux vous indiquer les noms.

Les soldats se répandent alors dans les rues de la ville pour s'emparer des personnages les plus influents : consuls, marchands, hommes de loi. Ils sont tirés hors de chez eux, frappés à coups de pied et de poing, bastonnés, bousculés et traînés brutalement par des sergents d'armes insensibles aux cris des malheureux et aux sanglots de leurs familles. On ne leur laisse pas le temps d'embrasser les leurs, qui les regardent s'éloigner en pleurant.

Quelques heures plus tard, les prisons et la cour du château Narbonnais sont pleines de plusieurs centaines de prisonniers. Sur leurs visages défaits se mêlent larmes, sueur et pluie qui tombe à grosses gouttes.

Dans la tour du Midi, Simon de Montfort a réuni son conseil.

— Je vais piller Toulouse et vous offrir ses biens pour vous payer des mauvais jours passés. Qu'en pensez-vous, mes amis ?

Guy de Montfort veut le dissuader.

— Mon frère, ne faites pas cela. Blesser Toulouse, c'est vous blesser vous-même. Si vous vous souillez de son sang vous perdrez l'honneur. On ne brise pas qui met genou à terre. Vous n'avez qu'un moyen de gagner la ville à votre cause. Libérez les consuls et associez-les au gouvernement des leurs. Rendez les terres aux nobles. Respectez les droits des gens d'ici et ne les écrasez pas de charges nouvelles. Croyez-moi, c'est ainsi qu'il faut prendre Toulouse.

Alain de Roucy est du même avis :

— Suivez son conseil et vous régnerez juste. Ils vous en sauront gré. Mais si vous les pillez, vous y perdrez la peau.

À son tour, Foucaud de Berzy recommande la miséricorde :

— Nous allons savoir si vous êtes un sage ou un écervelé. Si vous brisez Toulouse, dites adieu à l'honneur et au ciel !

— Sottises ! s'écrie Lucas, le plus vindicatif des conseillers de l'usurpateur. Ne croyez pas ces gens. Ils vous trompent.

Simon de Montfort encourage son compagnon à poursuivre :

— Vous avez ma confiance, Lucas. Vous jugez sainement. Que faut-il faire ?

— Brisez les Toulousains et votre nom grandira. Élevez-les et nous tomberons. Vous avez tué leurs parents ou leurs fils. Ils vous détestent. Ils veulent Raimond et vous n'y pouvez rien. Vous ne tiendrez durablement Toulouse qu'en muselière et couchée à vos pieds.

Foulques, à la demande de Montfort, présente ses propositions.

— Si vous voulez prendre en pogne ces gens-là, faites démanteler les remparts, faites saisir les armes et les armures, punissez de mort quiconque en cacherait. Expédiez les otages dans vos terres les plus lointaines. Vous pourrez vider leurs coffres et grâce à leur fortune repartir en guerre pour reprendre Beaucaire et la Provence.

Foulques évoque Beaucaire pour soulever la colère de Simon de Montfort. La blessure infligée par Raimond le Jeune saigne encore.

— Les Provençaux paieront cher l'affront qu'ils m'ont fait !

Montfort se lève et frappe la table du plat de sa main.

— L'évêque et Lucas ont raison. Je ferai de Toulouse une ruine fumante.

Le lendemain matin, Simon de Montfort fait lire une proclamation dans les rues et sur les places de la ville. Les lecteurs juchés sur des tabourets sont protégés par une nombreuse escorte. Les soldats pointent leurs armes en direction de la foule immobile et silencieuse.

— Toulousains ! Voici ce qu'ordonne le comte Simon de Montfort. L'accord que vous avez conclu avec l'évêque est nul et non avenu. Il est inutile d'appeler Dieu ou son clergé à votre secours. Vous devez allégeance à Montfort et à lui seul. Ou vous vous soumettez, ou vous serez bannis simplement munis d'un sauf-conduit.

La foule, terrifiée par les lances et les épées qui la tiennent en respect, n'ose pas manifester sa colère. Soudain un homme s'avance en jouant des coudes pour parvenir au premier rang. Les poings sur les hanches, il défie du regard l'envoyé de Montfort et lui lance :

— Moi, je m'en vais. J'abandonne mes biens. Je ne veux que mon sauf-conduit.

— Attends un instant, il arrive !

Aussitôt quatre sergents s'emparent de lui, le saisissent par la nuque, enchaînent ses pieds et ses poings pour le traîner vers la prison.

Pendant ce temps, des groupes de soldats envahissent les rues et brisent à coups de pied ou de madrier les portes des maisons. Ils les fouillent pour confisquer les armes, s'emparant au passage de ce qui leur plaît. Au son des trompes on pousse la population vers les portes de la ville. Femmes, enfants, chevaliers désarmés, marchands sont conduits comme un troupeau à coups de bâton. Les sergents les insultent et leur crachent dessus.

Les nobles, les riches et les notables sont exilés vers de lointains châteaux où ils seront tenus prisonniers. Le reste de la population est conduit sur les remparts et dans les fossés avec ordre de travailler, cette fois avec vigueur, au démantèlement des ouvrages de défense.

L'Anonyme a été incorporé dans un groupe de démolisseurs. Tout en maniant son pic, il observe ce chantier du désespoir pour le décrire dans la chronique qu'il me destine.

Pelles, fourches, coins, pics, pioches, marteaux d'enclume,
Tout est bon pour jeter les remparts aux fossés.
Simon veut la cité toute nue, sans défense,
Ouverte aux grands chemins, offerte à tous les vents.
Des malfrats cuirassés aboient partout ses ordres,

Raimond « le Cathare »

Sous les coups des béliers s'effrondrent les étages,
Et le plafond des salles, et les tours crénelées,
Les hautes chambres peintes, et les toits des boutiques,
Les galeries voûtées, les piliers, les portails.
Dans la ville meurtrie retentit le vacarme,
Sous l'air obscurci, dans le fracas des pierres,
La poussière, le vent, les trouées de soleil,
Les hommes par milliers s'évertuent, se bousculent.
On dirait que ciel tombe et que terre se fend.

PARTIE VI

Le dernier combat

Le grand siège

Septembre 1217

L'avidité de Simon de Montfort ne connaît plus de bornes. Ayant assouvi sa vengeance en meurtrissant Toulouse, il convoite de nouveaux territoires. Ce que l'Église lui a donné ne lui suffit déjà plus. À toutes les terres conquises, il veut ajouter la Bigorre, qui lui a été refusée par le concile. Pour s'en emparer, il recourt à des moyens déshonorants.

Ce comté appartient à Pétronille, la fille du comte de Comminges. Elle vient de se marier à Nuno Sanche, le fils du régent d'Aragon. Montfort exige que les prélats de Gascogne annulent cette union. Ne pouvant rien refuser à leur protecteur, les évêques obtempèrent. Ils invoquent des liens de parenté entre les époux et prononcent la dissolution. L'usurpateur accourt aussitôt à Tarbes pour contraindre Pétronille, âgée de trente ans, à épouser son fils Guy, un garçon si jeune qu'on l'appelle « Guiot ». Le comté de Bigorre entre ainsi dans les possessions des Montfort.

Après cette indigne conquête, le Centaure fait

route vers la Provence. Prenant soin d'éviter Beaucaire et Raimond le Jeune, il envahit la vallée de la
Drôme. Sous la menace de son armée qui dévaste
la contrée, il force la main d'Adhémar, le comte de
Valentinois, pour qu'il accepte de marier son fils
Guillaume à la petite Amicie de Montfort. Par ces
unions conclues sous la contrainte, il veut régner
des Pyrénées aux Alpes.

Son ambition l'égare. Elle va finir par le perdre...

Vallée de la Garonne, septembre 1217

J'ai franchi les Pyrénées. Avec Aymeri de Castelnau, mon fils Bertrand, Hugues d'Alfaro et quelques compagnons, nous avons décidé de tirer profit
de l'éloignement du tyran. Jamais le moment ne sera
plus propice à mon retour. Dans la haute vallée de
la Garonne, je retrouve mes alliés de la montagne.
Le comte de Foix et son fils Roger Bernard sont
impatients de marcher sur Toulouse. Bernard de
Comminges aspire à se venger de Montfort, qui lui
a imposé son fils pour gendre. Tous savent que
l'entreprise sera difficile, mais aucun n'hésite à
s'engager, à condition que je force le destin en
entrant dans Toulouse. Aymeri de Castelnau nous
expose son plan :

— Une fois que nous serons dans la ville, toute la
population se soulèvera. Mais auparavant, il faudra
y pénétrer. Nous n'y parviendrons pas par la force.
Nous devrons nous glisser par surprise avec l'aide
de quelques amis. Les soldats de la garnison sont

principalement massés autour du château Narbonnais, sur la rive droite. Nous passerons donc par la rive gauche.

Notre petite troupe chemine secrètement, recherchant l'abri des forêts, évitant soigneusement les châteaux tenus par les hommes de Montfort afin que personne ne puisse nous apercevoir et courir donner l'alerte.

Le soir du 12 septembre, arrivant au sommet d'un coteau, je redécouvre soudain Toulouse. Ses briques et ses tuiles rougeoient dans les derniers rayons du soleil. Le cœur battant, je descends de ma monture pour m'agenouiller et rendre grâce à Dieu. Je n'avais pas revu ma ville depuis la bataille de Muret. C'était il y a quatre ans, jour pour jour.

Dissimulés dans un bosquet, nous passons la nuit blottis sous d'épaisses couvertures, incapables de trouver le sommeil, inquiets du moindre bruit. Avant l'aube, deux silhouettes s'approchent furtivement.

— Ne vous alarmez pas, me souffle Aymeri de Castelnau. C'est Hugues Dejean et Raimond Beringuier.

Les deux consuls capitouliers sont venus à notre rencontre afin de nous guider pour entrer dans la ville.

— Messire Raimond, Dieu est avec nous. Le brouillard se lève sur la Garonne. Il nous permettra d'approcher sans être vus.

Nous partons aussitôt. Moins d'une heure plus tard, nous longeons les vestiges du rempart de Saint-Cyprien. L'épaisseur du brouillard est telle que les guetteurs ne peuvent nous apercevoir. À pied, tenant nos chevaux par le harnais et veillant à ne faire aucun bruit, nous nous engageons sur le gué du Bazacle. En cette saison, la Garonne est basse. Quelques filets d'eau serpentent sur la table de roche formant le lit du fleuve. Je pourrais traverser les yeux fermés ce gué que j'ai déjà franchi plus de mille fois. Parvenus sur l'autre rive, nous gravissons la berge. Nous sommes entrés dans la ville à l'insu de ses occupants. C'est ma première action d'éclat depuis le début de la guerre. Elle est tardive ; Dieu veuille qu'elle soit décisive. À une heure aussi matinale, seuls quelques passants sont dehors. Ils ne prêtent pas attention au groupe de cavaliers qui s'avancent vers l'église Saint-Pierre-des-Cuisines. Dans la lumière incertaine de l'aube, sans doute nous prennent-ils pour des chevaliers croisés. C'est alors qu'Aymeri de Castelnau déploie l'étendard sang et or frappé de la croix aux douze boules. Nos compagnons font de même avec les couleurs de Foix et de Comminges. Il n'en faut pas plus pour que fusent les premiers cris :

— Le comte Raimond est de retour !

— Miracle ! Nous sommes sauvés !

Les têtes apparaissent aux fenêtres et les gens sortent sur le seuil des maisons. Ils sont incrédules, mais lorsqu'ils s'approchent et nous reconnaissent, ils font éclater leur joie.

— C'est vrai ! C'est lui. C'est notre comte Raimond !

— Dieu soit loué !

Nous sommes cernés par une foule enthousiaste, les mains se tendent, certains pleurent de joie, on accourt de toutes les ruelles. La rumeur se propage dans le Bourg et gagne la Cité. Toulouse est réveillée par un bonheur qu'elle n'espérait plus.

Son soulèvement est allègre mais impitoyable. Armés de poignards, de pierres et de bâtons, des centaines d'hommes se lancent à la poursuite des soldats français qui courent vers le château Narbonnais. Ceux qui sont rattrapés sont sauvagement tués par la foule dans des hurlements de haine. Les rescapés s'enferment dans le château. À la fenêtre du dernier étage, on peut apercevoir le nez pointu d'Alix de Montfort. Elle est frappée de stupeur en voyant le peuple envahir les rues et les places pour y dresser les premières barricades. Les flèches des archers postés sur le chemin de ronde tiennent à distance les Toulousains, mais dans les éboulis des remparts démantelés ils s'emparent des briques, des pierres, des poutres, des battants de portes pour ériger une enceinte autour du château. La famille de l'usurpateur et la garnison seront bientôt assiégées. La porte s'entrouvre un instant pour laisser sortir deux cavaliers qui lancent leurs montures au galop. Ils vont donner l'alerte à Carcassonne, où se trouve Guy de Montfort, avant de chevaucher vers la Provence pour porter à Simon la lettre que leur a confiée Alix.

Vallée de la Drôme, septembre 1217

L'usurpateur vient d'obtenir le mariage de sa fille Amicie avec le fils du comte de Valentinois. La fillette qui était destinée à Jacques d'Aragon pour sceller l'entente entre Montfort et Pierre II sert aujourd'hui une autre politique. Son père l'utilise pour étendre son pouvoir à l'est du Rhône, sur les Alpes, comme il l'a fait dans les Pyrénées en obligeant Pétronille à épouser son fils « Guiot ».

Grisé par l'immensité de son domaine, Montfort est loin de penser qu'au même moment, au cœur de ses possessions, Toulouse se révolte.

Le visage de l'homme que l'on introduit sous sa tente dissipe ses illusions. Le messager est défait. Ses traits sont marqués non seulement par la fatigue de la course mais aussi par la peur. Ne sachant comment annoncer le désastre, il tombe à genoux devant son seigneur et lui tend la lette écrite par Alix. Avant de la décacheter, Montfort interroge l'homme venu de Toulouse.

— Me portes-tu bonne ou mauvaise nouvelle ?

— Mauvaise. Pardonnez-moi.

— Aurais-je perdu la ville ?

— Je le crains. Notre dernier espoir est que vous accouriez.

— Qui m'a pris Toulouse ?

— Seigneur, vous le savez. Faut-il le nommer ?

Le messager hésite un instant avant de poursuivre.

— Oui, j'ai vu leur comte entrer dans la cité, accueilli par tous les habitants. Ils ont massacré les chevaliers français qu'ils ont pu débusquer.

— Que fait le peuple ?

— Il travaille contre nous, seigneur. Il creuse des fossés et dresse des palissades autour du château Narbonnais pour l'assiéger.

— Où sont ma femme et mes enfants ?

— Ils sont au château et la comtesse a grand peur.

Montfort brise le cachet de cire et déplie la lettre. Le texte est bref. Dans la précipitation, Alix n'a eu que le temps d'écrire deux phrases : « *Toulouse, votre femme et vos fils sont en danger. Si vous tardez un seul instant à nous porter secours, vous ne nous reverrez plus vivants.* »

Montfort renvoie le messager.

— Va te reposer et prendre du bon temps. Mais pas un mot de tout cela, sinon je t'étripe et te fais brûler vif. Si on te demande des nouvelles de Toulouse, réponds que la ville est paisible et qu'il y fait beau temps.

— J'ai compris et je suis à vos ordres.

L'homme s'incline et laisse Montfort rejoindre les seigneurs des Alpes sous une tente voisine.

— Quelles nouvelles avez-vous reçues de Toulouse par ce messager ? l'interroge un baron.

— D'excellentes nouvelles. Toute résistance est éteinte. Le vieux Raimond erre en Espagne comme un vagabond. Mon frère ramasse tant d'argent par sacs pleins à craquer que nous ne saurons pas comment le dépenser. Il me demande de venir le rejoindre à Toulouse pour organiser le partage de ce butin. C'est à regret que je dois vous quitter.

Faisant bonne figure malgré l'angoisse qui lui étreint le cœur, Simon de Montfort salue le comte de Valentinois et ses vassaux. Un instant plus tard, entouré des siens, il chevauche ventre à terre. Ils ne font halte que pour changer de montures et envoyer dans toutes les garnisons des messagers porteurs de lettres dictées à la hâte. Les ordres sont formels : rassembler tous les hommes en armes disponibles et se porter sur Toulouse sans perdre un instant. Le ton des missives traduit l'urgence de la situation.

Toulouse, septembre 1217

Depuis mon retour, je suis établi sous le toit d'une famille amie. Les Rouaix sont des compagnons de toujours. Le doyen est un peu plus âgé que moi. Il fut jeune capitoul sous le règne de mon père. Leur maison se tient au cœur de la cité, à l'entrée de la rue Croix-Baragnon qui mène à la cathédrale. À l'arrière, un petit verger cultivé avec soin offre un ombrage de verdure. Les deux étages ont été mis à sac par les pillards de Montfort : coffres éventrés, chaises brisées, plats de vermeil volés.

— Qu'importe, puisque nous avons retrouvé notre comte ! plaisante Rouaix en m'installant dans ma chambre.

— Elle est étroite, s'excuse-t-il, mais vous pourrez tenir vos réunions dans la maison capitulaire.

— Ami, que m'importe la taille de la chambre ! C'est sous ton toit que je vais dormir à Toulouse pour la première fois depuis tant d'années. Ta maison est le port après la tempête.

— La tempête n'est pas finie. Tu le sais.

— Nous aurons quelques jours de calme. Le temps qu'il arrive. Et la tempête, en effet, sera plus violente que jamais. Dès demain, nous allons nous y préparer.

Au petit matin, nous retrouvons dans la Maison commune d'Alfaro, Ricaud, Castelnau, Beringuier, Dejean et plusieurs consuls capitouliers. Devant eux je dicte l'acte rétablissant l'institution capitoulière abolie par l'usurpateur et je confirme dans leurs fonctions ceux dont il avait prononcé la déchéance.

Nous tenons notre premier conseil de guerre. Le temps nous est compté. Montfort sera bientôt là. Le répit dont nous disposons se mesure en jours et en heures. Notre survie dépend de la rapidité avec laquelle nous allons protéger la ville et de la solidité de notre ouvrage.

— Nous devons reconstruire les défenses, dégager les fossés, ériger les palissades, planter les pieux, barrer les rues ouvertes sur l'extérieur, énumère Aymeri de Castelnau.

Je lui confie la charge de ce chantier.

— Prends tous les hommes dont tu as besoin et commence sans tarder.

Il sort aussitôt de la Maison commune pour aller donner ses ordres.

D'Alfaro veut installer sur les plus hauts clochers des guetteurs et des machines de jet. J'obtiens sans difficulté de l'abbé de Saint-Sernin et du prévôt de la cathédrale Saint-Étienne le droit d'établir nos engins sur leurs églises. Ils acceptent d'autant plus vite qu'ils ont beaucoup à se faire pardonner, eux qui escortaient Foulques dans nos rues pour accréditer ses mensonges auprès du peuple de Toulouse. Afin que la ville soit totalement engagée dans la résistance à l'assaut que nous allons subir, j'accorde le pardon à tous ceux qui se sont compromis en acceptant de servir l'ennemi ou en se mettant à la disposition de l'occupant. Les plus abjects devront un jour rendre des comptes, mais nous avons le temps d'y penser. Nous ne pouvons pas nous priver de bras et nous ne devons pas courir le risque d'un front intérieur.

Je confie à Raimond de Ricaud la surveillance de notre approvisionnement. Nous manquons de tout.

— Fais d'abord venir des armes, lui demande Hugues d'Alfaro. Nous ne résisterons pas longtemps avec des pierres et des bâtons. Il nous faut des épées, des lances, des masses. Les sergents français ont tout confisqué.

— Et des matériaux de construction ! ajoute un consul capitoulier. La ville est ouverte aux quatre vents et l'ennemi peut y avancer comme en rase campagne. Il nous faut du bois, des cordes, du mortier, du fer et de l'acier, des outils, des poulies.

Raimond de Ricaud dresse la liste des premières commandes.

— Nous les ferons venir par la Garonne, car nous risquons d'être cernés d'ici peu. Le fleuve nous sauvera. Grâce à lui, nous aurons de l'eau, nous pourrons entrer ou sortir et recevoir tout ce qui nous manque. Les bateaux passeront sous le nez de nos ennemis.

Nous adressons un message à Raimond le Jeune pour l'informer de la réussite de mon retour. Il doit tenir Beaucaire et attendre pour venir à Toulouse que nous le lui demandions. Ne sachant pas si nous pourrons résister à l'attaque, je ne veux pas que nous risquions de tomber tous les deux entre les mains de Montfort.

Après avoir délibéré toute la journée dans la Maison commune, nous sortons inspecter le chantier qui se déploie partout autour de la ville. Depuis le clocher de la cathédrale, Aymeri de Castelnau nous fait fièrement découvrir l'immensité de l'ouvrage dont il est le maître. Il a réussi en une journée à rassembler presque toute la population qui s'active dans une fébrilité joyeuse.

— Nous protégeons d'abord la ville face au château Narbonnais, me dit-il en pointant le doigt vers le sud, où la forteresse élève ses murs de brique à l'abri desquels la garnison française est sur le qui-vive. Il faut pouvoir briser toute tentative d'assaut. Un large fossé bordé de hautes palissades les empêchera de nous attaquer par surprise. Hélas, il nous est impossible de les cerner comme je l'aurais voulu. Il nous faudrait pour cela trop d'hommes et de matériaux. Ce serait au détriment de la fortification de la ville. Mieux vaut nous protéger de toutes parts. À la place des anciennes portes nous édifierons des chicanes. Sur ce qui reste de nos tours, nous construirons des planchers pour y disposer nos engins.

Nous cherchons à évaluer le temps qui nous est donné pour mener à bien ce travail colossal.

— L'armée de Guy de Montfort sera là dans huit jours environ, estime Hugues d'Alfaro.

— Et Simon ?

— Il arrivera deux semaines plus tard. Mais ne vous y trompez pas, Guy n'attendra pas son frère pour attaquer. Ils ne nous laisseront pas un jour de plus pour nous fortifier. L'assaut sera immédiat pour tenter de s'engouffrer dans nos brèches béantes.

Jusqu'au milieu de la nuit, nous allons encourager ceux qui travaillent sans relâche. Pelles, pioches, bêches, marteaux, ciseaux ou tout simplement mains nues livrent un combat contre le temps qui passe. Des lumignons, des torches et des chandelles éclairent le chantier et cernent la ville d'une guirlande lumineuse. Femmes et hommes, enfants et vieillards, maîtres et serviteurs, chevaliers et palefreniers, prêteurs et portefaix sont égaux devant ce travail dont dépend notre sort à tous. Ils l'accomplissent méthodiquement sous les ordres de l'ingénieur Parayre et du maître charpentier Garnier qui donnent également les directives pour l'édification des catapultes. Autour d'un feu de camp, des jeunes filles dansent au son d'un tambourin. Entonnés par des centaines de voix, des chants s'élèvent et parlent de notre pays. Ils célèbrent la beauté des femmes et la générosité du vin, la puissance de la Garonne ou l'immensité des Pyrénées.

Dix jours et dix nuits durant, des milliers de Toulousains redressent les ouvrages que les envahisseurs les avaient obligés à abattre.

Toulouse, vendredi 22 septembre

Les guetteurs postés au sommet du clocher de la cathédrale font mugir leurs trompes. Deux sonneries brèves suivies d'une longue donnent le signal de l'alerte.

Ceux qui travaillent sur le chantier redoublent d'ardeur pour finir de planter un pieu ou de dresser une poutre pendant que les chevaliers en armes se regroupent autour des issues de la ville.

Une heure plus tard les Français sont devant Toulouse. Comme d'Alfaro l'avait annoncé, c'est Guy de Montfort qui arrive le premier. Le frère de l'usurpateur est accompagné des chefs de l'armée : Guy de Lévis, Foucaud de Berzy, Alain de Roucy, Hugues de Lacy. Le jeune « Guiot » de Montfort, le fils que Simon a imposé pour époux à Pétronille de Bigorre, est avec eux.

Il ne s'est écoulé que dix jours depuis mon retour, mais le peuple de Toulouse exalté par la fierté retrouvée a su accomplir des prodiges. Les Français qui avaient laissé une ville ouverte n'en croient pas leurs yeux. La Cité, le Bourg sur la rive droite, et le faubourg Saint-Cyprien sur la rive gauche sont solidement clôturés, un fossé profond cerne l'enceinte, des palissades, des pieux et des chicanes protègent les accès. Sur les clochers des églises, des charpentes et des plates-formes portent des machines de jet.

— Encore quelques jours et la ville sera aussi fermement protégée que jadis. Seigneur, ne leur laissons pas un instant de plus, conseille Foucaud de Berzy à Guy de Montfort.

Le frère de l'usurpateur et ses compagnons décident donc de lancer immédiatement l'assaut. Ils avisent une brèche près de la porte Montoulieu. À cet endroit le rempart n'a pas encore été relevé et la ville s'ouvre sur les fossés emplis de gravats. Par bonheur, les habitants ont entassé des madriers, des troncs d'arbres et des branchages dont l'enchevêtrement obstrue l'entrée de la rue qui mène à la cathédrale. Les Français tentent de s'y engager à cheval mais leur course est brisée par la barricade où s'entravent les jambes de leurs montures qui trébuchent. Guy de Montfort ordonne de mettre pied à terre. Empêtrés dans l'amoncellement qu'ils s'efforcent de gravir, tenant le harnais de leurs chevaux rétifs, exposés aux jets de pierres lancées depuis les étages et les toits des maisons, les chevaliers français voient fondre sur eux une charge d'Ariégeois conduits par Roger Bernard, le fils du comte de Foix. Les Pyrénéens bousculent et rejettent les assaillants qui fuient en désordre. Ils laissent derrière eux des hommes et des chevaux blessés ou morts, à demi enlisés dans la boue et les détritus du fossé. Les défenseurs ont capturé cinq prisonniers qui sont aussitôt pendus.

La consternation s'est abattue sur les occupants du château Narbonnais. Pendant que les hommes dressent le camp à l'abri de la forteresse, les chefs de l'armée vilipendent leurs chevaliers.

— Vous avez des épées, des lances, des masses, des arbalètes, et vous vous laissez mettre en déroute par des demi-morts armés de cailloux, de bâtons et de couteaux rouillés ! s'indigne Alain de Roucy.

Guy de Montfort rejette sur son frère la responsabilité du revers.

— Avez-vous oublié que les Toulousains nous ont demandé grâce ? La faute est à Simon. S'il leur avait ouvert les bras, nous n'en serions pas là. Il a fallu qu'il joue les tyrans sanguinaires. Voilà pourquoi Dieu a changé de camp.

Il dicte plusieurs messages que des cavaliers portent dans toutes les places fortes. Les chefs de l'armée ordonnent aux garnisons de venir sans plus tarder les rejoindre sous les remparts de Toulouse. Des lettres comminatoires sont également envoyées aux évêques pour qu'ils lèvent des renforts dans leurs diocèses.

— Pour assiéger cette ville il nous faudrait dix fois plus d'hommes, estime Hugues de Lacy. Tant que nous ne pourrons pas tenir toutes les issues et la Garonne, ils iront et viendront à leur gré.

À l'intérieur des murs, chaque jour, les guetteurs embouchent leurs trompes pour lancer sur la ville trois mugissements brefs. Depuis leur poste d'observation, ils ont aperçu des couleurs amies approchant de Toulouse. Du haut de leurs clochers, ils entendent monter la clameur saluant la bonne nouvelle.

Les renforts viennent de toutes les contrées de notre pays. Le comte de Comminges et le comte de Foix arrivent avec leurs vassaux des Pyrénées. Du Quercy, de l'Agenais, de l'Armagnac, du Lauragais, de l'Albigeois, des troupes bien armées convergent vers Toulouse.

Les Français ayant regroupé leurs hommes au sud, autour du château Narbonnais, nos alliés entrent sans difficulté par les portes du Bourg, au nord de la ville, ou par celles du faubourg, de l'autre côté du fleuve. Nos forces décimées par le carnage de Muret et les exactions de Montfort se reconstituent peu à peu.

Mettant à profit le répit que nous offre l'inaction des Français, les chevaliers posent l'épée et l'écu pour manier la pioche et la pelle. Chaque jour qui

se lève nous trouve plus nombreux et mieux
défendus.

Toulouse, lundi 9 octobre

Ce matin-là, les deux premières sonneries de
trompe sont suivies d'un long mugissement qui
résonne comme une plainte interminable. Cette fois
le signal des guetteurs est accueilli dans un silence
pesant. Les Toulousains devinent que Simon de
Montfort est en vue. Dans la Maison commune, les
chefs de guerre prennent le pas sur les ingénieurs.

— Messire Raimond, je vous en prie, ordonnez
l'arrêt des travaux ! supplie Hugues d'Alfaro.
L'heure est venue de prendre les armes. La ville est
plus solidement fortifiée que jamais, mais nous
n'arrêterons pas les Français avec des marteaux et
des clous. Pour fortifier Toulouse, les guerriers se
sont faits charpentiers. Pour la défendre, les maçons
doivent aujourd'hui se faire combattants.

— Que chacun prenne les armes et que Dieu nous
protège.

À la tête de l'armée chevauchent Simon de Montfort, Foulques et le cardinal Bertrand, le nouveau
légat du pape Honorius III. Ils peuvent déjà apercevoir les clochers de Saint-Sernin et de Saint-
Étienne. Les deux ecclésiastiques font leurs recom-

mandations au chef de guerre. Le cardinal-légat est confiant.

— Cet air matinal fleure bon la victoire. Toulouse va tomber. Mais quand vous en serez le maître, il faudra cette fois supplicier les comtes et pendre leurs barons.

Foulques consulte Bertrand sur le sort qu'il conviendra de réserver à ceux qui se réfugieront dans les églises.

— Ne craignez pas de les trucider tous. Dieu n'a pas souci d'eux. Je vous les abandonne.

Accompagné d'Alain de Roucy, Guy de Montfort s'est porté à la rencontre de son frère, qui s'avance la rage aux dents en découvrant Toulouse aussi bien fortifiée. Ayant mis pied à terre, les deux hommes s'embrassent. Simon s'emporte :

— Pourquoi n'avez-vous pas déjà pendu ces traîtres, dévasté leurs maisons et incendié la ville ?

— Nous avons attaqué, mais ils nous ont reçus de telle façon qu'il a fallu fuir.

— Vous devriez avoir honte ! Moi, je vais aller décharger mes chariots et mes bêtes sur la place du Marché au centre de la ville, proclame Simon de Montfort.

— Alors, vous risquez de ne pas décharger avant Noël, grogne Alain de Roucy.

Afin de stimuler l'ardeur des combattants, le légat Bertrand coiffe sa mitre, brandit sa crosse et prend la parole pour accabler Toulouse de toutes les malédictions.

— Ce sont les braises de l'enfer qui échauffent

cette ville ! Elle se vautre dans les péchés. Si vous voulez plaire à Dieu, brisez-la sans pitié, pillez-la, abattez ses demeures et tuez sans quartier. Jusqu'au fond des églises et des hôpitaux, massacrez ! Croyez l'homme saint que je suis : dans cette ville folle, il n'y a pas d'innocent.

N'écoutant que sa fureur, Simon de Montfort remonte en selle et déchaîne l'assaut.

Les Toulousains sont à leurs postes de combat. Derrière les lices et les archères, sur les chemins de ronde, ils bandent leurs arcs et arment leurs arbalètes. Dissimulés dans les chicanes, ils empoignent les haches et les massues. Les femmes portent des seaux remplis de flèches ou traînent vers les catapultes des panières pleines de pierres. Ce sont elles qui actionnent les leviers déclenchant le tir des engins.

Avec Hugues d'Alfaro, nous montons sur le clocher de Saint-Étienne. Nous voyons la vague des cavaliers déferler et venir se briser à nos pieds sur les fortifications de la cité. Une nuée de dards et de projectiles s'abat sur l'ennemi. Le combat s'engage corps à corps. On lutte pied à pied jusqu'à la mort. Du haut des remparts du château Narbonnais, les hommes de la garnison française décochent leurs traits sur les Toulousains postés en contrebas. Nos ingénieurs rispostent en ajustant le tir de leurs catapultes, dont les boulets viennent battre le mur et en ébrécher la crête. Pour suivre la bataille de plus près, nous allons sur le chemin de ronde de la porte Montoulieu.

Je ne sais depuis combien de temps les hommes se battent, mais le carnage est effrayant.

— Messire Raimond ! Venez voir.

Bernard de Comminges, la tête couverte de son haubert de mailles, m'invite à le rejoindre. Agenouillé derrière une étroite ouverture, il tend une arbalète à son écuyer pour qu'il la garnisse.

— Regardez : c'est Guiot, le très jeune mari de ma chère Pétronille. Je ne l'ai pas encore félicité.

Dans le pré devant nos remparts, le fils de Simon de Montfort se démène courageusement. Son heaume est rehaussé d'or et sa tunique porte les couleurs et le lion de sa famille. L'écuyer rend au comte de Comminges son arbalète chargée d'un carreau à la pointe acérée. Bernard ajuste soigneusement son tir avant de libérer le dard d'acier qui perce de part en part la poitrine du jeune homme et le jette à bas de son cheval.

— À ta santé, mon gendre ! s'écrie Bernard de Comminges. C'est de la part du comté de Bigorre.

Plusieurs chevaliers français sautent à terre pour emporter précipitamment le corps transpercé du fils de l'usurpateur. Guy de Lévis galope aussitôt vers Montfort, qui ferraille un peu plus loin au côté d'Hugues de Lacy.

— Toulouse est pour vous une terre de deuil. Votre fils est blessé.

Nul ne peut voir l'expression du visage de Simon, masqué par l'acier du heaume. Après un bref silence il ordonne :

— Il faut vaincre aujourd'hui.

— Mais nous sommes tous rompus ! s'écrie Hugues de Lacy. Le tiers de notre troupe est déjà tombé. Faut-il aller jusqu'au martyre ? Si nous nous obstinons, nous risquons le massacre.

Le chef cède et ordonne le repli. Les chevaliers français rompent le combat et refluent vers le château Narbonnais. Sur les remparts, les Toulousains brandissent leurs armes vers le ciel en hurlant leur joie.

— Vive la vie !

— La croix toulousaine a maté le lion !

— Regardez-le, il s'enfuit en vomissant ses tripes.

Dans la Maison commune, les poètes et les troubadours chantent la victoire : « Honneur, Bravoure, Droiture et Loyauté triomphent d'Orgueil, de Démesure et de Fourberie. "Paratge" est restauré ! »

Ces artistes ne sont pas toujours les plus vaillants au combat, mais le récit qu'ils en font donne aux autres de l'ardeur.

— Ils ont laissé derrière eux, étendus sur le champ, plus de cent cinquante chevaliers, a compté Hugues d'Alfaro.

— Et nous ?

— Pas la moitié, messire. Et toutes nos fortifications ont tenu bon.

— Grâce à Dieu. Car nous en aurons encore besoin.

Les poètes, debout sur un banc de la salle capitulaire, rivalisent de vers promettant au lion mille morts aussi cruelles les unes que les autres.

Montfort est au chevet de son fils dans la pièce qui fut ma chambre au château Narbonnais. L'adolescent gémit de douleur et tremble de fièvre. La flèche a percé le poumon et un filet de sang coule de sa bouche. Son père est accablé.

— En une poignée d'heures ma famille et ma troupe ont été décimées. Comment Dieu peut-il consentir à ma perte ?

— Jésus n'aime pas ce qu'il voit dans nos âmes, lui murmure à l'oreille Alain de Roucy. L'arrogance, l'orgueil, le désir de puissance nous ont métamorphosés d'anges en serpents.

Les prélats et les guerriers se réunissent dans la grande salle voûtée. Montfort les rejoint. Foulques et le légat le réconfortent.

— Vous reprendrez bientôt cette ville maudite et vous n'y laisserez âme qui vive, assure le cardinal Bertrand.

— Si l'un d'entre vous trépasse, n'ayez crainte, il sera reçu en pleine gloire au ciel, ajoute Foulques.

Alain de Roucy pointe son doigt sur les hommes d'Église.

— Grand merci pour vos promesses de béatitude. Vous êtes trop bons. Mais chacun sait que les biens des défunts tombent dans votre poche. Que Dieu m'abandonne si je risque encore mon sang !

Foucaud de Berzy et plusieurs conseillers de Montfort proposent de temporiser.

— La ville regorge de vaillance, nous avons éprouvé son courage. Ce serait folie que de l'attaquer à nouveau. Pour les briser, nous devons accomplir un exploit fracassant dont on parlera encore dans bien des siècles : construisons une cité, bâtissons les plus grandes maisons jamais vues, faisons jaillir du sol des fortifications et des remparts sans pareils. Peuplons cette ville de gens neufs qui vous prêteront serment, messire Montfort. Les hommes armés, les provisions de blé, de viande et de vin, les étoffes nous viendront de partout. Ce sera la nouvelle Toulouse. Un jour, elle affrontera sa vieille et rude sœur dans le feu sanglant des épées. Celle qui restera debout régnera sans partage. Et je suis sûr que nous vaincrons.

— Voilà un sage et judicieux conseil, conclut Simon de Montfort en quittant la réunion pour aller rejoindre son fils.

Octobre 1217

L'azur et la lumière dorée de la fin de l'été ont fait place à un ciel bas et à une pluie froide qui tombe sans discontinuer. Depuis l'échec de Montfort et la blessure de Guiot, les Français sont restés sur leurs positions.

Ils se consacrent à leur tour aux travaux de charpente et de maçonnerie. Ils consolident leur camp comme pour édifier un bourg nouveau. Les constructions s'étendent du château Narbonnais jusqu'à la Garonne. La lisière de leur périmètre longe le rempart sud de Toulouse. Nos avant-postes et les leurs sont face à face, à portée de pierre ou de flèche. De part et d'autre les guetteurs surveillent attentivement les lignes adverses. La nuit, ils échangent à voix basse les mots de passe avec la relève qui vient prendre son tour de garde. Pas de vin, pas de chant, pas de jeux de dés pour ces sentinelles qui gardent l'épée hors du fourreau. Face à une attaque soudaine ils n'auront que le temps de donner l'alerte avant d'être assaillis. C'est là que nous plaçons nos meilleurs combattants. La concentration et la proximité des forces ennemies exigent une vigilance extrême. Partout ailleurs, une simple garde suffit.

Montfort n'a pas réussi à nous prendre d'assaut, et il ne réussit pas davantage à nous assiéger. Avec les deux mille hommes dont il dispose, il lui est impossible de cerner la ville. Il ne peut déployer son armée, qui demeure groupée autour du château et du camp, pour parer à toute sortie des nôtres. Placés là où ils sont, les Français ne peuvent même pas apercevoir les convois qui entrent au nord par les portes du Bourg ou à l'est par le faubourg Saint-Cyprien sur la rive gauche.

Pendant la journée, les Toulousains se divertissent de la fureur de Montfort vitupérant au bord du fleuve contre les bateaux qui passent tranquillement sous ses yeux pour venir accoster au port de la Daurade, au cœur de la Cité.

Exaspéré, il ordonne de réquisitionner des barques dans les villages voisins. Guy de Lévis réussit à ramener une dizaine d'embarcations confisquées à des pêcheurs des environs. Amarrées à la rive, elles reçoivent un lourd armement. Pataugeant dans la vase, des hommes fixent des plaques de métal, dressent des abris percés de fentes pour les archers, érigent une estrade pour y poster celui qui gouvernera.

317

— Ces bateaux vont naviguer aussi bien que mon épée, plaisante Hugues d'Alfaro, qui observe avec moi les préparatifs.

Nous sommes au bord de la Garonne, sur la coursière de nos remparts, lorsque les Français poussent leurs navires dans le fleuve. Chargés de chevaliers en armes et en cotte de mailles, ils avancent lentement, lourdement enfoncés dans l'eau.

Les hommes de Montfort sont d'excellents cavaliers et de solides piétons, mais ils n'entendent rien à la navigation. Nos bateliers de la Garonne, au contraire, ne savent pas tenir l'épée ou chevaucher un destrier, mais ils manient l'aviron avec dextérité. Ils sont nés sur les bords du fleuve, ils ont vécu sur ses flots et ils en connaissent tous les pièges. Ils attirent les embarcations de Montfort là où les tourbillons sont les plus redoutables. Ils laissent l'ennemi approcher. Épées brandies, les chevaliers se préparent à aborder mais ils peinent à trouver leur équilibre et leur embarcation balance dangereusement. D'un coup d'aviron porté au bon endroit, les bateliers font chavirer les guerriers. Leurs bras tournent comme des ailes de moulin, ils cherchent appui les uns sur les autres et basculent tous ensemble dans une gerbe d'éclaboussures. Lestés de leur harnachement de fer, ils disparaissent aussitôt dans l'irrésistible spirale des tourbillons.

Sur les quais de la Daurade, la foule salue l'exploit par des éclats de rire. Les jours suivants, d'autres expéditions semblables finiront toutes au fond de la Garonne. Des milliers de Toulousains viennent assister à ces joutes comme à un divertissement quo-

tidien dont le dénouement est ponctué par des accla-
mations.

Après avoir perdu plusieurs dizaines de chevaliers,
Montfort renonce à ces tentatives. Le fleuve est à
nous.

Le soir, dans ma chambre, sous le toit des Rouaix,
j'écris à Raimond le Jeune, pour l'informer en détail
de tous les événements et le féliciter. Il remporte de
magnifiques victoires en Provence, où, mettant à
profit l'absence de Montfort, il a libéré plusieurs
villes de la vallée du Rhône. J'adresse à Éléonore de
tendres messages, omettant de parler des atrocités
de la guerre, je lui promets qu'elle ne restera pas
longtemps à Barcelone, où elle demeure avec Sancie
et Guillemette.

Un matin de la fin du mois d'octobre, Montfort
entreprend la traversée de la Garonne pour aller
assiéger le faubourg Saint-Cyprien, sur la rive
gauche. C'est par là que nous recevons tous les renforts et les approvisionnements venus de Gascogne.
Nous pouvons entrer et sortir librement par ces
portes auxquelles nous accédons en traversant le
fleuve par le pont Neuf ou le pont Vieux.

Durant plusieurs heures, les barques amènent
d'une rive à l'autre hommes et chevaux. Lorsqu'ils
sont une centaine, groupés sur la prairie qui borde
le fleuve, nos forces traversent par les ponts et les

attaquent en masse. Les Français reculent et se bousculent pour remonter dans les barques. Dans la confusion, le cheval de Montfort fait un écart, trébuche sur un aviron et tombe sur le flanc, entraînant son cavalier dans une gerbe d'eau qui se referme sur eux. Bardé de fer, le cheval coule à pic et Montfort disparaît dans le remous. Un instant plus tard il resurgit ruisselant, remonte sur la rive et réussit à se replier avec ses chevaliers. Sauvé par miracle, il a toutefois perdu beaucoup d'hommes dans cette tentative. Certains sont morts, tués ou noyés, les autres ont été faits prisonniers.

Les captifs sont traînés dans les rues de Toulouse, les mains liées, une bourse attachée au cou. Les gens y glissent une pièce pour récompenser celui qui les a capturés. Ils sont ensuite abominablement suppliciés. Pour finir, leurs restes sont placés sur un trébuchet et projetés au milieu du camp ennemi.

Décembre-janvier 1218

Depuis les échecs de Montfort sur la Garonne, les offensives armées sont rares. Mais les esprits sont parfois si échauffés que seul le combat permet d'apaiser les nerfs des hommes. Dans le froid glacial de décembre les chevaliers français lancent un puissant assaut contre nos fortifications, à proximité du château Narbonnais.

La vigilance et la promptitude de nos guetteurs permettent de donner immédiatement l'alerte. Bernard de Comminges et Roger Bernard de Foix, appuyés par les cavaliers et les piétons de leurs fiefs, contiennent la poussée puis engagent une contre-attaque.

Hugues de Lacy et Foucaud de Berzy ramènent leurs hommes vers le camp. Ils laissent derrière eux des chevaliers et leurs montures à demi enfoncés dans la glace brisée et l'eau froide des douves.

Quelques jours plus tard, ce sont les nôtres qui tentent de prendre pied dans le camp ennemi. Le combat est brutal, mais ils sont repoussés. Ils battent en retraite, et les Français n'osent pas les poursuivre dans Toulouse.

Ces combats meurtriers mais infructueux calment les ardeurs. Chacun demeure sur ses positions et s'emploie à les renforcer. Durant l'hiver les combats font place aux travaux. Dans la terre durcie par le gel on creuse de nouvelles tranchées, on dispose des claies pour masquer les archers, on bâtit des escaliers pour accéder plus vite aux chemins de ronde. En face, ils déploient la même activité pour édifier ce qu'ils appellent « Tholosa Nova », dont le tracé de rues et de places s'esquisse sous nos yeux.

L'hiver s'est installé. Il est rude. Un vent qui pèle nous vient des Pyrénées enneigées.

Alix de Montfort et Foulques sont partis au nord de la Loire chercher des renforts. Le pape Honorius III, informé par son légat, le cardinal Bertrand, des revers de l'armée croisée, envoie des courriers à Philippe Auguste et aux archevêques du royaume. Il proclame la foi en péril et lance un nouvel appel à la croisade. Il emploie dans ses bulles les mêmes mots qu'Innocent III il y a dix ans.

Instruit par l'expérience, je sais qu'il faut plusieurs mois pour lever une grande armée et que les troupes ne se mettent en marche qu'au début du printemps. D'ici là nous serons tranquilles mais à la belle saison il faudra faire face à une situation dangereuse. J'envoie des messages à Raimond le Jeune et à plusieurs vassaux de notre pays pour leur dire de se préparer à nous rejoindre après Pâques.

En attendant, c'est surtout l'argent qui manque. Les réparations des remparts, les matériaux de construction pour nos ouvrages de défense, l'approvisionnement quotidien de la ville et les distributions de vivres pour les combattants et les indigents ont vidé les caisses. L'activité du commerce et de l'artisanat est en sommeil, tarissant ainsi les sources de taxes.

— Si nous ne payons pas nos fournisseurs, ils ne nous livreront plus, prévient Raimond de Ricaud.

— Et les soldats ? ajoute Hugues d'Alfaro. Ils acceptent de patienter mais il faudra bien finir par leur verser ce que nous leur devons. Et comment ferons-nous pour la solde des renforts que nous commandons pour le printemps ?

— Et pour les nourrir ? s'inquiète Raimond de Ricaud.

Le comte de Comminges s'emporte :

— Montfort n'a pas réussi à nous vaincre. Nous n'allons tout de même pas nous laisser assiéger par le manque d'argent ! Prenons-le là où il est légitime de le prendre : chez ceux qui ont failli. Ils méritent au moins cela !

Il est vrai que nous avons été d'une grande indulgence envers ceux qui ont autrefois rejoint Montfort. Je l'ai voulu ainsi afin de préserver l'unité de la ville. Seuls quelques-uns ont perdu la vie le jour de mon retour, tués par une foule prise de délire. Depuis, l'ordre est revenu et nul n'a été inquiété, ni malmené ni jugé.

L'heure est donc venue de leur faire payer par la confiscation de leurs biens la défection dont ils se sont rendus coupables. Devant le grand conseil réuni comme chaque semaine en l'église du petit Saint-Sernin, je donne lecture d'une ordonnance :

— Les charges sont écrasantes. Les consuls pourvoient au ravitaillement des chevaliers et des partisans venus de l'extérieur et ils assument les autres dépenses de la ville. Moi, Raimond, en mon nom et en celui de mon fils, autorise les consuls à opérer ventes, liquidations et transactions de toutes sortes sur les biens meubles et immeubles des Toulousains, hommes ou femmes, qui ont quitté jadis Toulouse pour rejoindre Simon de Montfort et se mettre à son service ; de ceux qui ont quitté Toulouse à mon retour sans mon autorisation ou celle des consuls ; de ceux qui demeurent dans les châteaux et les villes tenues par Simon de Montfort et les ennemis de Toulouse.

Il faut aussi débusquer les fraudeurs dont la mauvaise volonté amoindrit les recettes et donne le mauvais exemple :

— De ceux qui refusent de s'acquitter des charges communes en prétextant qu'ils n'en ont pas les moyens, alors qu'on connaît leur richesse.

Toulouse, mai 1218

Avec le printemps revient la saison des périls. Les éclaireurs nous avaient alertés, mais nous pensions qu'ils exagéraient leur récit pour se donner de l'importance. Or ils étaient en dessous de la vérité : l'armée conduite par Alix et Foulques et que Montfort vient accueillir au milieu de la plaine est impressionnante. La crête des collines à l'est de Toulouse n'est qu'un fourmillement. Les unes après les autres, les vagues de chevaliers s'avancent vers nous. Elles sont suivies par des cohortes de piétons marchant d'un pas résolu. D'autres lignes de cavalerie apparaissent, puis d'autres troupes de routiers. C'est un interminable défilé devant nos murs.

Mis en garde par le son des trompes, les Toulousains se sont massés sur les remparts. Plusieurs milliers de combattants sont sortis pour constituer des groupes compacts devant chacune de nos portes. On n'entend que le grondement sourd des cavaleries. Les Toulousains serrent fermement leurs armes. Certains sont blêmes, d'autres lancent des regards de flamme, mais tous sont silencieux devant ce fleuve humain qui coule sous leurs yeux pendant plusieurs heures et sur lequel flottent les couleurs des plus grands seigneurs du royaume. Nous voyons passer les emblèmes de Saintonge, du Poitou, de l'Auvergne, de la Bourgogne, et les armes du connétable de France.

Ils marchent en bon ordre, sans se lancer dans des assauts intempestifs, pour faire devant nous une démonstration de force. Cette croisade est aussi puissante que celle de 1209 dans laquelle j'avais dû m'engager.

Montfort ne manque plus de combattants, mais c'est le temps qui désormais lui est compté : l'armée de renfort est là pour quarante jours. Il ne dispose que de cette quarantaine pour nous abattre, faute de quoi il se retrouvera dans la même situation d'impuissance une fois les Croisés repartis.

Brûlant d'impatience, il leur demande d'aller établir leur camp sur la rive gauche.

— Ainsi nous pourrons enfin assiéger toute la ville et la faire tomber.

Les chefs croisés renâclent.

— Nos hommes sont épuisés. Les chevaux sont harassés et nous savons que les Toulousains se battent durement. Laissez-nous reprendre des forces afin de pouvoir les jeter dans la bataille.

Montfort accepte de mauvaise grâce. Les nouveaux venus établissent leur camp à côté de celui que les Français ont édifié cet hiver. Le château Narbonnais est comme un promontoire face à une mer de tentes.

Huit jours plus tard, sous une pluie battante, une moitié de l'armée ennemie se met en route pour aller franchir la Garonne au pont de Muret et revenir par la rive gauche assiéger le faubourg Saint-Cyprien. Nous aussi, nous partageons nos forces. Celles qui défendront la rive gauche sont placées sous les ordres de Roger Bernard de Foix et de mon fils

Bertrand. Le comte de Comminges dirige les troupes de la Cité et du Bourg sur la rive droite.

Simon de Montfort ordonne l'assaut. Mon fils naturel et l'héritier du comte de Foix résistent héroïquement. Le vacarme du combat rivalise avec le grondement de la Garonne. Elle est déjà grosse de la fonte des neiges et enfle d'heure en heure sous les pluies diluviennes qui s'abattent depuis trois jours et trois nuits.

Les hommes s'étripent dans la boue. Après deux heures de combat, Simon de Montfort rompt l'engagement et emmène ses troupes dresser leur camp sur les coteaux à l'est de la ville en attendant de livrer un nouvel assaut le lendemain.

Dans la nuit, la Garonne devient folle. Elle sort de son lit, inonde toute la ville, submerge Saint-Cyprien et emporte dans sa fureur le pont Neuf et le pont Vieux dont les tabliers sont balayés dans un fracas de bois brisé.

Au petit matin, la situation est désastreuse : Toulouse est coupée en deux. Les deux rives sont isolées l'une de l'autre par la destruction des ponts. Au milieu des eaux torrentielles n'émergent plus que les piles de brique et de pierre qui supportaient les ouvrages brisés par la crue. Deux de ces piliers sont surmontés de tours de guet, permettant de surveiller le fleuve. Les hommes affectés à la garnison de ces deux bastions se retrouvent prisonniers sur leurs îles, cernés par les flots en furie.

Sur la rive gauche, la crue a rasé toutes les défenses du faubourg. Un violent caprice de la nature donne à nos ennemis ce que nous avions défendu avec acharnement au prix du sang des nôtres. Montfort, qui avait échoué hier dans son attaque contre Saint-Cyprien, peut aujourd'hui y entrer sans difficulté. L'inondation lui a frayé la voie. Il occupe toute la rive gauche. Nous sommes maintenant face à face, de part et d'autre du fleuve tumultueux. En toute hâte nous érigeons des machines de jet sur les quais et les berges. Nous confectionnons des abris et des claies pour dissimuler les archers qui viennent prendre position. De leur côté, les Français fortifient les bâtiments qui bordent la rive gauche du fleuve. Ils installent leur commandement à l'hôpital, face au port de la Daurade. Les tirs qui s'échangent de part et d'autre mêlent au-dessus de la Garonne flèches, carreaux d'arbalètes et pierres catapultées. Les projectiles se croisent et vont battre les murs. Au milieu des eaux, les deux tours abritant les garnisons toulousaines forment nos positions avancées. Il s'y trouve quelques arbalétriers fort habiles qui font des ravages dans les rangs ennemis et parviennent à empêcher les constructeurs d'engins d'établir leurs machines trop près de la rive. Mais ils nous font bientôt des signes, agitant leurs armes vides. Ils n'ont plus de dards. Il faut les ravitailler dans des conditions périlleuses. Des hommes s'élancent dans des barques sur les eaux furieuses. Plusieurs embarcations se brisent ou sont emportées au loin. L'une d'elles parvient à s'amarrer au pilier. On tend des cordes entre la rive et les tours pour faire passer des panières chargées de projectiles et de vivres.

Depuis mon retour, huit mois plus tôt, Toulouse avait retrouvé confiance. Aujourd'hui, elle redoute le pire. Les femmes se pressent dans les églises et déposent de modestes offrandes au pied des autels. Les hérétiques, les catholiques, les juifs, tous prient car chacun sait que la chute de la ville risquerait de lui coûter la vie.

C'est le combat final et je pressens qu'il ne se terminera qu'avec ma mort ou celle de Montfort.

Les Toulousains attendaient un signe du ciel. C'est ainsi qu'ils ont interprété l'arrivée de Raimond le Jeune. Nous savions qu'il était en route mais la ville risquait de tomber d'un instant à l'autre. L'apparition de ses couleurs et de toutes celles des chevaliers provençaux qui l'accompagnent soulève l'exaltation des habitants.

Ils entrent dans la ville par les portes du Bourg sans aucune difficulté ; le gros des forces adverses est sur la rive gauche et les troupes demeurées sur la rive droite sont cantonnées au sud pour protéger le château Narbonnais et le camp principal. Si bien que Raimond le Jeune ne reçoit que des fleurs, des caresses, des compliments, des baisers envoyés du bout des doigts. La ville est en liesse comme le jour de mon retour, en septembre dernier. Les trompes des guetteurs lancent des sons de triomphe, les églises font voler leurs cloches, une rumeur joyeuse monte des rues où s'agitent les oriflammes.

Sur la rive opposée Montfort s'étonne de cette allégresse chez ceux qui, cernés de toutes parts, sont sur le point d'être vaincus. Lorsqu'il apprend que la ville célèbre l'arrivée de Raimond le Jeune, la brûlure de Beaucaire se réveille. Il entrevoit soudain le pire. Convoquant ses chefs militaires, il leur annonce ses décisions.

— Avec le retour du jeune Raimond, notre stratégie devient dangereuse. Nos forces sont divisées. Celles qui sont sur la rive gauche ne parviendront jamais à franchir le fleuve pour prendre la Cité et le Bourg. Elles sont donc inutilement soustraites à notre armée de la rive droite, menacée elle-même par une attaque du jeune Raimond. Je l'ai vu faire à Beaucaire. Il pourrait prendre d'assaut le château et le camp principal de Tholosa Nova. Nous devons revenir sur l'autre rive pour regrouper tous nos combattants. Ensemble nous prendrons la ville par la force.

Faute de pouvoir cerner et fermer efficacement Toulouse, il revient à la stratégie des premières semaines du siège : l'assaut massif contre les remparts de la cité en y jetant toutes ses forces pour tenter d'ouvrir une brèche et de lancer une équipée jusqu'au cœur de la ville, dont les défenseurs se disperseraient dans la panique. Mais il sait que le temps joue désormais contre lui. Dans trois semaines, la croisade se dissoudra. Les seigneurs et leurs chevaliers repartiront vers le nord. Raimond le Jeune, lui, restera dans Toulouse avec ses Provençaux. Montfort et les siens se retrouveront alors sous la menace des Toulousains : il est donc condammé à réussir l'attaque qu'il prépare. À la différence des assauts précipités de l'automne, il l'organise. Faisant appel aux ingénieurs et aux charpentiers, il leur ordonne de construire la plus grande chatte jamais vue sur un champ de bataille. Établissant leur chantier hors de portée de nos tirs, ils se mettent à l'ouvrage aussitôt, travaillant de jour comme de nuit à lueur des torches.

Montfort a réuni tous les seigneurs de l'armée dans la cour du château Narbonnais :

— Nous devons faire tomber cette ville avant la fin du mois. Et je vous promets un magnifique butin.

Pour stimuler l'ardeur des troupes, il promet d'abandonner sa part à celui qui entrera le premier dans la ville.

— Quelle générosité ! ironise Amaury de Craon, l'un des seigneurs les plus titrés de l'armée arrivée le mois dernier. Vous parlez comme si c'était chose faite. Mais nous ne sommes pas encore dans la ville ! Les Toulousains ne se laisseront pas faire et ils sont rudes. C'est bien leur droit de l'être. Vous les avez pillés et tués. On peut comprendre qu'ils préfèrent leur seigneur légitime. Sachez que nous sommes nombreux ici à ne pas aimer cette guerre. Pour nous faire prendre la Croix et combattre à vos côtés, on nous a raconté des mensonges. Votre protecteur, l'évêque Foulques, nous a trompés. On nous a parlé de cité satanique, peuplée d'êtres diaboliques, pervers et lubriques. Nous n'avons trouvé que de farouches combattants qui protègent leurs enfants et leurs maisons, et de bons chrétiens qui font sonner leurs cloches chaque dimanche. Ils ont fait couler notre sang mais nous ne les haïssons point. Au contraire, nous les respectons.

Le cardinal-légat Bertrand se lève et brandit sa crosse.

— Pas un mot de plus ! L'amitié pour Toulouse est un péché. Mon fils, tu feras pénitence pour de tels propos. Durant deux jours, tu ne prendras que du pain et de l'eau.

— Et je ne ferai pas un jour de plus que ma quarantaine, qui s'achève bientôt ! lance Amaury de Craon, avant de regagner sa tente.

Trois jours plus tard, la construction de l'engin ennemi est achevée. Cette machine de guerre a les dimensions d'un monument. Dans cet abri roulant demesuré, plusieurs centaines de soldats et quelques chevaux peuvent prendre place sur deux étages. Montée sur huit roues, poussée et tirée par plusieurs dizaines d'hommes et des attelages de bœufs, la chatte avance lentement vers nous. Le chemin est long à parcourir jusqu'à nos murs, où des milliers de personnes se sont massées pour découvrir cet engin aux proportions invraisemblables. Pour protéger leur machine, des centaines de chevaliers ennemis se déploient dans la prairie et avancent vers la ville. Autour du gigantesque abri roulant, on s'échine à grands cris. Montfort, pour donner l'exemple, met pied à terre et s'arc-boute contre l'une des roues. Il menace des pires sévices ceux qui ne poussent pas assez fort. La toiture et les côtés sont renforcés par des plaques de fer et la machine est si lourde qu'elle s'immobilise dans chaque ornière. Ses servants s'épuisent à la dégager avant de reprendre leur laborieuse progression.

Nous avons le temps de disposer plusieurs catapultes. L'ingénieur Parayre et le charpentier Garnier dirigent leur installation. Les armes de jet n'étant plus utiles sur les berges, ils les transportent sur le rempart méridional pour accueillir la chatte.

Parayre, estimant qu'elle est arrivée à notre portée, ordonne le premier tir. Deux femmes, l'une poussant le levier et l'autre le tirant, déclenchent l'immense bras de la catapulte, qui décrit dans le ciel un vaste arc de cercle. Le sac de cuir fixé à l'extrémité libère le bloc de pierre qui part en tournoyant pour aller tomber à quelques pas de la chatte, écrasant un routier ennemi. Le monstre de bois et de fer continue d'avancer en cahotant, mais plus l'abri s'approche, plus il s'expose. Les engins de moyenne portée entrent en action. Onagres, trébuchets et mangonneaux ajustent des tirs tendus. La prairie est bientôt parsemée de blocs de pierre et jonchée d'hommes ensanglantés.

Soudain, dans un grand fracas, un projectile tombe sur le toit de la chatte, qui s'affaisse sous le choc. Une clameur de joie monte de nos rangs. Lorsqu'elle retombe, on peut entendre les hurlements des blessés écrasés dans leur abri par les plaques de métal et les poutres brisées. Presque aussitôt d'autres tirs cassent les jambes de deux hommes qui poussaient l'engin.

Montfort invoque le ciel et hurle ses ordres. Toute la nuit durant, ils travaillent autour de l'abri pour reconstruire sa toiture et consolider une roue.

À l'aube, Montfort assiste à la messe dans la chapelle du château Narbonnais. Il prie Dieu de lui donner aujourd'hui la victoire ou la mort.

Pendant ce temps, l'abri roulant continue d'approcher. Il est maintenant sous le tir de nos archers et de nos arbalétriers postés dans les tranchées les plus avancées.

Guy de Montfort, qui commande les opérations, doit faire face à un harcèlement incessant. Tantôt ce sont les cavaliers toulousains qui sortent au galop, jetant des torches pour incendier l'engin, tantôt ce sont les rochers et les dards qui s'abattent de tous côtés à la fois.

Tout à coup, il est soulevé vers le ciel par son cheval qui se cabre violemment, un carreau d'arbalète profondément enfoncé dans l'œil. L'animal s'écroule foudroyé. Guy de Montfort, la jambe prise sous le cadavre de sa monture, peine à se relever. Un archer toulousain prend le temps de le viser soigneusement. Sa flèche vient transpercer la cuisse d'où le sang jaillit aussitôt.

Alerté, Simon de Montfort a quitté la chapelle pour bondir en selle. Un instant plus tard, il est là, saute à terre et se précipite vers son frère au milieu de la bataille. Les nôtres se replient un instant derrière les lices pour retrouver leur souffle et laisser les catapultes entrer en action. Les pierres volent sur la chatte et vers le groupe de chevaliers qui tentent d'évacuer Guy.

Noire et rapide comme un rapace, elle tombe du

ciel pour fondre sur sa proie. La pierre lancée par les Toulousains vient droit sur le heaume de Simon de Montfort. Sous la violence du choc, le métal éclate et le crâne se brise. Il chancelle un instant, fait un pas puis tombe droit à la renverse, les bras en croix, raide mort.

Sur le champ de bataille le vacarme a cessé. Durant un bref instant règne un silence tel que je crois entendre chanter un oiseau. Tout est suspendu devant ce basculement du destin.

Et puis soudain une ovation sans fin s'élève de nos remparts, elle se propage dans les rues, monte dans les étages et s'amplifie jusqu'en haut des églises où les guetteurs s'époumonent sur leurs trompes. Les cloches de la ville font résonner l'air de Toulouse des vibrations de la victoire et de la liberté.

Sur le chemin de ronde, je me laisse tomber à genoux et je prie. Pour une fois, pour la première fois peut-être, je ne demande rien à Dieu. Je ne l'implore pas. Je n'ai plus qu'à lui dire merci.

Épilogue

Le manuscrit caché

Toulouse, château Narbonnais, été 1218

C'est notre premier été de paix depuis près de dix ans. Le vent d'autan a chassé les relents des chairs décomposées. La nuit n'est plus hantée par les cris des blessés, les râles des mourants et par nos rêves noirs comme l'enfer des jours que nous vivions. Toulouse embaume à nouveau de tous les parfums des vergers environnants. Les jeunes pousses ont percé sous les cendres des dévastations. Le soir, les chants et les musiques résonnent dans la ville ressuscitée.

Hélas, ce délicieux été sera pour moi l'un des derniers. Usé par la guerre et âgé de plus de soixante ans, j'attends le jugement de Dieu. C'est le seul qui m'importe désormais.

J'ai beaucoup péché, comme tous les hommes. Plus gravement peut-être, car les fautes des puissants sont lourdes de conséquences pour leur prochain. Mais j'ai expié au centuple ici-bas. Si j'ai mérité un châtiment, il m'a déjà été infligé par l'Église. Elle s'est acharnée contre moi tout au long de ma vie. Elle n'a jamais cessé de me combattre et de me persécuter. Elle a voulu faire périr mon corps et envoyer mon âme au Diable.

Foulques proclame partout qu'il refusera une sépulture chrétienne à celui qu'il nomme toujours « Raimond le Cathare ».

Le jugement des hommes est déjà formé. Les uns me méprisent au-delà de ce que mes torts pourraient justifier. Les autres me respectent au-delà de ce que mes mérites permettaient d'espérer.

À cette haine et à cet amour excessifs et indissociables aurais-je préféré l'indifférence ? Au soir de ma vie, je me laisse aller à le croire. Mais l'indifférence était inconcevable pour celui que l'Histoire et sa propre destinée ont placé au cœur d'un terrible enchaînement de circonstances.

Cette guerre de dix ans est enfin terminée. Je pensais pourtant n'en jamais voir la fin. Parmi les miens comme dans les rangs de mes ennemis, tant d'autres ont succombé que chaque matin, au réveil, je m'étonne d'avoir survécu.

J'ai laissé la charge du pouvoir à mon fils Raimond le Jeune. Comment faire œuvre utile de cette extrémité d'existence ? En savourant la vie, en dégustant chaque plaisir jusqu'au plus simple. Ainsi, celui de respirer l'air de mon pays pacifié et victorieux. N'étant plus harcelé par l'urgence des décisions ou les préparatifs des batailles, je peux prendre mon temps et relire les nombreuses chroniques écrites au fil des jours dans le feu de l'action. Les unes sont dues à des plumes amies. Les autres ont eu pour auteurs des adversaires dont les récits me permettent aujourd'hui de savoir ce qui s'est passé dans l'autre camp. Je peux aujourd'hui les méditer à loisir dans le silence retrouvé, à l'abri des murs de brique du château Narbonnais.

Mon esprit est en paix. Mon successeur, mon fils Raimond le Jeune, a de l'envergure. N'a-t-il point volé à mon secours avant même l'âge de vingt ans, mettant en échec Simon de Montfort, l'un des plus redoutables chefs de guerre de l'Histoire ? Comme tout le monde, j'ai bien vu que mon fils était plus valeureux que moi. Mais je ne suis pas jaloux de mon fils. Comment pourrais-je l'être ? Je suis l'auteur de ses jours. Il s'est battu à mes côtés, il m'a sauvé la vie et nous avons sauvé Toulouse. Sans le savoir, il m'a aidé à vivre dans l'ombre pesante de mes ancêtres, dont la gloire éblouissante a éclairé ma jeunesse mais assombri mon âge mûr lorsque, sur les champs de bataille où je manquais souvent de bravoure, on me comparait à eux. Quand j'entends dire que Raimond le Jeune, mon fils, est encore plus valeureux que notre aïeul Raimond de Saint-Gilles, c'est une revanche sur mon destin : celui d'un pacifique précipité dans le pire des affrontements.

J'ai été un médiocre capitaine. Comment faire autrement quand on n'aime pas la guerre ? Je l'ai en horreur. Non pas, comme beaucoup de mes compagnons rassasiés de carnages, par lassitude après tant de cruautés, mais par un refus instinctif de tout mon être. Ceux qui ricanaient ou murmuraient à mes dépens ont cependant pu voir qu'un piètre combattant vivant gagne la bataille, quand son ennemi meurt de ses excès de bravoure.

On m'a dit hésitant quant aux moyens à utiliser et indécis sur les voies à emprunter. C'est vrai. Mais je ne l'étais point sur le but à atteindre. Au milieu de tous les tumultes, face aux interrogations politiques ou dans l'incertitude des batailles, ma seule pensée fut pour Toulouse et pour mon peuple. Éviter la guerre tant que je l'ai cru possible, résister tant que nous en avions la force, se libérer quoi qu'il en coûte. J'ai finalement su choisir un chemin. J'ai sauvé ma ville et mon peuple. Ils sont blessés, mais ils vivent. Et ils vivent libres.

Je suis fier de ce que j'ai défendu plus que de la façon dont je l'ai fait. Mais combattre maladroitement pour une juste cause vaut mieux que d'être le redoutable soldat de l'injustice.

Ce plaidoyer n'est pas destiné à mes contemporains. J'enfermerai ce manuscrit dans une jarre, scellée d'un épais cachet de cire. Cette nuit, j'irai moi-même l'enfouir en secret dans l'épaisseur de la maçonnerie d'un pilier de la cathédrale Saint-Étienne. J'ai financé son édification pour la plus grande gloire de Dieu au moment même où son représentant sur terre fulminait contre moi ses anathèmes. Sa nef de brique et de pierre se dresse plus haut que les remparts de la ville, hier encore assiégée au nom du Christ. Excommunié, je n'ai même pas le droit d'y pénétrer.

À l'insu de l'évêque Foulques, je déposerai ce mémoire dans la maison de Dieu comme on lance une bouteille à la mer en la confiant à la providence. La jarre et mon manuscrit vont dériver sur l'océan des siècles. Peut-être un jour seront-ils découverts, comme s'ils échouaient sur un rivage du futur. Je ne destine pas ces lignes aux hommes de mon temps, car je veux écrire librement ma vérité. Je dois donc être certain que ma confession ne pourra venir sous les yeux de quiconque, du vivant de mes enfants et de leurs descendants. Je dois préserver le règne de mon fils, Raimond le Jeune, et ne pas ajouter inutilement aux tourments qu'il affrontera, comme tous ceux qui exercent le pouvoir en ces temps de folie. Je souhaite que mon récit traverse les âges dans les flancs de la grande nef de la cathédrale et qu'il ne soit lu que dans un avenir et un monde meilleurs.

En ces temps-là, les hommes seront-ils devenus raisonnables ? Auront-ils appris à ne plus s'entre-tuer dans des guerres de religion, à ne plus confondre les affaires de l'État et celles de l'Église, à respecter les croyances, les libertés et les usages des autres ?

Dieu seul le sait.

REMERCIEMENTS

Je remercie tout particulièrement :

— Amin Maalouf, qui m'a fait l'honneur de préfacer ce livre.

— Michel Roquebert, auteur de *L'Épopée cathare* (Privat), qui m'a encouragé et conseillé tout au long de mon travail.

— Henri Gougaud, qui m'a autorisé à reprendre des passages de sa traduction de *La Chanson de la Croisade albigeoise* (Lettres gothiques, le Livre de Poche).

— Les Archives et la Bibliothèque municipales de la ville de Toulouse.

Merci également à Christian Bernadac, André Delpech, Emmanuel Hayman, Christian Laborde, pour leurs conseils précieux et amicaux.

TABLE DES MATIÈRES

345

Directrice littéraire
Huguette Maure

Graphiste
Pascal Vandeputte

Illustrateur
Jean-Luc Maniouloux

Attachées de presse
Nathalie Ladurantie
Myriam Saïd-Errahmani
Sophie Hourdequin

Composition P.C.A.
Bouguenais 44340

Impression réalisée sur CAMERON par
BRODARD ET TAUPIN
La Flèche
pour le compte des Éditions Michel Lafon
en octobre 1996

Imprimé en France
Dépôt légal : octobre 1996
N° d'impression : 6688Q-5
ISBN : 2-84098-205-6
50-1502-9
ML 386